JN409306

김잠출 수필집

수필과비평사

| 작가의 말 |

나는 지난해까지만 해도 기자였다. 1985년부터 PD와 라디오 앵커, TV 시사프로그램 MC나 패널로 오래 얼굴을 내밀다 보니 지역사 큐레이터나 시사평론가로 지역 내 유명세를 확인할 때도 있었다.

심의 업무나 방송기획을 책임지거나 라디오, TV 편집으로 밤을 새우기도 했고 노조위원장을 거쳐 시청자미디어센터장, 청와대 춘추관과 국회 취재반장을 끝으로 현직을 떠났다.

방송에 종사한 지난 세월 내내 나는 언제나 지역방송인이었다. 현업을 하는 동안 '지역'은 상대적인 약자이고 소수이고 무시당하기 일쑤인 대상이었지만 그래도 지역방송인으로 책무를 다했고 부끄러워하지 않았다. 그러나 한 가지, 아쉬운 것이 남았다. 입사 10년 무렵부터 따라다니던 '지역방송 위기론'은 아직도 진행형이다.

'지방방송, 벼랑 끝에 몰리다.' '지역방송 고사 위기' 등 생존에 대한 고민이었는데 목동 방송회관에서 100일 노숙 투쟁을 해도, 동료들과 머리띠 두르고 상경 시위하며 읍소해도 아무도 귀 기울이지 않더라는 아픈 기억이 남아 있다.

지금 미디어 생태계는 any time, any where 시청을 하고 장르나 형식, 포맷과 콘텐츠와 방송 내용, 출연자에 대한 경계가 사라진 무장르 시대 탈 TV 환경에 처했다. 이러한 미디어 환경에 더는 지역방송의 방송권역이 무어 필요하며 지역방송 사수를 외칠수록 더 촌놈이 되기도 하니 생각할수록 슬픈 일이다.

예전에 들었던 부정적인 언사들이 또다시 대한민국에 회자하는데 기억에 저장된 것만 꺼내도 그렇다.

"지역방송은 비효율적이다."
"지역방송은 재미없다."
"지역방송은 왜 그렇게 많은 인력이 있는가?"
"지역방송이 있을 필요 있나?"
"중앙종속 · 지방 소외는 방송 분야가 더 심화했다."
"제발 지방방송 좀 꺼!"

그래서 책 제목을 〈10과 1/19〉로 정했다. 〈10〉은 항공모함이나 고릴라 같은 여의도나 상암동의 이른바 중앙방송을 상징하는 숫자이고,

〈1/19〉은 예전의 문화방송 지방 계열사 19개 중 하나인 울산은 1/19의 지분에 지나지 않는다는 상징이다.

이 책은 1985년부터 2023년까지 종사했던 지역방송에 대한 기억과 추억을 정리한 글을 모은 것이다. 지역방송을 테마로 〈수필과비평〉이라는 수필 전문지에 옴니버스 형식으로 연재했는데 지역방송에 대한 단상과 기록을 남기면서 개인 수필을 첨가했다.

수필과비평사는 지역방송 은퇴자를 수필가로 등단하게 해주었고 2022년 1월부터 2년간 '지역방송 에세이'를 24회 연재할 기회와 장을 마련해줬다. 수필과비평사의 유인실 주간은 처음 연재를 제안하셨고 초보 글쟁이를 격려하며 칭찬을 아끼지 않았다. 연재가 끝난 뒤에도 출판 약속을 지켜주시니 고맙고 감사하기 이를 데 없다. 다시 한번 감사 인사를 올린다.

2024년 4월

태화강 황어 떼를 보며 茶淵齋에서

김잠출

차례

2부 / 지역방송, 아직도 네가 필요해

3부 / 울산 재발견

1부

지역방송, 기억과 추억들

사랑하는 힘과 질문하는 능력

나는 요즘 방송이 좀 불편하다. 전국의 모든 방송이 '먹방' 경쟁을 하고 그도 아니면 요리나 음식 먹는 프로그램이 판친다. 식사 예절이나 음식문화, 전통은 찾기 힘든다. 그뿐인가. 트로트 중심의 각종 경연 프로그램들은 어찌나 많은지. 한마디로 어이가없다. 솔직히 이런 방송을 시청하지 않은 지 오래지만 프로그램 면면을 보면 차별화가 안 되고 가장 창의적인 집단이라는 방송 PD들이 남의 것을 베끼고 흉내 내기에 함몰된 것 같다. 이것저것 다 비슷하다. PD의 자존심이나 창의력은 아예 안 보인다.

채널명이 시청자에게 갑이던 시대가 가고 1인 미디어나 크리에이터가 방송과 문화의 트렌드를 이끄는 시대라서 그런지 서로가 서로를 모방하는 경쟁을 한다.

우리 언론은 크게 두 가지로 구분 지어진다. 중앙언론과 지방언론이다. 신문도 방송도 마찬가지다. 방송은 중앙방송과 지방방송이 따로 존재하고 신문은 중앙지와 지방지로 나뉜다. 지방이란 접두어는 서울의 방송 외에는 전부 변방에 있는 존재감도 없는 '촌것'이라고 말하고픈 의도가 깔려 있다. 지역방송은 거의 주요리인 생선회가 나오기 전에 주는 부요리(쓰케다시)쯤으로 취급된다. 문학도 그렇다. 중앙문단과 지방문단이라는 이분법으로 구분한다.

위도상 북쪽인 평양에서 서울로 내려가도 방송에선 상경한다고 말한다. 서울 아닌 전국의 모든 지역은 시골이라 부르고 귀향했다가 서울 집으로 돌아가도 귀가나 귀경이 아니다. 오직 상경할 뿐이다.

Video killed the radio star

영국의 뉴웨이브 밴드 The Buggles가 1979년에 발표한 이 노래는 1981년 8월 1일, MTV사가 개국할 때 뮤직비디오로 처음 방송돼 화제가 됐다. 영상 때문에 오디오 스타들이 사라질 것이라는 예언이자 라디오 스타를 그리워하는 내용이다. 이 노래 제목을 처음 들은 것은 1985년 가을, 울산MBC의 TV 방송 개국 요원 선발에 합격하고 나서였다. 방송 경험은 트랜지스터 라디오를 듣는 것이 전부였지만 일단 취업이라는 관문을 통과한 것이 목표였던지라 스스로 대견하다는 생각으로 출근을 시작했다. 그러나 기쁨도 잠시, 회사는 모집 요강과 달리 라디오 PD 발령을 냈다. 잔뜩 기대에 차 있던 새내기에게 가혹한 처사였다. 그로 인해 한동안 풀이 죽어 지냈다. 동기들은 모두 서울 본사로 TV 제작 실무 연수를 떠났는데 혼자 시골(?)에 남아 마이너 미디어인 라디오 AD를 하고 있다는 자괴감이 컸다. 나에게 '방송'이라는 처녀지 탐험은 이처럼 조금 슬프고 아프게 시작됐다.

그나마 기운을 차리고 출근이 즐거워지기 시작한 것은 선배의 격려 덕분이었다. 시청 앞 지하 다방에서 '예쁜 엽서전'을 준비하던 어느 날, 한 대 피우던 그가 수줍게 물었다. "Radio killed the Video star라는 팝송을 아나? 올드 미디어라고 다 죽는 건 아니야. 하다 보면 라디오도 재미가 있을 거야." 처음 들어 본 노래라 제목을 비틀어 거꾸로 말했다는 것을 전혀 눈치채지 못했다. 그는 사보에 팝 미셀러니를 연재하며 DJ를 하던 팝 전문 PD로 시와 그림, 연극에 미쳐 있었다. 지역에서 나름대로 유명한 예인이었다. 그가 최백호의 〈영일만 친구〉의 실제 모델이자 주인공이었다는 건 한참 뒤에 알았다.

이 노래는 아직도 미디어 변천사를 얘기할 때 인용된다. 실제로 당시 비디오의 등장과 MTV의 침공은 가히 혁명이라는 평을 들었다. 방송의 패러다임을 '듣는 것'에서 '보는 것'으로 단숨에 바꿔 버렸으니 말이다. 가창력보다 춤과 퍼포먼스가 대세를 이루기 시작하던 때라 마이클 잭슨과 마돈나의 등장에 지구촌이 열광하던 시기였다. 올드 미디어는 모두 사라지고 신세계가 열리는 줄 알았다. 실제로 다들 그런 기대로 잔뜩 들떠 있었다. 그런데 40여 년이 지났지만, 이 예언은 아직도 완성되지 않았다. 비디오가 라디오를 완전히 죽였다고 하던 노래와 달리 라디오는 여전히 살아 있다. 오히려 찬란하던 TV가 모바일에 밀려 앞날을 걱정할 정도이다. 한때 날개 돋친 듯 팔리던 비디오테이프는 지금 어디서 흔적을 찾을 수 있나. 라디오 스타는 오늘도 방송계를 주름잡고 있으니 말이다. 오래지 않아 TV가 지상에서 사라질지도 모른다고 가정하면 "Mobile killed TV star."라고 다시 노래할 것인가.

라디오는 여전히 제 영역을 지키고 있고 곧 없어질 거라던 종이신문은 내일도 나에게 배달될 것이다. 고전을 읽는 사람도 사라지지 않았고 복제품까지 팔리는 명화는 큰돈에 거래되기도 한다. 명곡은 지금도 애창하는 사람이 많고 잘 만든 영화는 가끔 천만 관객을 끌어모은다. 비디오 스타가 라디오 스타를 완전히 죽이진 못했다는 말이다.

지역방송도 이런 패러다임을 배웠으면 한다. 아니면 패러디라도 해서 제대로 활용하면 어떨까. 텔레비전은 죽어도 방송은 살아 있다고 외치고 지역에 사람이 사는 한 지역방송은 사라지지 않는다고 말할 수 있어야 한다. 아니 사라질 수 없고 사라져서는 안 된다는 믿음이라도 가져보자. '그렇지만 · But,'이라는 꼬리표가 달리겠지만 살아야 하는데 그까짓 뭐 대수겠는가.

하지만 믿음은 믿음일 뿐, 지금의 미디어 생태계는 진짜 살벌하다. OTT, 콘디벌(콘텐츠+디지털+글로벌) 빅데이터와 AI, UHD와 VR, AR 등 융단폭격처럼 쏟아져 나오는 뉴미디어와 신조어들, 새로운 매체들은 그냥 읽기에도 벅차다. 이런 환경 속에 '지역방송'은 과포화일

정도이지만 대부분 존재감이 희미하기만 하다. 위기라는 진단이 나온 지도 오래이건만 여전히 지역방송은 위기, 고사 위기라는 중병을 앓고 있다. 과거엔 동네 사람들이 사랑방에 모여 라디오를 틀고 텔레비전 앞에 수십 명이 모였지만 지금은 한 사람을 위해 여러 대의 텔레비전이 필요한 시대이다. 저마다 손바닥 안에 방송을 들고 다닌다. 채널 장사로 재미를 보던 지상파는 완전히 뒷전으로 밀려났다. '중앙방송'도 그러할진대 별 재미도 없고 그리 관심도 없고 가치도 낮다는 평을 듣는 지역방송이야 더 말할 나위 있으랴.

사랑하는 힘과 질문하는 능력

2016년 말, TV 화면으로 본 청와대의 기자 간담회 장면을 아직도 또렷이 기억한다. 대통령은 일방적으로 자신의 하고 싶은 말만 쏟아내고 대변인은 팔짱을 낀 채 감시하듯 기자들을 단단히 지키고 서 있었다. 기자들은 무장해제를 당한 채 수첩만 들고 대통령의 입만 바라볼 뿐 한 사람도 입을 열지 않았다. 질문할 줄 모르는 기자를 보는 것 자체가 생소했다. 21세기 취재현장에서 본 특이한 장면이었다. 그날 나는 SNS의 프로필 문구를 이렇게 바꿨다.

'사랑하는 힘과 질문하는 능력'

맞다. 기자는 질문하는 사람이다. PD는 사람을 사랑하고 세상을 사랑하는 잼이다. 그날 청와대에선 아무도 질문을 하지 않았다. 질문하지 말라는 강압적인 요구에 질문하지 않겠다고 사전동의를 한 모양이다. 2년 후 직접 청와대 춘추관을 출입해 보니 분위기가 판이했다. 매번 많은 질문이 쏟아졌고 n분의 1에 지나지 않는 '지역 언론인'이었던 나도 질문 경쟁에 자주 합류했다. 공식 회견이나 간담회 직후에 갖는 '백 블(back briefing)'에서도 질문은 오래 이어졌고 대변인이나 고위관계자들은 성실히 답변했다. 지역 언론을 홀대하거나 외면하지도 않았다.

다시 지방에 돌아오니 '지방 홀대'는 여전히 진행형이었다. 지역방송이 책임을 다하지 않는지 역할을 제대로 하지 못해서인지 궁금했지만, 지방에 사는 사람들이 외려 지방 홀대에 더 앞장서는 경우도 많아 씁쓸하기만 했다. 지방 사람들끼리 모인 자리에서도 "야, 지방방송 꺼!"라는 말이 거리낌없이 나온다. 왜 이 말이 지금까지 사라지지 않고 회자하는지 자신을 돌아보고 지방방송의 존재 이유를 생각하면서 성찰의 계기로 삼아야 한다.

지방방송을 꺼도 좋을까? 국가 균형 발전이 헌법적 이념으로 명시돼 있는 우리나라에서 '지방방송 꺼!'를 함부로 말해도 좋은가. 오히려 '야! 지방방송 좀 틀어봐!'라는 말이 넘쳐나는 날은 올까마는 그러한 날이 오리라 애써 믿어 본다. 그냥 위안에 그칠지라도 말이다.

사랑이 식으면 질문이 없어진다는 말이 있다. 질문이 없어지는 순간부터 사랑은 식어간다. 지역 언론이 사랑하는 힘과 질문하는 능력을 더 길러야 하는 이유이기도 하다. 지역 언론은 자기가 발 딛고 있는 지역의 가치를 더 많이 알고 지역과 지역민을 사랑하는 힘을 많이 가져야 한다. 어디서나 누구에게나 질문하는 능력을 더 단단히 갖춰야 한다. 그래야 지역방송의 불빛이 꺼지지 않을 것이다. 아니 꺼질 수 없을 것이다. 지역방송의 에피소드를 중심으로 이어갈 이 글이 그런 믿음에 조금이나마 부응하고 보탬이 됐으면 좋겠다. (2022.1)

모처럼 지역방송 프로그램을 시청했다. 곧 사라지게 될, 100여 년 역사를 가진 '호계역'을 소재로 한 울산방송의 다큐멘터리였다. 로컬 성격이 강한 프로는 재핑(Japping) 습관마저 멈추게 했다. 내가 사는 곳, 내 주변과 이웃, 내가 잘 아는 지역을 소재로 한 것이라 잠시도 화면에서 눈을 떼지 못했다. 아직도 본방 사수와 몰입 시청을 하게 하는 TV 방송이 있다니, 반갑기 그지없었다. 지역방송과 지역시청자의 숙명에서 벗어나지 못한 '꼰대'라 한들 어쩌겠는가.

당신의 봄을 믿어야 합니다

"Boys, be ambitious"

1975년 설을 쇠고 난 뒤 어느 날, 고향 마을에 낯선 이들이 많이 들어왔다. 고등학교 입학을 앞둔 마지막 겨울방학이라 치도治道 같은 부역에 참여하며 빈둥거리던 차에 마주한 낯선 사람들의 정체가 무척 궁금했다. 15년 동안 보아오던 하루 한두 대 지나는 버스 대수보다 더 많은 트럭이 왔다갔다하면서 마을 어귀에 시멘트 포대를 산더미처럼 쌓아놓더니 며칠 만에 전봇대를 세우고 전선을 이어 가가호호 기둥이나 제비집 있는 처마 부근에 뚝딱 두꺼비집까지 달아 주었다. 작은 '도란스'를 하나씩 나눠주기까지 하니 온 동네가 그야말로 야단법석 싱글벙글하였다. 첩첩산중에 있는 작은 마을에 '새마을운동'이 복음처럼 다가왔고, 우리의 '대통령 각하'는 정말 위대한 영웅이라고 절로 숭상해졌다. 그도 그럴 것이 마을과 마을을 잇는 시멘트 다리가 생기고 산골의 밤이 낮처럼 밝아졌으니 더 말해 무엇하랴. 그날부터 남포를 들고 밤마실을 다니지 않아도 된 어른들은 입에 침이 마르도록 각하를 칭송했다. 군사부일체를 배워 몸에 밴 필자도 선생님의 가르침을 상기하며 칭송 대열에 합류했다.

"Boys, be ambitious!" "환경이 결코 나를 지배하지 못하리라." 같은 구호는 새길수록 마법처럼 다가와 힘이 거듭 솟구치게 했다. 뒷산의 바위틈에 뿌리를 내린 소나무를 보면서 최악의 환경에서도 꽃이 핀다는 암시와 자기 최면을 숱하게 되풀이하기도 했다. 내 생애 첫 문명의 혜택이 된 '전기'와 '새마을'은 그렇게 영원히 지워지지 않는 단어로 각인되어 있다.

지역방송은 지역 파수꾼이어야 한다

입춘은 일 년 중 봄이 시작되는 날이라지만 매화는 입춘보다 더 빨리 봄소식을 전한다. 통도사 자장매慈藏梅는 해마다 영남에서 가장 먼저 봄을 알린다. 자장매를 놓쳐 아쉬운 사람은 양산 원동역의 매화마을에 가면 된다. 산과 산 사이에 강이 흐르고 삼랑진과 물금읍 사이 낮은 곳에 있는 원동역과 주변 10리는 입춘 전후에 온통 매화밭으로 변한다. 특별한 스토리도 없고 그리 뛰어난 품종도 아니다. 그저 강변을 온통 꽃 천지로 만드는 '떼장'으로 유혹한다. 개화도 그리 서두르지 않는다. 해마다 실바람이 봄을 실어다 놓고 강물이 풀릴 즈음, 기차도 강촌도 매화 천지로 덮인다. 사방천지 널리고 널린 게 매화다. 엄마가 봤으면 "여어 봐라, 마케 꽃이다."라고 외쳤을 화사한 꽃 무더기 아래를 욜그랑살그랑 걸으면 꽃 멀미가 날 정도다. 통도사 자장매는 나름 매니아들이 찾는 세련되고 귀한 존재라 '중앙방송'의 화려한 고급, 일류 프로에 견줄 만하다. 이에 비해 원동 매화는 도리자성혜桃李自成蹊, 그 자체다. B급이나 삼마이, 노잼이라는 평가를 인정할 수밖에 없는 지역방송에 비유하면 다들 억울해할까.

봄春을 봄視을 강제로 차단당한 지 3년째다. 아무래도 올 2월엔 통도사를 들르거나 양산 원동마을에 가서 봄을 보아야겠다. 원동역에서 낙동강 건너 작은 공원에 홍수진 PD의 시비가 있으니 생각은 결국 '지역방송의 파수꾼'이었던 홍 피디에 귀착한다. 시비는 2008년 방송 후배들이 가수 최백호와 함께 세웠다. 그는 〈영일만 친구〉라는 노래의 실제 주인공이었고 팝 DJ와 화가, 연극인, 시인으로 활동한 지역문화의 첨병으로 살다 갔다. 늘 지역과 지역민 네트워크를 활용해 지역문화를 이끌었다. 지역 민요와 노동요를 채록하고 연극연출, 화가, 팝 칼럼니스트, 문인 등 다양한 재능을 발휘했다. 무용 연출과 민속연구, 향토사 연구는 물론 문화기획자로도 이름을 날렸던 지역 방송인이었다. 밥 딜런과 비틀스, 폴 사이먼과 앤디 워홀 등을 상당히 편애했지만, 향토색을 잊지 않았고 향토 소재를 활용한 문예 창작에 몰두했다. 이런 스타 PD, 방송에 미친 '쟁이'들은 지역과 지역방송, 지역 문화계에 생수이자 마중물 같은 존재이다. 1980, 90년대 각 지역엔 지역마다의 스타 PD들이 있었다. 일테면 광주의 소수옥 피디나 포항의 정옥희, 마산의 정해숙, 윤시내의 〈열애〉를 만든 부산의 배경모 PD들이 그런 분이었다. 말로 뉴스를 전하고 시사를 달구는 방송인들은 작가나 신문기자처럼 글을 잘 쓰지 못한다는 인식이 일반적이었지만 당시의 '컨트리 스타'들은 말 잘하고 글 잘 쓰고 팝송에 해박했다. 그들은 MBC 예쁜 엽서전이나 가곡의 밤, 고전 음악동호회 등 지역의 문화 이벤트를 주도했다.

한 시대의 아이콘을 넘어 브랜드가 된 〈영일만 친구〉는 포항 등대박물관 앞에 노래비로 남았고 홍수진의 시는 양산 원동면 원리 매화공원 시비에 새겨져 있다. "젊은 날 뛰는 가슴 안고 수평선까지 달려 나가는, 돛을 높이 올리던 친구"는 어디로 갔을까. 변방의 문화, 지역방송의 파수꾼들이 그립다. '글로벌'을 글로 벌을 서는 '반성문'으로 오독하지 않는다면 오! Glocalism이여, 나는 기도한다.

〈미나리〉의 윤여정이나 '깐부 할배' 오영수처럼 지역방송의 콘텐츠도 언젠가 세계에 빛을 발하는 날이 오기를.

무한한 디지털 영토를 점령하자

'관행'이라는 단어의 양면성과 '안다이 박사'를 떠올려 본다. '관행'은 낡은 것이나 구시대적이고, 고질적이거나 잘못을 반복한다는 부정적인 느낌이 강한 말이다. '안다이 박사'도 똥파리와 붙여 쓰는 부정적인 조어造語다. 하지만 21세기의 지역방송은 습관 같은 관행은 지양하되 안다이 박사를 지향해도 좋겠다. "지역소멸이 지역방송 위기와 궤를 같이한다."라는 뉴스를 전한 뒤, "서울에 대한 판타지를 가진 지역민들"을 위해 '경성 판타지'란 프로그램을 지역방송이 고정 편성한 걸 본 적이 있다. 제목부터 불편하고 거슬렸다. 아무래도 사고의 혼돈이요 아이러니로 여겨졌다. 지역의, 지역을 위한, 지역에 의한 안다이 박사로서는 지역방송의 '서울 동경'이 낳은 '잘못된 관행'으로 보였다. 지역 예술인의 목소리가 더 어울릴 법한 로컬 프로에 굳이 서울의 유명 연예인이나 성우들을 내레이터로 내세우는 것도 정말 보기 상그럽다. 울산의 라디오 MC가 서부 경남의 강한 억양으로 방송하면서 "사투리는 지역문화의 정수" "사투리 쓰는 것을 부끄러워하지 맙시다."라는 멘트를 부끄럼 없이 날려 보낸 날, 울산의 청취자가 얼마나 공감했을까. 부산과 마산, 진주와 합천의 말이 울산 말과 차이 나고 억양과 고저장단이나 단어의 강세 위치가 판이하다는 사실을 그들만 모르고 있었다. 지역에 방송하는 특집 강좌나 동사무소와 구청, 시청이 주관한 특강에 연예인들과 서울 강사를 동원하는 현실을 보는 것도 내겐 고통이었다. 그들은 용돈 벌이 겸 푼돈을 챙기며 전국을 순회하는 꾼들이다. 지역의 공공기관이 오히려 지역의 전문가나 지역 예술인을 외면하고 낮춰 본다는 것을 나는 잘 안다. 아니면 서울의 고급문화를 촌놈들에게 맛보이려는 지역방송이나 지자체의 눈물겨운 배려인지 모르지만, 그들은 지방자치나 local이란 영어를 써놓고 촌놈, 컨트리, 하수라고 읽을 것이 뻔한 사람들이다.

서울에서 내려보낸 K나 M의 지역 사장들 역시 식민지의 '총독'이다. 이들은 2~3년간 본사 눈치 보며 쉬다가 서울 복귀를 꿈꾼다. 그들은 지역방송사의 순이익 1%를 지역 문화예술에 투자할 것을 권유해도 오불관언이다. SB나 광고 틈새에 지역 시인의 시 노래를 편성하려고 무던히 애써 봤자 촌스럽다며 거부하기 일쑤다. 그새 강물은 흘러가고 또 흘러왔건만 돌은 구르지 않았고 뽑히지도 않았으니 "변하는 미디어, 변하지 않는 지역방송"이란 말이 여전히 회자한다. 지역방송이 유일하게 지역민에게 손을 비빌 때는 통폐합이나 광역화 같은 자신들의 존립이 걸렸을 때다. 갑자기 지역민이나 시민단체를 찾아가고 지역 정치인, 단체장에게 청구서 같은 서명지를 들이민다. "지역방송을 사수하자."라며 지역의 힘을 보태라고 역설한다. 그래봤자 결국 꿩 새끼는 산으로 가고 오리 새끼는 물속으로 가버린다. 지 배부르면 토사구팽 저리 가라다.

서울에 가도 지역방송이 푸대접받는 건 매한가지다. 국회나 정당, 청와대나 기업체를 막론하고 중앙과 지방 기자실의 구분은 아직도 엄격하다. 중앙방송과 지역방송은 서비스 구역(coverage)만 차이 나는데, 우린 왜 모든 일을 중앙에 기대어 처리하고 중앙에 줄 서야 좀 더 그럴듯해 보이고 그래야만 마음이 놓이는지 알 수가 없다. 지방화, 풀뿌리 민주주의를 입으로는 외치면서 마음속에는 뿌리내리지 못했다는 증거이다.

디지털 영토는 무한하다. 디지털은 누구에게나 열려 있다. 말하기와 글쓰기 능력, 기획력과 영상이나 이미지 활용 능력은 지역에서 지역방송인들이 최고 전문가이다. 단지 도전정신이 문제겠지만 지역방송인이 무한대로 열려 있는 디지털 영토를 점령하지 못할 이유가 없다. 다양한 디지털 플랫폼에 탑승하면 되는데 언제까지 '좋은 방송' '공익 방송'만 만들겠다며 망설이기만 할 것인가. 방송은 사람이 만들고 사람을 위한 것이다. 문학도 방송도 소비자가 외면하면 그냥 그런 것으로 폐기된다. 소구력 강한 콘텐츠, 3초 전쟁과 30초 전쟁에 발맞춘 신상만이 살아남는 이유가 있다. 호랑이는 죽어서 가죽을 남기는데 지역 PD는 살아남아서 '볼 만한 프로그램' 한 개 정도는 남겨야 하지 않겠나. 올해는 지역방송이 사라질까 두려워 말고 걱정 대신 희망을, 불평 대신 변화와 도전을 선택해 세계의 환호와 박수를 받아

보자. 아마추어는 피하고자 애쓰지만, 프로는 이겨내기 위해 노력한다는 말을 증명해 준다면 참 좋겠다.

제작 스크롤이 흐르는 것을 보니 호계역 다큐멘터리가 거의 끝나간다. 유명 가수인 내레이터의 투박한 부산 사투리가 1시간 내내 울산 시청자의 귀를 괴롭혔지만 그래도 '지역방송'을 보고 난 뒤 마음은 흐뭇하기만 하다. 이 마음을 담아 Bill Evans의 〈You Must Believe In Spring!〉을 지역방송에 선물해야겠다. 머잖아 다가올 당신의 봄을 믿어야 하고 '로컬의 힘'과 '로컬의 가치'를 굳게 믿으시길 바라면서…. (2022.2)

지역방송의 기억과 추억

예전의 방송쟁이들은 연휴를 거의 쉬지 못했다. 정규 프로그램 외에 연휴가 되면 특집 방송을 해야 하기 때문이었다. 설이나 추석 같은 명절을 비롯해 기념일과 국경일, 초파일과 성탄절은 물론 연말연시와 여름휴가 기간에는 늘 특집이 기다리고 있었다. 각 사별 창사기념일에도 반드시 특집 방송을 했다. 녹음이나 녹화를 하면 되지만 "방송은 생방이 제맛"이라는 개똥철학이 힘을 받던 시대엔 쉬는 것도 귀찮아 그냥 생방을 준비하는게 다반사였다. 다 지나간 일이지만….

라디오는 추억이다

음악은 늘 기억과 추억을 소환해 준다. 지난 설 전 어느 날 퇴근길에 탄 택시에서 6시 시보와 함께 흘러나온 '배철수의 음악캠프' 시그널이 그랬다. 드럼 연주가 장난이 아닌 Vienna symphonic orchestra의 〈Satisfaction〉이 내 심장박동을 높이고 울렸다. 1990년 3월 19일 이후 같은 시간 같은 채널에서 같은 박자로 같은 음악이 재생되는 것이었다. 라디오 향수에 흠뻑 젖은 그날 밤, 앱을 열어 홀로 〈별이 빛나는 밤에〉를 들었다. 별밤 역시 시그널은 수십 년 전 그 음악 그대로, Franck Pourcel 악단의 Merci Chérie였다. 내 청춘과 함께 건넜던 음악은 귀에 착착 감기고 가슴을 울렁이게 했다. 매일 밤 그 음악은 나의 책상과 창가에 내려앉아 고단한 일상을 위로해 주던 반려자였다. 불을 끄고 볼륨을 올리며 녹음테이프를 갈아 끼우던 그 시간, 차인태와 오혜령, 이수만과 이문세 그리고 김세원과 임국희의 목소리는 차례대로 늘 내 편이었다. 대입에 실패한 시련기에도 첫사랑이 떠난 이별의 순간에도 내 곁을 지켜준 참 좋은 친구였다. 라디오는 그렇게 나만의 추억으로 남아 있다. 누구나 그렇듯이 추억은 그리움을 동반하는 법. 그날 들었던 배캠과 별밤은 기억과 추억을 되돌리며 젊음의 시간을 선사했다. 나의 청각은 지난 세월, 추억의 단편들을 하나하나 복원해 줬고 몸 구석구석의 세포들은 제각기 일어나 춤추고 움직였다. 음악의 잔향은 며칠이 지나도록 사라지지 않았다.

당신의 해시태그는 무엇입니까

1986년 봄개편을 맞아 PD로 '입뽕'을 한 프로는 유명한 〈푸른신호등〉이었다. 당시 서울에서 서유석이 진행하는 청취율 1위의 프로그

램(R)이었지만 지역마다 사정이 천차만별이었다. 교통 방송을 할 환경이 미비한 작은 도시는 서울의 교통상황을 그대로 중계하는 것으로 임무를 다했지만 100만 인구를 바라보며 커가던 울산의 PD는 의욕이 충만해 교통전문가를 자처하며 현장 교통상황 전달과 교통요충지에서 생방송을 시도했다. 교통 통신원을 선발하고 공중전화 카드를 한 장씩 나눠주며 요일별로 조를 짜 배치하고 주말마다 리포트 교육과 회당 출연료를 지급했다. 일은 또 다른 일을 불러와 여름휴가를 떠나는 선배들 대신 새벽 5시에 출근해 자정에 끝나는 〈별이 빛나는 밤에〉까지 하루 3개의 프로를 감당해도 신이 나던 시절이었다. 별・밤은 각종 사연이 담긴 엽서가 쇄도했는데 매일 아침 운전기사들이 우체국에 가서 마대자루에 쓸어 담아 왔다. 온갖 사연들로 색칠된 엽서와 편지, 두루마리 중에 특히 외국인이 보낸 것이 기억에 남아 있다. 일본 후쿠오카 로즈가든에 사는 여인이 매주 보낸 긴 편지와 노르웨이 선장의 엽서는 아직도 추억으로 간직하고 있다. 그 여인은 후쿠오카의 쓸쓸하고 외로운 밤을 전하며 '부산'이란 장소에 대한 그리움과 함께 〈ブルーライトヨコハマ〉 〈돌아와요 부산항에〉 〈Say You, Say Me〉 등을 자주 신청했다. 그렇게 울산의 별・밤이 바다 건너에 사는 여인의 고독까지 달래주던 시간에 원양어선 한 척이 대한해협을 지나고 있었다. 그 선박의 선장은 노르웨이인이었는데 그가 별・밤에 엽서를 보내왔다. 북두칠성을 바라보며 쓴다는 내용으로 그냥 단문이었지만 영어 필체는 매우 좋았던 기억이 난다. 태평양에서 보낸 엽서!

그러면 저 달에서도 누군가 보낼 수 있지 않을까.

그렇게 TV와 라디오에 한창 재미를 들이던 그즈음, 천방지축에 천둥벌거숭이처럼 나대면서도 '나만의 해시태그'를 갖기 위한 탐색을 시작했다. 당시 편성표의 SA 타임은 서울 본사의 프로그램을 전국에 내보내고 지역은 중계만 하는 R(릴레이)로 표기돼 있었다. 그러다 토, 일요일엔 L(로컬)로 편성해 주는 관행이 있었다. 개편 때마다 누가 주간 물을 때울 것인가 하는 문제가 늘 PD 전체의 고민이었다. 그때 만든 것이 '향토기행'과 '동해남부선', '태화강 백리'라는 주간 기획물이었다. 6개월의 방송이 끝나고 다시 '이 땅의 노동요', '들 노래, 산 노래', '울산패트롤' 같은 특집 제작을 자처했다. 그러고선 5만분의 1 지도를 구해 경남 양산에서 울산, 울주, 경주와 감포까지 매주 답사를 다녔다. 할부로 산 르망을 애마 삼아 풍찬노숙을 마다하지 않고 즐풍목우櫛風沐雨를 즐기며 자연마을을 헤집고 다니며 발품을 팔았다. 자료와 경험이 거듭되면서 향토사에 더욱 집착했고 결과물이 차곡차곡 쌓여갔다. '제주 해녀 울산 이주기'를 방송하고 전국 공통의 모심기 노래 첫 소절이 울산 태화강의 '베리끝 설화'에서 시작됐다는 사실을 밝혀냈다. '물 당기기 노래'를 채록해 문화원에 기증하고 민속놀이 재현을 도왔다. 300여 개의 민요 녹음테이프는 문화원과 지역대학에 복사해 전했고 내친김에 향토사연구회를 조직해 월간답사와 사료 강독에 매진했다. 일본 강점기에 사라진 '마두희馬頭戲'와 '매귀악煤鬼樂'과 2월 초하루의 '영등 할머니'에 관한 사료史料를 발굴한 것도 내겐 의미

있고 귀한 일이다. 주석을 달아 《鄕土史報》에 싣고 1930년대 행정 조사 보고서인 《蔚山案內》를 찾아 보도해 일제강점기 지역 사정을 파악하도록 추동한 일도 보람으로 기억된다.

1948년 런던 올림픽에서 축구 국가대표 1호 골을 넣은 '최성곤 선수'의 영모비와 묘를 찾아 울산박물관 특별전을 끌어낸 일도 있다. 삽다리못에서 황소개구리 울음을 듣고 촉이 와 만든 다큐멘터리는 뉴스데스크 톱으로 전국에 방송되었고 덤으로 두 달간 미국 연수라는 선물까지 받았다. 지역의 문화 현장이나 예술인에 대한 만남과 탐구도 게을리하지 않았는데 '울산문화'가 열리는 마당에는 언제든 어느 곳이든 반드시 방송 마이크와 카메라가 함께하도록 애썼다. 그러다 보니 점점 나의 해시태그는 '향토사' 전문으로 굳어져 갔다.

지역방송의 PD나 기자는 퇴직 후 인생 2막에서 '방송'을 계속하는 경우가 드물다. 미리 차별화된 전공과 일정 수준의 실력을 갖추고 '나만의 해시태그'를 가져야 한다. 새는 알을 깨고 나와야 새 생명체가 되고 편곡과 변주는 밋밋한 원곡을 더욱 다채롭게 만들어 준다. 지금도 우리 방송사들은 상대적으로 따뜻하고 평온한 세월을 보내고 있겠지만 방송국의 호시절을 자랑하기보다 알을 깨는 아픔을 미리 경험하는 것이 인생에 더 보탬이 될 수 있다. '길은 걷는 자의 것'이라지만 자기의 길은 결국 자신이 만들어 갈 수밖에 없다. 개인적으로 역마살 기질을 탓하지 않고 즐기다 보니 어느 순간 지역 전문 PD, 울산 전문 기자, 향토사의 길잡이가 되겠노라는 꿈이 현실이 됐고 다행히도 향토사에 대한 애착과 관심은 현재도 진행 중이다. 새로운 여정을 앞둔 지역방송인에게 묻는다. “당신의 해시태그는 무엇입니까?”

기자는 현장에 있어야 마음이 놓인다

요즘 우리 방송의 수백 개 채널은 숫자에 불과한 것 같다. 획일화에 매몰돼 개성이 없고 창의성이 사라졌다. 차별화가 안 되고 복사와 모방이 판친다. 오로지 흉내 내기와 베끼기, 아이디어 도용이 넘친다. 제목도 포맷도 코너와 내용도 어슷비슷해 그 나물에 그 밥이다. PD는 가장 창의적인 직종이란 말은 이제 거짓이 되려나 보다. 베끼기를 잘해야 살아남는 직종으로 정의될 날이 올 것 같아 우울하다. 참으로 뻔뻔하다. 아침엔 건강정보라는 핑계로 보조식품 선전으로 도배를 하고 낮에는 지겹도록 시사 정치 토크 아니면 재방송으로 메운다. 그놈의 트로트는 24시간 전 채널에서 약간의 변형으로 위장한 채 마구 쏟아지고 있다. 심야엔 예능이란 포장으로 골프와 탁구, 축구 등 국가대표 선수들만의 이벤트로 버무리고 있으니 방송 스스로 시청자의 선택 여지를 없앴다. 1980, 90년대 계절마다 PD들이 부산에 모여 일본방송 아이디어를 도둑질하던 부끄러운 역사의 되풀이에 지나지 않는다. 이 정도면 ‘창조와 발전적 재창조’라는 허울 좋은 구실도 무용지물이다. 지역방송도 이를 닮아가고 있으니 걱정이다. 결국, 방송의 질적 저하와 하향 평준화만 낳을 것이다.

낚시꾼은 물가에 앉아야 마음의 평안을 얻는다. 기자는 현장에 있어야 마음이 놓인다.

지역방송에 하고 싶은 말은 거대 담론만이 '꺼리'가 아니다. 하찮고 작은 곳이거나 모인 사람이 적어도 지역방송은 그 지역 구석구석을 찾아가고, 지역민이 있는 현장을 찾아줘야 하고 그것을 방송하는 것이 마땅하다. 화려하고 각광받는 것만이 톱뉴스가 아니다. 소외되고 외면을 받을지언정 지역방송은 지역의 파수꾼 역할을 마다하지 말자.

기자, 똑바로 해야 한다

요즘의 방송 저널리즘 역시 실망스럽긴 마찬가지다. 현장 리포트를 하는 방송 기자들이 언젠가부터 스마트폰을 들고 방송한다. 도입부 1~2분도 소화하지 못하고 손바닥에 코를 박고 방송하는 모습을 보면 현장감은커녕 도무지 신뢰가 생길 리 없다. 하기야 현장에 가지 않고도 기사를 쓰고 취재원을 만나는 대신 유명인이나 정치인들의 SNS를 검색해 복사하는 시대이니 옳다 그르다 할 수도 없겠다. 낚시꾼은 물가에 앉아야 마음의 평안을 얻고 기자는 현장에 있어야 마음이 놓인다는 충고가 무의미해졌다. 몸은 현장에서 멀어졌고 정부와 권력, 사주社主와 데스크에는 공손하고 광고주에겐 허리를 숙인다고 한다. 클릭 수와 댓글에 연연하고 SNS와 개인 미디어를 훑으며 받아쓰기를 주저하지 않는 기자가 늘어난다고 선배들은 한숨이다. 개인의 통화를 불법 녹취해 마구 방송하니 마이크는 흉기가 됐고 카메라는 살상 무기가 됐다. 그래도 선택적 진실, 확증 편향적인 신념 속에 금과옥조처럼 외치는 말은 꼭 있다. '국민의 알 권리'와 '공정방송'이라니 가관이다. 출처도 모르는 괴소문이 사실로 둔갑하고, 확인되지 않은 말을 진실인 양 받아들이는 방송. '탈진실, Post-Truth란 말이 더이상 낯설지 않게 됐다.

기레기란 신조어는 기자와 쓰레기를 조합한 말이다. 기레기들이 진작 물어야 할 질문을 하지 않으니 생겼나 보다. 마지못해서 하는 질문도 아무런 힘이 없어 보인다. 대선이 끝나고 곧바로 지방선거가 다가온다. 이제 오롯이 지역 언론의 시간이다. 지역에서의 기레기 짓은 금방 도드라진다. 한 다리 건너면 바로 신분이 확인되는 곳이니 말이다. 건방과 허세를 버리고 도청이나 시청 출입 기자가 도지사나, 시장과 동격이란 착각을 해서는 안 된다.

기자! 똑바로 해야 한다. 기자인 것이 부끄럽지 않아야 한다.

시간이 갈수록 기억은 점차 희미해지고 추억은 더욱 선명할 때가 있다. 머리에 남은 기억은 되살릴수록 흐릿해지고 가슴에 쌓인 추억은 지우려 할수록 더욱 구체적으로 다가온다. 추억은 늘 누군가와 '함께' 소환되거나 별것도 아닌 대상을 보면서도 생생히 살아날 때가 있다.

나도 한때 방송쟁이였다. 보통 과거로 돌아갈 수 있다면 언제인가를 묻는 질문에 자신의 화양연화 시절이나 가장 아쉬웠던 시기를 말하지만 나는 다시 돌아갈 마음이 거의 없다. 정말 돌아가고 싶을 때를 묻는다면 단연코 카메라와 마이크가 그리운 그 시절이라고 말할 것 같다.

"라면 먹고 갈래요?" "어떻게 사랑이 변하니?" 같은 말로 유명해진 영화 〈봄날은 간다〉를 봄날에 다시 떠올려 본다. 영화엔 이런 대사도 나온다.

"버스하고 여자는 떠나면 잡는 게 아니란다."

어쩌면 방송도 그렇고 시청자도 그럴지 모른다. 한때 달나라에서도 내 방송과 내 목소리가 들리는지 궁금했고 어떤 소리로 변형돼 화성이나 토성에서 들을 수 있을지 공상하기도 했지만 다 허사로고. 내가 쏘아 올린 그 순간에 전파는 바로 허공에 흩어졌고 함께하던 사람들도 모두 떠나갔다. 기억과 추억으로만 남아 있다. (2022.3)

멍게를 변호한다

한때 서점 주인이 되고 싶은 꿈이 있었다. 그러다 어렵사리 집을 마련한 뒤 작은 방을 서재로 꾸미고 대리만족하고 지냈다. 서재! 지적 허영심으로 가득 채워진 공간에서 자료를 찾던 중 《錦江》이란 시집 한 권이 툭 떨어진다. 표지는 거칠고 두꺼운 회색 종이로 되어 있고 속은 모두 등사기로 밀어 실로 묶었다. 노랗게 색이 바랜 종이가 끼워져 있고 메모가 남아 있다. '무항산 무항심, 1984년 2월, 동아서림'. 벌써 38년 전이다. 무엇을 할지 어떻게 살아야 할지를 고민하던 암담한 날들 속에 책은 큰 위로가 되었고 서점은 좋은 놀이터였다. 인구 50만이 채 되지 않은 작은 도시에서 지내던 당시, 서점은 돈 없고 고독한 청춘이 쉴 수 있는 유일한 장소였고 시간 보내기에 좋은 피난처였다. 매주 들르던 곳이 동아서점, 처용서림, 문화서점이었다. 지금은 모두 사라졌다. 그곳에는 누나와 이모들이 서점 직원으로 일하고 있었는데 그들은 한자를 묻거나 책 분류를 도와달라고 요청했고 그때마다 종일 '자유이용권'을 부여했다. 신간을 마음대로 펼쳐보고 필요한 책은 공책에 필사하고 과월 잡지나 복사된 금서들을 많이 챙길 수 있었다. 그때 받은 《말》과 《뿌리 깊은 나무》, 《역사비평》과 《창비〉, 《죽음을 넘어 시대의 어둠을 넘어》, 《금강》, 《타는 목마름으로》 등은 아직도 고이 보관 중이다. 필사한 '공책'과 함께 결코 버릴 수 없는 오래된 추억이 담긴 보물이다. 오래된 책은 오래된 기억들을 되돌려주고 오래된 비밀을 회상하게 만든다. 아날로그 시대는 점차 사라져가지만, 아날로그 감성은 여전하다. 활자 중독이나 일종의 간서치看書痴 흉내를 내는 습벽이 남은 것은 책을 거저 주던 그분들의 호의 덕분이라 생각한다. 오늘도 오랜 책들을 넘기면서 잊고 싶지 않은 기억의 단편들을 퍼즐처럼 맞추어본다.

각시붕어 봄나들이

취업하고도 서점 나들이는 계속되었고 매달 월급의 10%를 투자해 책을 샀다. '서점 자유이용권'을 준 누나와 이모들에게 보답하는 길이라 여겼다. 당시 서점과 책은 정보의 화수분이었고 새 지식과 트렌드를 얻을 수 있는 유일한 통로였다. 각시붕어 봄나들이를 기획하게 된 것도 서점과 책을 통해서였다. 어느 날 최기철 박사의 《우리 민물고기 백 가지》를 읽고 태화강 백 리 트래킹과 어류 조사를 시작했다.

경실련 환경 지기 단과 함께 6개월의 탐사 끝에 '각시붕어 봄나들이' 전시를 한 뒤 어항과 민물고기는 모두 희망 가정과 기업체에 분양해 애완용으로 기르도록 권했다. 외래종인 황소개구리, 배스와 블루길의 폐해에 대해 홍보하고 정보 전달과 퇴치 운동을 펼치기도 했다. 방송만 할 것이 아니라 시민단체 회원으로 활동해야 한다는 신념이 낳은 지역봉사 실천이었다.

1990년대까지만 해도 태화강 여기저기에는 모래톱과 작은 섬들이 많았다. 그곳에는 각시붕어가 집단 서식하고 있었고 모래 속에는 말조개가 그득했다. 각시붕어는 조개와 산란 시기가 거의 일치한다. 각시붕어는 5월쯤 모두 황홀한 혼인색을 띠면서 새색시처럼 예쁘게 변장을 한다. 그리고는 반드시 말조개의 출수공에 산란관을 집어넣어 알을 낳는다. 말조개는 물과 먹이를 들이켜는 입수공과 배설물을 빼내는 출수공을 갖고 있는데 입수공에 알을 낳으면 조개의 먹이가 된다. 각시붕어는 이를 정확히 구분해 알을 낳고 28일쯤 지나 부화한다. 지구에는 150만 종의 엄청난 수의 생물 종과 더 많은 개체가 존재한다. 이 중에 조개와 각시붕어처럼 '아름다운 공존'을 위한 공생 관계를 유지하며 사는 생물들도 많이 있다. 함께 살고 서로 도우며 사는 생물들에 반해 인간은 아직도 무한경쟁을 하고 서슴없이 전쟁한다. 공생은커녕 공멸의 길이란 것을 알면서도 서로 죽이고 죽어간다.

울산의 젖줄인 태화강에는 백로와 까마귀, 바지락 씨조개가 전국 최대 규모로 서식하고 있다. 울산시가 지난 2009년 '태화강 생물자원 3보寶'로 지정해 홍보할 정도이다. 또 예로부터 다양한 어종과 어패류가 서식하고 무엇보다 수많은 회유어가 유명했다. 봄에는 진달래 따라오는 황어와 수박 향을 발산하는 은어가 돌아오고, 그리고 가을엔 단풍 색깔을 치장한 연어가 귀향한다. 태화강 하류 기수역汽水域에는 전국 최대 규모의 바지락 종패 생산지역이다. 그중 황어가 개체 수로나 지역 사람들의 정서상으로 단연 으뜸이다. 황어는 양지쪽에 쑥이 돋아나고 보리가 한 뼘 정도 자랄 무렵인 이른 봄에 큰비가 지나가고 황토물이 바다로 흘러 들어가는 시기에 딱 맞추어 강을 거슬러 온다. 산란을 위해서이다.

지금은 포획 자체가 금지되었지만, 예전에는 강변 마을마다 '황어계黃魚契'가 있었다. '쟁이'라고 하는 원뿔 모양의 그물을 펴서 투망 작업으로 황어를 잡아 황어 골회, 황어 쑥국, 탕과 포로 요리했다.

예나 지금이나 태화강은 회유어의 천국이자 안식처이다. 회유어는 해마다 잊지 않고 고향을 찾아오는 반가운 손님이다. 일찍이 그들이 태화강의 주인이었다. 지금의 태화강에는 모래톱이 거의 사라졌고 섬들이 유실되었다. 각시붕어와 말조개가 사라진 것도 우연이 아니었다. 혼인색으로 치장하고 봄나들이에 나서 사랑을 나누던 그때의 각시붕어들은 모두 다 어디로 갔을까?

멍게의 표준어는 '우렁쉥이'였다

멍게는 바다의 복숭아라고 불린다. 짭짤하면서도 단맛이 배어나고 시원함과 개운함이 접목된 독특한 향으로 미식가들의 사랑을 받고 있다. 봄 바다의 향을 제일 먼저 전해오는 멍게는 원래 경상도 사투리였다.

1985년 가을 울산의 신명 바다에서 동해안 최초로 '우렁쉥이' 양식에 성공한 어민이 있었다. 뉴스를 접한 새내기 PD는 '올해의 어민상'을 수상한 그의 꿈과 도전정신을 다룬 다큐멘터리를 제작하게 되었다. 몇 주간의 취재를 통해 어렵게 작성한 원고를 들고 심의실에 사전 심의를 요청했다. 정보요원들이 사장실을 무시로 들락거리던 5공 시절의 방송국은 새마을 프로그램과 반공 프로그램을 의무적으로 편성하고 있었는데 보도지침이 폐기되기 전까지 뉴스를 제외한 모든 방송 원고는 사전 심의를 거쳐야 했다. '푸른 바다의 꿈'이란 제목을 달고 만든 다큐멘터리는 심의과정에서 '방송 불가' 판정을 받았다. 방송에 사투리를 사용했다는 꼬투리를 잡혔는데 우렁쉥이를 멍게로 표현했다는 게 불가의 이유였다. 표준어도 모르는 무식한 방송쟁이란 한마디에 그만 기가 팍 죽고 말았다. 힘들여 완성한 18절 '갱지'는 모두 휴지통에 던져졌고 시인이었던 심의실장은 표준어의 가치에 대해 열변을 토하면서도 우렁쉥이란 단어는 듣도 보도 못했다는 내 항변을 들은 척도 하지 않았다. 나는 분명 '멍게'를 먹었고 올해의 어민도 멍게 양식에 성공했지만, 방송은 '우렁쉥이'라 적어야 하고 우렁쉥이라고 읽어야만 했다. 알고 보니 '우렁쉥이'는 멍게의 다른 말이었다. 방언이던 멍게가 더 널리 쓰이게 되자 지금은 둘 다 표준어가 되었지만, 당시 어느 소설가조차 '인생이란 굽이굽이 휘돌아가는 우렁쉥이 같은 거'라는 표현을 남긴 적이 있다. 우렁쉥이를 원뿔형의 우렁이로 잘못 연상할 정도로 어려운 단어였다. 말이 어려우면 원래 전하고자 하던 정보가 의도와 다르게 전달되는 경우가 많다. 물방개를 선두리라 하지를 않나, 상추나 짜장면이 상치나 자장면보다 맛있고 조심스럽게 긴장하면서 말하지 않아도 된다. 도무지 발음이 쉽지 않고 표기도 어려운 그 단어들이 표준어로 독점한 적이 있었다. 말은 시대와 지역, 환경에 따라 바뀌는데도 표준어 규정은 함부로 할 수가 없었던 시절이었다.

명색이 표준어만 사용해야 하는 방송쟁이가 멍게를 표준어로 오인하고 국어사전을 찾아 확인도 하지 않은 것은 그럴 만한 이유가 있었다. 어릴 때 향긋한 멍게를 고향에선 누구나 '울멍치'라고 했으니 그곳에서 나고 자란 나는 멍게가 표준어이고 울멍치는 사투리라고 확신하고 있었다. 그런데 발음도 어렵고 생경한 우렁쉥이를 표준어라고 강요하니 얼마나 황당했던지 지금도 나무라던 시인의 얼굴이 생생하다.

봄 타는 중년이 멍게를 한입 넣고 싶어진다. 봄 바다의 향을 제일 먼저 전해주는 것은 우렁쉥이도 울멍치도 아니다. 멍게다. 오랜 경험과 오래 봐온 모양, 혀가 오래 기억해 온 맛도 그렇고 오랫동안 듣고 말했던 이름이 그렇다.

방송에 사투리를 허하면

요즘 방송은 말에 대단히 관대한 편이다. 비어, 속어, 은어가 노출되고 천박한 말이나 욕설, 각종 신조어도 TV나 라디오에서 쏟아진다. 그러니 방송에 말이 아닌 '괴성'이 난무한다는 한탄이 나올만하다. 방송의 질과 품격은 말과 글이 좌우한다. 세련된 말과 글은 교양인이 갖춰야 할 기본 덕목인데도 방송의 말과 글이 지나칠 정도로 시류에 영합하는 것은 분명 문제이다.

뉴미디어가 없던 1990년대까지 우리나라 방송은 반드시 표준어로 말해야 한다는 철칙이 있었다. 사투리를 쓰는 지역인이 게스트로 나와도 표준어 발음을 강요받는 일이 흔했다. 표준어에 익숙하지 않은 것이 죄가 되어 첫 시말서를 쓰고 징계를 받을 정도로 말에 엄격했던 방송이 지금은 어떠한가?

방송은 사투리 사용이 절대 불가한 것일까? 메인 엠시나 아나운서까지 사투리로 방송을 하라는 것은 아니지만 지역방송의 오락이나 예능프로그램에서 사투리가 자연스럽게 나오는 것도 잘못된 것일까? 그 지역에서 오래 산 전문가를 게스트로 불러 놓고 서울말을 강요하는 것이 과연 온당한 일인가. 오히려 폭력이 아닐까?

KBS의 '한국인의 밥상'은 공영방송의 좋은 성과로 보인다. 교양과 재미, 역사와 기록성을 가진 다큐멘터리인데 서울말을 쓰는 최불암은 표준어를 구사하고 현지인들은 그 지방 특유의 말을 한다. 그래도 서로 어긋나지 않는다. 시청하는 데 아무런 장애가 없다. 서울에서 멀리 떨어진 지방 밥상일수록 사투리의 아름다움이 더 느껴진다.

경상도 사람들은 겨울 생선의 으뜸인 갈치를 '칼치'라 말해야 더 맛있다고 한다. 가마솥에 붙은 누룽지는 '운밥'이라고 발음하면 더 구수하고 봄에 나는 '아시 정구지'는 사위도 안 주고 낭군에게 먼저 준다. 풋살구는 '새구랍다'라는 말만 들어도 침이 많이 고이고 시동생을 '되래미'라고 불러주는 형수가 더 살갑다. '누부야'도 그렇고 다이어트 한 딸을 보고 '마이 애비 보인다.'라는 부모님의 말투를 들으면 더 온기를 느낀다. 이제 지역방송도 부분적으로 사투리를 허할 때가 되었지 않았나.

그나마 다행인 것은 지역방송보다 지방자치단체에서 지역 사투리를 더 잘 살리고 있다는 점이다. 2030세계 엑스포 유치를 위한 부산의 공식 홍보 포스터에 "함 이겨보까?"라는 문구가 들어있고 대전의 브랜드 슬로건은 '대전이쥬(대전 is u)'로 바뀌었다. 광주의 공영 자전거 이름은 '타랑께'이고 경북의 공식 유튜브 채널 이름은 '보이소 TV'라고 한다. 진주시의 공공 캐릭터 이름은 '하모'이다.

반면에 외솔의 고향이라 자랑하는 한글 도시에선 생뚱한 표현을 남발하고 있다. '즐겁지 아니한 家'- 울산시 문화재단이 내건 공연 제목치고는 생뚱맞다는 느낌이 들었다. 출산율을 높이기 위한 울산시의 버스 광고는 "출산의 행복家치"로 적혀 있다. 한글 도시의 발상치고는 어색하고 유치하지 않은가. 라디오에선 "또이또이"란 말을 "똔똔"이라 읽고" "…"을 "땡땡땡"이라고 방송한다.

사투리는 지역 문화유산이다. 과거 촌스럽다거나, 표준어가 아니라는 이유로 홀대받았지만, 지역 정서를 담으면서도 정감 있고 친숙한 발음 덕에 주민 호응이 높다고 한다.

신문이나 방송 뉴스에서도 기자들이 'ㄴ 가운데' '~하는 가운데'와 '한편'이란 단어를 남용한다. 자신도 모르는 관성에 젖었거나 데스크의 무신경을 탓해야 할지 모르겠지만 말과 글이 좀 통했으면 한다. 글은 말 같아야 품위가 있고 말은 글과 같아야 더 친밀해진다.

경상도 사투리에는 약간 풀 냄새가 난다

방송에서만 사투리를 피하는 것이 아니다. 지역에서 문학 활동을 하는 '향토 문인'들의 작품에도 사투리 표현을 찾아보기 어렵다. 문학작품에 방언을 활용하면 표준어 규정이나 모국어 규칙에 위반되는 일일까? 그렇지 않다. 박목월 선생은 '사투리'라는 시에 경상도 사투리를 썼다.

> 우리 고장에서는 오빠를 오라베라 했다/ 그 무뚝뚝하고 왁살스런 악센트로/ 오 오라베라 부르면 나는 앞이 콱 막히도록 좋았다/ 참말로 경상도 사투리에는 약간 풀냄새가 난다/ 약간 이슬 냄새가 난다/ 그리고 입안이 마르는/ 황토흙 타는 냄새가 난다.

속으로 읽어도 절로 웃음이 배어 나오는 친근한 경상도 말이다. '말괄량이'보다는 '왈바리'가 더 느낌이 오고 '아주버니' 대신 '아지뱀'이란 말에 더 정이 간다. 말간 여동생 얼굴을 보고 '새첩다'고 표현하고 도회에서 전학 온 멋진 여학생은 멀리서 봐도 '깔쌈하거나 까리하다.'라고 해 줘야 그 여학생이 더 매력있어 보인다.

눈 오는 날이면 싸박싸박 걸을 줄 알고, 비오는 날에는 장감장감 걸을 줄 알며, 무슨 일을 해도 서나서나 할 줄 아는 여유는 우리 동네 사람들의 미덕이 아닐 수 없다 (이대흠 산문집 중에서)

읽을수록 전라도 사투리의 구수한 맛과 따뜻한 인심이 배어 나온다. 방언을 잘 활용한 문학작품은 그 속에 녹아 있는 토속적인 말투, 억양과 어감이 그대로 전해지고 생동감이 넘친다. 그런데 정작 향토 문인들은 왜 자기 고장의 말을 많이 활용하지 않는지 자못 궁금하다. 마치 지역방송이 사투리 방송을 아직도 허하지 않는 것처럼….

나는 최초의 말을 엄마에게서 배웠다. 학교에 들어가서야 집에서 하는 말과 선생님의 말씀이 다르다는 것을 알았다. 비록 선생님 말씀을 흉내 내고 배우는 것이 당연하다고 여겼지만, 학교나 교실을 벗어나면 이내 늘 쓰던 말을 쓰고 집에서도 엄마의 말을 따라 썼다. 그러니 사투리는 내게 젖줄 같은 모성이자 모어이다.

부산 사직구장의 관중석에서 어른이 공을 잡으면 "아~주라" 하는 함성이 터져 나온다. '아~주라'는 부산의 인심을 표현하는 말이고 부산 사투리의 힘을 내뿜는 외침이다. 지역방송도 그런 힘을 가졌으면 한다. 최소한 자체 제작 프로그램이나 지역 소재 프로그램에서만이라도 사투리를 허하는 날이 빨리 왔으면 좋겠다. (2022.4)

등 굽은 소나무 선산을 지킨다

요즘 방송을 보면 우리나라에도 다양한 언어가 존재한다는 것을 실감한다. 한글과 영어 등 외국어뿐 아니라 MZ 세대의 신조어가 새로운 방송언어로 등장했다. 나 같은 사람에게는 또 다른 언어장벽이 생긴 셈이다. 신기한 단어조합에 축약어도 난무한다. 거기에다 느닷없이 대과거형의 방송 자막이 유행하는 걸 보면 시제時制에 대한 이해가 어지럽고 혼란스럽다. 우리말의 과거시제가 언제부터 그렇게 복잡해졌는지? 동사 '하다'의 과거시제는 '했다'로 만족하지 않고 '했었다' '했었었다'란 표현까지 등장한다. "나는 이 수필을 읽었었다."와 "나는 이 수필을 읽었다."를 굳이 구분해야 하는 이유를 도통 알 수가 없다.

1974년 봄. 세상에 태어나 처음으로 접한 미디어는 미국의 성인 잡지였다. 호롱불이나 남포로 집안을 밝히던 때, 읽을 것은 오직 교과서뿐이었던 중학생 시절이었다. 누군가 가져온 '빨간책'이 교실을 돌아다니며 사춘기 청소년들의 혼을 빼앗았다. 월남에서 돌아온 형님이 가져온 책은 학교 전체를 들썩이게 했고 우리는 그야말로 '희특한 신세계'에 광분했다. 돌고 돌아 내 순서가 되어 총천연색 사진을 한 장 한 장 넘기는 순간 얼굴이 화끈거리고 온몸이 경직되었다. 꿈에도 보지 못한 선진국 미국의 매거진은 그렇게 나의 첫 미디어 경험으로 남아 있다.

그렇거나 말거나 모범생은 뭐가 달라도 다른 법. 모두가 흥분하며 머리를 조아리던 미제 매거진을 두고 한자투성이 신문쪼가리를 읽는 친구가 있었다. 읍내에서 한창 떨어진 산 넘고 물 건너 복골에서 온 친구였다. 그는 동아일보 백지 광고가 어떻고 통일주체국민회의가 어떻고 하는 희한한 소식들을 전하며 해설을 곁들여 주던 친구들의 우상이었다. 그해 8월엔 서울 땅속에 기차가 다닌다는 말도 안 되는 빅 뉴스를 전하고 "우리의 국모 육영수 여사가 서거하셨다."라는 충격적인 뉴스를 전파했다.

알고 보니 친구의 아버지는 명문 중학교를 졸업한 면내 엘리트(?)이자 마을 이장이었다. 드물게 라디오를 매일 듣고 영어공부를 하는 분이라 했다. 체부 아저씨(우편배달부)가 하루 늦은 신문을 매일 배달해 신문을 읽는 분이었으니 친구의 이런 환경은 아무것도 없는 내게 부러움과 경외의 대상이었다. 그 후 공부도 필체도 워낙 뛰어난 그를 따라 하고 흉내를 낸 적도 있다. 하교 때 너덜너덜한 신문을 전해 받은 나는 밤마다 읽고 또 읽었다. 어느새 신문에 있는 한자를 읽고 시사에도 밝아졌다. 그 이후 48년간 하루도 신문 읽기를 거르지 않고 있으니 돌아보면 '결핍'이 나의 생장 에너지이자 성장의 자양분이었던 것이 아닌가 싶다. 청춘 시절의 '부러움'은 한층 더 분발하게 한 '힘'이자 추동력으로 작용했다.

친구를 부러워하며 익힌 신문읽기는 아직도 멈추지 않고 있다. 웬만한 뉴스는 종이신문을 통해 먼저 접하는데 지역신문까지 매일 대여섯 종류를 읽는다. 인터넷이나 스마트폰도 검색하지만 읽는 일이 우선이다. 신문의 얼굴인 1면에서 시작해 마지막 오피니언까지 읽다 보면 오늘의 어젠다가 무언지 주요 현안은 어떤 것인지 쉽게 파악된다. 문화면이나 책 소개, 주말판을 읽으면 지적이고 감성적인 면에서 웬만한 책 한 권을 읽는 것보다 나을 수도 있다. 바라건대, 십 대에서 시작된 읽기 습관이 고희가 되어도 변하지 않았으면 한다. 그리고 20년이나 30년 뒤에도 제발 종이신문이 사라지지 않기를 소망한다. 60대인 나는 여전히 '검색'보다 '사색'에 더 많은 매력을 느낀다.

'베리끝'을 지날 때면 언제나 아슬아슬하다. 베리끝에서는 오라비를 원망하던 누이의 슬픈 노래가 떠오른다. 베리끝은 울산의 태화강가에 있는 '낭떠러지 길'을 가리키는 고유명사이자 강가나 산꼭대기

벼랑 끄트머리에 난 길을 말하는 일반명사이기도 하다. 한자로는 벼랑(울산에선 벼락, 베락, 베리라고도 한다)이 '벼루'로 변형돼 硯路(벼룻길)로 차용되기도 한다.

먼 옛날, 며칠 동안 비가 그치지 않던 어느 날, 태화강 가에 살던 젊은 농부가 물난리를 피해 부인과 누이동생을 데리고 베리끝(벼랑끝의 둑길)을 지나고 있었다. 뇌성벽력과 함께 폭우가 계속 쏟아지니 강물은 낭창낭창 둑길을 뒤덮을 판이었다. 뒤따르던 누이와 부인이 그만 발을 헛디뎌 베리끝 아래로 떨어지고 말았다. 비명에 놀란 농부가 뒤돌아보니 아내와 누이가 급류에 휘말려 떠내려가는 것이 아닌가. 엉겁결에 옷자락을 잡아채 겨우 건져내 보니 아내였다. 재빨리 손을 뻗어 누이를 잡으려 했으나 누이는 이미 저 멀리 강물 속으로 떠내려가고 있었다. 강물에 떠내려가던 누이는 올케를 살리느라 자신을 놓친 오빠를 원망하며 애달픈 노래를 토했다. 이 노래는 모내기할 때의 노동요가 되어 전국의 들판으로 퍼져갔다.

> **낭창낭창 베리끝에/ 무정하다. 우리 오빠/ 나도 죽어 환생還生하면/ 낭군부터 정할레라.**

낭창낭창은 강물이 찰랑찰랑, 넘실거린다는 말이다. 아내를 먼저 구한 오라비를 원망하는 누이의 심정이 담긴 노랫말이다. 이 노래는 입에서 입으로 전해져 모심기 노래의 모태가 되었다. 모심기가 한창인 지금쯤 전국 어느 들판에서는 모심기 노동요가 울려 퍼지고 있겠지만 특히 여인들의 돌림노래는 맨 처음 이 구절부터 시작한다.

지금과 달리 예전의 모내기는 참으로 고단한 일이었다. 해가 뜨기 전에 남정네들이 먼저 모판에 나가서 촘촘하게 뿌리 내린 모를 손으로 쪄서 못단을 만들어 무논에 듬성듬성 던져놓으면 아이들이 다시 모침을 고른다. 그러고 나면 여인들이 한 줄로 나라비를 서서 못줄의 눈금에 맞춰 손모를 냈다. 여인들은 일하며 고단함을 잊으려 노래를 불렀다. 너른 들판에 울리는 여인들의 노동요는 가락이 구성지다. 노동의 피로를 덜어줄 뿐만 아니라 듣는 사람의 심금까지 울린다. 한 사람이 선소리를 메기면 나머지 사람이 받으며 남녀가 서로 교창交唱 하기도 한다. 그러다 보면 고단한 몸이 좀 풀리고 마음이 즐거워진다. 못줄을 바꿀 때마다 허리를 펴지만 논주인의 딸이 못밥을 이고 올 때까지 중노동은 계속된다. 논둑에서 모두 하루 5번의 못밥을 먹고 나면 해가 지고 달이 뜬다. 그러면 모심기가 끝나고 각자 집으로 돌아간다. 하루 이틀 지나면 주인은 다시 논을 살핀다. 어느 댁의 자리에서 모가 뜨는지 잘 박혀 사름을 하고 있는지 확인한다. 뜬 모를 찾아 손으로 일일이 보식하는 일은 오롯이 주인 몫이다. 품앗이 차례가 늦어지다 보면 논에 물이 적어서 흙이 마르거나 부드럽지 못할 때가 있다. 그럴 때나 가뭄이 심할 때는 호미 모를 내기도 한다.

라디오 창사특집을 배당받은 1990년대 5월, 녹음기를 메고 외곽의 들판으로 내달렸다. 어릴 때 고향 들판에서 들었던 들노래를 채록하기 위해서였다. 연암 상방 진장과 명촌 들판에 가니 예의 '모심기 노래'가 한창이었다. 해가 저물도록 들판에서 함께했다. 못줄을 잡으면서 노동요와 주고받은 대화를 모두 녹음했다. 노동요는 오래되었고 아직도 많이 남아 있지만, 원형은 대부분 잊히고 대중가요로 대체되었다. 지역방송이 그 지역의 전통문화를 기록하고 보존 전승하는 일에 한몫하려면 현장에 가야 한다. 베리끝 설화와 모심기 노래를 채록하면서 150여 곡의 울산 노동요를 수확했다. '들의 노래, 산의 노래, 바다의 노래'란 제목으로 방송했는데 울산을 특정한 가사가 담긴 〈담바구 타령〉이나 북한에서도 유행한 민요 〈울산 아가씨〉는 많이 알려져 있었지만 〈쇠부리 노래〉나 〈재애밟기 노래〉, 〈울산 사용이〉는 처음 접한 노동요였다. 울산에 정착한 제주 해녀의 〈이어도 사나〉와 〈숨비소리〉는 바닷가 마을에서, 〈숨은 벽 찬가〉나 〈악우가〉 등은 비박을 함께하면서 현장에서 채록했다. 나물 노래와 도리깨 노래, 울산 장타령은 마을회관이나 당수 나무 아래에서 들었다. 5월, 모심기 계절에 떠오르는 현장 체험에 대한 기억이다.

등 굽은 소나무가 선산을 지킨다

대통령 선거 때도 그랬지만 지방선거가 한창인 요즘, 지역 언론에 관한 담론이 잘 보이지 않는다. 지역 언론의 상황을 알고 가치를 이해한다면 외면하지 말아야 할 의제인데 대통령직 인수위원회에서도 지역신문, 지역방송에 관한 의제를 찾아보기 어려워 안타까운 심정이었다. 물론 위기에 처한 지역방송 스스로 자신의 체질을 개선해야 하지만 우선 서울에서 내려보내는 낙하산 사장보다 지역방송인이나 지역 인사로 경영진을 선임하고 수신료도 지역별 할당을 적용해 일정 비율을 되돌려 받는 제도개선을 추진하면 좋겠다. 또 지역 MBC도 명색이 공영방송인데 수신료를 배분해주고 거기에 지자체와 지방의회가 지역방송 또는 지역신문 발전기금에 대한 호의적 접근을 해 준다면 더 없이 바랄 게 없겠다. 이것은 건전한 지역 언론 육성을 위한 첫발이기 때문이다.

지역의 시민단체나 언론소비자들도 지역의 신문과 방송에 더 많은 관심과 애정을 기울일 필요가 있다. 일테면 신문의 독자위원회와 방송의 시청자위원회가 있지만 어떻게 구성되고 무엇을 하며 왜 필요한지를 감시하고 참여해야 한다. 지역의 언론소비자라면 자신들의 정당한 권리와 주권을 스스로 찾아야 하지 않는가. 지역신문, 방송이 모두 독자위원회와 시청자위원회를 두고 있지만 거의 형식적인 기구로 전락한 지 오래다. 지역방송의 시청자위원회를 예로 들면 대부분이 남성이고 교수나 전문직, 대기업 간부를 선호해 방송사마다 서로 돌아가며 주고받고 위원회를 구성한다. 그러다 보니 10여 년째 직업이 시청자 위원인 사람도 있다. 그래도 지역에선 아무도 나무라지 않는다. 존재 자체도 모른다. 회의록이나 운영실적을 보면 위원들은 방송사에 대한 립서비스 수준의 형식적인 평가를 하고 있다. 이럴 바에는 차라리 투표권이 있는 고등학생이나 미디어 관련 대학생들을 독자 위원이나 시청자 위원으로 위촉해 활동하게 하는게 나을지 모른다. 사회적 약자나 소수자를 대표하는 위원을 두지 않는 것도 문제다.

지역방송이란 무엇인가. 지역민이 자신들의 방송이라 여기는 친밀한 방송이다. 지역 소재로 지역 사람과 지역 이슈들을 담는 것이 지역방송이다. 출퇴근 길에 내가 사는 지역의 교통정보나 날씨, 사건 · 사고와 새로운 정보들을 충분히 전해주어야 지역방송이다. 지역에 유용한 정보와 지역문화의 보전과 계승 발전에 이바지하는 방송이다. 언젠가 지역방송이 문을 닫거나 사라질 위기에 처했을 때 지역 사람들이 무관심하거나 시큰둥한 반응을 보이며 오불관언한다면 그런 지역방송은 지역방송이 아니다.

"등 굽은 소나무가 선산을 지킨다."는 말이 있다.

지역 언론이 바로 서고 살아야 지방이 살고, 지방이 살아야 나라가 산다고 주장할 때 자주 인용되는 속담이다. 지역신문 고사 위기니 지상파 무용론까지 나오고 있지만 그래도 지역 언론은 여전히 소중한 공공재이다. '지역'이니 '지방'이라는 단어에 담긴 함의에 너무 기죽지 말았으면 한다.

바람 불어 꽃 피더니 바람 따라 꽃이 지고 있다. 봄바람은 따스한 기운으로 나무의 떨림을 가져와 꽃을 피웠지만 이내 꽃을 시샘하는 바람이 되어 낙화를 재촉한다. 지금도 꽃이 진다. 대신 연두색 잎들이 그 자리를 차지해 사람들을 사로잡는다. 낙화는 봄눈처럼 꽃비처럼 흩날리고 나비처럼 팔랑팔랑 바람에 날려간다. 꽃이 필 때 온몸이 떨리던 '절정의 순간'은 찰나처럼 지나고 우울한 느낌도 잠시, 새로운 잎들이 청춘처럼 생기발랄하다. 봄이 가면 여름이 오고 여름을 지나면 가을이 온다. 그러다 암울한 겨울 속으로 빠져들지만 우리는 여전히 살아갈 것이고 다시 봄을 기다린다.

1980, 90년대에 누렸던 지역방송의 화양연화花樣年華는 다시 돌아오지 않을 것이다. 그렇지만 '결핍은 나의 힘'이란 말처럼 그 힘을 바탕으로 싸워나가는 모든 지역방송인을 응원한다. 부디 우리 모두 '지역'과 '지역민'이 사라지지 않는 한 지역방송은 절대 죽지 않는다는 신념을 포기하지 말기를. (2022.5)

지역방송, 도시를 노래하다

눈보라 비껴 나는

全- 郡- 街- 道-

시 속에 그림이 있다. 詩中有畵다. 시를 읽으면 바로 그림이 그려진다. 오래전 교과서에 실린 〈고무신〉이란 시다. 시는 한겨울 눈보라가 휘날리는 전군가도를 보여주면서 시작된다. 이어서 소박한 시골 풍경에 차창 밖으로는 외딴집의 섬돌에 고무신 세 켤레가 놓여 있다.

퍼뜩 차창으로

스쳐 가는 인정아

외딴집 섬돌에 놓인

하나

둘

세 켤레

'전군가도'…. 1908년 우리나라 최초로 건설된 시멘트 포장도로, 신작로 이름이다. 대학생이 되어서야 비로소 전군가도의 정체를 알았다. 전주와 군산이란 도시의 이미지는 나에게 그렇게 다가왔고 벚꽃 길을 보려고 일부러 전군가도를 차를 타고 달려 본 적이 있다.

책이 귀하던 시절, 중고등학교 국어책에는 다양한 문학작품이 실렸다. 교과서를 통해 비로소 수필과 시를 처음 접했다. 〈신록 예찬〉과 〈청춘 예찬〉, 〈페이터의 산문〉과 〈인연〉, 〈낙엽을 태우면서〉, 〈백설부〉, 〈산정무한〉, 〈우리를 슬프게 하는 것들〉…. 대부분 관념적인 예찬 일색이고 교양과 지식을 과시하는 글이었지만 그때는 색다른 이국의 풍물에 막연한 동경을 품기도 했다. 교과서는 그렇게 학생들을 가르쳤다. 선생님도 가난과 행복에 대한 소박하고 감상적인 이해를 강요하며 '교과서적'인 해석을 아주 교조적이고 경직되게 주입했던 것 같다.

고등학생이 되니 교과서는 공부에 물꼬를 트는 정도로 그 분야의 문을 여는 열쇠 역할만 할 뿐이었다. 교과서는 궤도 이탈을 허용하지 않았고 유연성이 없었다. 교과서에는 미래가 보이지 않았고 자유 대신 엄격한 기준만 제시했다. 하지만, 나의 청춘은 스스로 생각하고 부딪쳐 해결하는 시기였으니 교과서의 가르침에만 머물기를 거부했다.

노래로 보는 도시 이미지

1990년대까지 '3분의 미학'이라는 트로트를 방송에서 PD 마음대로 내보낼 수가 없었다. 사전 검열과 금지곡 리스트를 거쳐야 했고 저속이니 왜색이니 외래어 범람이라는 각종 틀을 벗어나야만 했다. 그런 와중에도 팝송이나 대중가요는 방송에서 빠지지 않는 레시피였는데 나는 늘 가사를 먼저 파악하고 프로그램이 의도하는 메시지를 전달하는 수단으로 사용했다. 그런 메신저 중에 정태춘이 있었다. 〈시인의 마을〉은 그를 음유시인으로 여기게 했고 양희은이나 김민기는 숨 막히는 시대를 찢고픈 청춘의 저항을 대신해 줬다. 그런 류의 정서를 대변한 가객은 노찾사나 밥 딜런, 신중현과 장사익, 산울림과 한결, 안치환도 있었다.

〈여수 밤바다〉를 들으면 절로 여수의 낭만에 젖어 든다. 〈안동역에서〉를 부르면 눈 내리는 역광장에 내가 서 있는 것 같다. 한때 스콧 매켄지 때문에 샌프란시스코를 가고 싶어 몸살을 앓았던 적이 있다. 한참 뒤 미국 투어를 하면서 금문교를 건널 때 "If you're going to San Francisco, Be sure to wear some flowers in your hair"라는 가사가 절로 나왔다. 〈시애틀의 잠 못 이루는 밤〉을 본 뒤에는 맥 라이언을 만나기 위해 현지에 갔다. 맥 라이언 대신 CNN과 MS

를 방문하는 것으로 끝났지만 운명적인 사랑, 사랑에 빠지는 마법 같은 순간을 확인하고 싶은 환상이 따라 다녔다.

대중가요는 가장 쉽고 보편적으로 접할 수 있는 음악이다. 클래식이나 재즈와 달리 평범한 대중의 사랑을 받는다. 가사와 곡이 주는 강한 공감 능력 때문일 것이다. 대중가요는 누구나 겪었을 사랑과 이별, 아픔과 삶의 기쁨, 고통을 이야기해 주니 공감이 확장된다. 노랫말을 통해 같은 시대를 살아가는 많은 사람과 교감하고 정서적으로 하나로 묶일 때가 많다.

1980년대 방송은 국민 계몽과 새마을 정신 함양, 반공 이데올로그 역할을 충실히 해야 했다. 직원들은 예외 없이 매달 반상회 참석 보고서를 내야 했고 주간 단위의 반공 프로를 의무적으로 편성했다. 매달 새마을 프로그램 방송도 거를 수가 없었다. SB 시간에는 새마을 노래나 울산시가市歌를 틀고 〈울산큰애기〉나 〈울산아가씨〉를 방송해야만 했다. 울산시가를 통해 "약진하는 조국의 기약을 상징한 번영의 도시"를 우렁차게 찬양했고 "기름 부어 축복된 도시"를 찬미하며 국민의식을 드높이는 일을 반복하고 또 반복했다. 〈울산큰애기〉를 통해 "상냥하고 복스런 울산큰애기"와 "다정하고 순직한 울산큰애기"를 떠올리도록 세뇌하고 "경치도 좋고 인심도 좋은 동해라 울산"을 널리 알리며 국민총화라는 단일대오에 한 사람도 이탈하지 않도록 계몽방송을 열심히 했다.

〈목포의 눈물〉이나 〈부산 갈매기〉, 〈대전 블루스〉 만큼 전 국민이 애정하고 해당 도시를 상징하는 노래는 드물다. 울산을 상징하면서 유명해진 노래도 그리 많지 않다. 하지만 '울산 노래'는 신라 향가에 연원이 닿아 있을 정도로 역사가 오래됐다. 울산에서 시작된 향가 〈처용가〉는 노래로 세상을 바꾼 노래 중에 으뜸이지 않는가.

역병에 고통받던 신라인들은 처용가를 불렀다. 신라인들은 향가의 힘, 노래의 힘을 믿었다. 강강수월래를 부르던 여인들이나 쾌지나칭칭나네를 외치던 경상도 사내들도 노래의 힘에 의존했다. 코로나에 맞서고 있는 지금 우리에게 필요한 것도 노래의 힘이 아닐지 생각해 본다. 지역방송이 지역을 노래하고 지역 이미지 제고를 위한 노력을 더 많이 했으면 한다.

노래는 사람과 세상을 변화시키기도 한다. 1985년 팝스타들이 아프리카 난민을 위해 불렀던 'We Are The World'나 1989년 베를린 장벽의 붕괴를 이끌었던 보위의 'Heroes'는 세계인들의 사랑을 널리 받았다. 세상을 변화시킬 노래를 만드는 일, 지역방송이 한번 시도해 볼 만한 과업이지 않을까?

울산이란 도시

도시의 정체성을 한마디로 정의하기란 어렵다. 도시의 이미지를 한가지로 단순화하기도 쉽지 않다. '울산蔚山'이란 도시가 그렇다. 지명을 보면 사방이 산으로 둘러싸여 있다는 느낌을 받는다. 그러나 속을 들여다보면 울산은 드라마틱하고 역동적인 도시다. 지금은 침

체돼 있지만, 우리나라 최고의 산업수도이고 7천 년 전 신석기 사람들이 고래를 잡던 곳이다. 고래잡이 바위 그림은 세계 최초의 포경 기록으로 평가받는다. 처용을 비롯한 시대별 이방인을 과감히 받아들인 울산은 관용과 포용, 개방의 정신이 흘러 넘쳤다. 현재 120만 시민의 삶의 터전이면서 과거와 현재가 공존하는 땅이다. 한국 미술의 시원인 반구대암각화와 왕실의 비밀연애가 숨겨진 천전리 각석이 있으니 말이다.

임진왜란 7년 전쟁을 종식시킨 학성 전투가 있었던 호국의 고장이고 일제강점기 조국독립을 위해 목숨 바쳤던 광복회 총사령 박상진 의사의 고향이다. 부북일기와 심원권 일기를 낳은 일기문학의 고장이면서 춘향전의 오리지널인 〈자란전〉의 주인공 심자란이 나고 자라 묻힌 곳이다. 울산은 여류시인 이호경과 봄 편지의 서덕출 선생, 오영수와 정인섭, 최현배 선생을 낳고 기른 문학의 땅이었고 고려의 이순신이라는 박달재의 주인공 김취려 장군의 고향이다. 대일 외교의 선구자 이예 선생과 신라 충신 박제상과 그의 부인의 넋이 서린 망부석의 정신이 살아 있는 곳도 울산이란 도시다.

또한, 울산의 음식은 경상남북도의 맛이 혼재되어 있고 산과 바다, 들판의 식자재를 고루 맛볼 수 있는 특징이 있다. 치전 장어, 농소 참외, 강동 돌미역과 유지렁, 언양 한우는 전국에 이름을 널리 알렸다. 다산 선생은 "울산에서 온 감복甘鰒은 환하게 글자 비추네"라는 시를 남겼다. 임금이 눈 내리는 밤 내각에 음식을 내린 데 대한 고마운 마음을 담은 시의 일부다. 울산 전복은 임금님 수라상에 진상했던 귀한 식재료였다. 울산 전복의 유명세는 다산 이후로도 계속 이어졌다. 얼마나 유명했으면 저 멀리 북한 땅에서도 '동해나 울산'이란 민요를 부르게 됐을까.

"동해나 울산은 잣나무 그늘 경치도 좋지만, 인심도 좋구요 큰애기 마음은 열두 폭 치마 실백자 얹어서 전복 쌈일세"

그뿐만 아니다. 울산은 '한반도 첫 일출의 고장'으로도 이름을 알렸다. 울주군 서생면 간절곶竿絶串은 새해 한반도 육지에서 가장 먼저 해가 떠오르는 명소다.

뭐니해도 울산의 정체성은 철과 불에서 찾아야 한다. 울산은 철의 도시요 불의 도시다. 삼한 시대부터 철을 생산해 나라의 부흥에 이바지했고 조선 시대 국방에 이바지했다. 달천 광산을 세상에 알린 구충당 이의립 선생은 조선의 철강왕이었다. 현재의 울산은 24시간 불이 꺼지지 않는 도시다. 300여 개 공장의 불빛은 공단을 밝히며 나라 경제를 뒷받침하고 있다.

나아가 울산의 상징은 '공업탑'에서도 찾을 수 있다. 공업탑은 1962년 2월 3일 박정희가 납도(개구리섬)에서 공업센터를 선포하면서 발파한 것을 기념해 현장에서 읽은 치사문과 다짐을 새겨 1967년에 세운 탑을 이른다. 울산 경제가 살아야 나라가 산다는 말이 여기서 비롯됐다. 본래 이름은 울산공업센터 건립 기념탑이지만 보통 공업탑이라 부른다. 하얀색의 탑신과 주변의 동상, 화단과 분수대로 구성돼 있는데 톱니바퀴 모양의 기반 위에 철근 콘크리트로 만든 다섯 개의 기둥이 서 있고, 상단부에는 톱니바퀴와 월계수 잎으로 둘러싼 지구본이 있다. 탑의 앞뒤에 청동 남성군상과 대리석 여성상이 있었으나, 현재는 모두 황동 재질로 바꿔 놓았다. 콘크리트로 된 다섯 기둥은 경제개발 5개년 계획과 인구 50만을 상징한다. 경제개발이 화두였던 당시의 모습과 함께 10만 명이 채 안 되던 울산의 인구가 50년 안에 50만 명이 되리라는 염원을 담았다. 또한, 탑 상부의 지구본은 세계 평화를, 월계수 잎은 승리를, 톱니바퀴는 공업 도시를 상징하며, 울산이 세계로 뻗어 나가 공업 한국의 승리를 맞이하자는 뜻을 담았다. 그리고 망치를 든 남성 군상은 근면과 인내로 울산을 건설하자는 취지를, 두 팔을 들어 올린 여성상은 동쪽에서 떠오르는 해를 맞이하는 모습으로 힘차게 시작하는 모습을 상징한다.

(1998년 울산의 정체성을 알리기 위한 특집프로그램을 하면서 취재해 밝혔던 지역방송 내용을 요약했다.)

지금은 '목민관'의 시대가 아니오

대선에 이어 지방선거가 끝났다. 선거 기간 동안 민주화를 위해 청춘을 바쳤다는 어떤 후보의 사무실에 걸린 액자를 보았다.

與民同樂! 네 글자였다.

같은 기간, 지역방송에서 "이번 지방선거는 올바른 목민관을 뽑는 선거"라고 강조하는 말을 들었다. 목민牧民은 왕이나 고을의 원이나 수령 등 지방관리가 백성을 다스린다는 말이다. 여민與民도 그렇고 위민爲民도 그렇다. 이 시대에 어울리지 않는다. 무심코 사용해서는 안 되는 전근대적 용어라 생각한다. 후보는 누구나 시민의 안위를 걱정하고 함께 하면서 시민을 위해 일하며 심지어 달래주겠다고 말한다. 모두 왕정 시대, 유교 사회에나 어울리는 말이다.

지역 언론의 임무는 지역의 살아 있는 권력, 지자체와 공공기관을 비판하고 감시하는 것이다. 현실은 정반대로 가는 경우가 많다. 시장·군수 등 자치단체장을 시민을 다스리는 높은 분(목민관)이라 말하는 지역 언론의 의식 수준으로는 권력 감시나 비판은 언감생심이다. '목민관'이라 떠받드는 지역 언론은 필시 그의 치적을 홍보하고 선전해 주는 충견으로 전락할 것이고 협찬 명목의 '돈'을 받아 생명을 부지하게 될 것이다. 감시와 견제가 없는 지방자치는 올바른 성장은커녕 부패의 늪으로 빠지게 돼 있다.

적자행진을 계속하고 있는 지역 언론이 '예산지원'을 거부하기는 힘들다. 물리치기 어려운 달콤한 당근이다. 그러나 회유당하는 순간 지자체의 무능과 비효율 그리고 부패는 켜켜이 쌓이고 지역민은 결국 지역 언론을 외면하게 될 것이다. 지역 언론은 점차 고립무원 상태가 되고 자멸의 길로 간다. 독자 없는 신문이 어떻게 살아남을 것이며 시청자 없는 방송이 무슨 소용이 있는가?

(제발 지역 언론에 바라노니, 자기가 있는 곳의 정체성을 밝히고 드높이는 일을 많이 하시라. 그 지역을 노래하고 도시 이미지를 높이는 데 일조하시라. 도시를 찬

양하는 노래가 없으면 지역방송이 직접 만들면 된다. 지역방송 구성원이라면 〈서울 찬가〉나 〈부산 갈매기〉, 〈목포는 항구다〉 같은 지역을 예찬하는 노래 하나쯤 만들 수 있지 않을까? 그러다 보면 지역민의 애착과 사랑은 절로 얻어질 것이다. 정부도 지역 언론을 새롭게 보고 행정과 재정 지원을 아끼지 않겠다고 했으니 기대해 보자.) (2022.6)

황소개구리에게 쓰는 반성문

참으로 오랜만에 단비時雨가 내렸다. 때맞춰 내린 비에 태화강 십리대숲의 여기저기에 죽순이 쑥쑥 올라와 우후죽순이란 말을 실감한다. 태화강 사람들은 5월 중순에서 6월 초에 내리는 비를 '죽순 비'라고 이름 붙였다. 제주도의 '고사리 비'에 비견할만한 이름이다. 고사리 비는 4월 중 · 하순에 걸쳐서 자주 내린다. 억새 숲과 목장지대의 풀밭에서 고사리가 자라도록 내리니 제주 사람들은 매우 고마운 비로 여긴다. 울산 사람들은 18세기부터 홍수 방지를 위해 태화강가 십리에 대나무를 심었다. 이 대나무가 봄철과 여름철 사람들에게 큰 선물을 주었으니 죽순과 죽제품이었다. 봄이 한창인 소만 무렵은 보릿고개 시기였다. 보리나 밀은 아직 여물지 않고 지난해 수확한 곡식은 남은 게 없으니 춘궁기 또는 맥령기라고 할 정도로 힘든 고개였다. 계절은 모춘暮春이거나 춘말春末이라 풋보리를 몰래 베어 양식으로 대용했다. 이때 비가 내리면 태화강 십리대밭은 우후죽순으로 빽빽했고 사람들이 몰렸다. 일부는 죽순을 따 고추장이나 양념장에 찍어 먹고 누구는 장아찌로 만들어 사철 반찬으로 사용했다. 여유 있는 집에선 각종 죽순 요리를 만들어 접빈객接賓客에 요긴하게 사용하기도 했다. 남은 죽순들은 키대로 뻗고 원대로 굳어 각종 죽세공이나 죽제품으로 변모해 서민들의 생계를 도왔다.

황소개구리와의 전쟁

모처럼 내린 비가 반가운 나머지 우중 산책을 했다. 그러다 UNIST 서편의 연못에 이르렀는데 난데없이 황소개구리 소리가 들렸다. 아직 이 땅에 황소개구리가 남아 있다는 신호였지만 오래전 '전쟁'을 벌였던 기억이 떠올랐다.

1995년 여름은 황소개구리와의 전쟁 기간이었다. 녀석을 처음 만난 건 휴가를 맞아 친구들과 산골 저수지로 낚시하러 갔을 때였다. 해가 질 무렵 황소 울음소리 같은 괴성이 산골을 뒤덮었다. 태어나서 처음 듣는 정체불명의 소리여서 호기심이 일었다. 골짜기를 흔드는 굵고 탁한 저 짐승의 소리!

서둘러 돌아오는 길에 다시 녀석과 조우했다. 박제상 유적지 근처의 커브 길에서 자동차 바퀴에 부딪히는 크고 둔탁한 소리에 놀라 차를 세우고 현장을 확인하니 거의 토끼만 한 덩치의 생물이 바퀴에 깔려 나뒹굴고 있었다. 때마침 연못에서 그물을 걷고 있는 동네 사람이 다가와 '황소개구리'라고 정체를 알려줬다.

황소개구리! 처음 듣는 이름이었고 처음 본 낯선 생명체였다. 덩치도 그렇지만 소리가 황소울음과 흡사해 그렇게 이름 붙였다고 했다. 그 주민은 우리 물고기를 다 잡아먹는 괴물이라며 박멸 작전이 절실하다고 주장했다. 붕어 양식장에 그물을 치면 황소개구리와 올챙이가 반이라며 한숨을 내쉬었다.

당시 라디오 '환경 리포트'를 방송하던 중이라 놓칠 수 없는 아이템이라 생각해 즉시 다큐멘터리 제작에 돌입했다. 황소개구리는 어디에서 왔는지, 어떤 장소에 나타나는지, 크기와 식성은 무엇인지, 우리 환경이나 생태계에 미치는 해악은 무엇인지가 궁금해 해부하고 올챙이를 잡아 개체수를 확인했다. 실제 위를 잘라보니 가재나 미꾸라지는 물론 물방개나 참개구리가 소화되고 있었다. 무섭게 들리던 소리는 주로 심야에 연못에서 뻗치기를 하며 녹음했고 밤과 낮의 동태와 움직임을 살폈다. 결과물을 종합해 서울로 보내 뉴스데스크 톱으로 올렸다.

다큐멘터리의 콘셉트는 작가 천승세의 단편소설 〈황구의 비명 黃狗의 悲鳴〉을 패러디했다. 코카콜라나 맥도날드 제품을 제국주의의 문화상품 침략으로 간주했던 시기라 무분별한 외래문화 유입으로 전통문화가 고사당하는 세태를 풍자하기에 안성맞춤이었다. 일종의 대유법代喩法을 활용해 아나운서의 설명을 최대한 줄이고 브릿지 음악과 현장음 위주의 피처 형식으로 완성했다. 결국, 그해 연말에 열린 전국 방송작품 경연대회에서 기획상과 대상을 받았다.

당시 읽었던 소설 〈황구의 비명〉은 1970년대의 세태를 바탕으로 양공주의 삶의 단면을 소시민의 시선으로 묘사한 작품이다. 이 땅에 드리운 외세의 그림자와 70년대 경제성장의 허상을 고발한 내용이다. 문학이 외세의 침략이라는 부정적인 측면을 비유적으로 드러내는 모티프를 사용했듯이 나는 황소개구리라는 외래의 침략세력이 이 땅의 생태계와 자연환경을 어떻게 짓밟고 결과가 어떨지를 예측하면서 무분별한 외래문화 유입의 폐해를 경고하는 줄거리로 꾸몄다. 훼손당한 고향 땅과 정서, 고유한 가치를 회복해야 한다는 의지를 묘사하려 애썼던 것 같다.

황소개구리의 울음을 현장에서 녹음해 방송에 처음으로 내 보내고 나니 여기저기서 복사 요청이 밀렸고 환경부의 '유해생물 퇴치 운동'이 본격화되었다. 학교마다 학생들을 동원해 마리당 1천 원씩 수매하고 지방마다 소탕 작전 대회를 여는 등 황소개구리 박멸 작전 열풍이 불었다. 지금의 유기견 유기묘에 대한 대처 방식과 비슷한 상황이었다.

하지만 황소개구리 박멸 작전이 거듭될수록 차츰 피로감이 들었다. 유치원생들에게 생명을 죽이는 일을 권유하는 것이 마뜩잖아 다큐멘터리제작을 후회하기도 했다. 결과적으로 대여섯 살 아들을 둔 부모가 생명경시 풍조에 동참한 것이 되었으니 후회와 반성은 당연했다. 몇 달 후 《월간 에세이》에 반성문을 게재했다. 황소개구리를 잊기 위한 노력이었다. 미국에 토착해 있던 황소개구리가 제 발로 이 땅에 온 것도 아닌데 무조건 살육의 대상이 되는 것이 안타까웠다. 결국, 인간의 욕심, 이기주의에서 비롯된 일이거니와 싫증 나거나 찾는 이 없다고 해서 아무렇게나 생명을 버리고 방치하고 급기야 죽여야만 하는 살생에 심한 거부감이 들어 황소개구리에게 사과했다.

살생을 부추기는 방송

우리 방송의 살육 선동은 지금도 남아 있다. 예능이나 정보프로그램을 표방하면서 '건강한 이 땅의 토종 보전을 위해 생태 교란종을 제거해야 한다.'라는 기획 의도를 당당히 밝힌다. 그러면서 여러 외래종을 박멸하는 행위를 정당화하곤 한다.

꿀벌이 사라진다며 등검은말벌을 전부 제거하고 배스와 블루길, 뉴트리아 퇴치는 지방자치단체에서 상금을 걸고 이벤트를 벌이기도 한다.

생태 교란종이란 무엇인가. 토착종을 위협하고 생태계의 균형을 교란하는 생물이란 뜻이다. 기후 변화로 유입되는 예도 있지만 대부분 인간의 욕심과 필요 때문에 해외에서 들어온 것이다. 황소개구리는 식용으로, 뉴트리아는 모피와 육류 생산 목적으로 정부 승인 하에 들여왔고 배스는 단백질 공급 목적으로 수입한 어종이다. 민물 담치처럼 배를 타고 자유롭게 국경을 넘나드는 종들도 있다. 선박의 평형

수(ballast water)에 붙어 해외여행을 즐기며 다양한 나라로 이민 가는 해양생물 종만 해도 연간 7,000여 종이나 된다고 한다. 거꾸로 우리나라 토종인 가물치나 참게가 미국이나 독일에서는 외래종이고 생태계 교란종이 돼 버렸다. 생태 교란종의 문제는 인간의 책임이다. 어느 정도 리듬을 맞추거나 종 보존의 균형을 인간이 개입해 조절하는 일도 필요하겠지만 그렇다고 생태계 교란 종이란 이유 하나만으로 무조건 학살하고 박멸해야만 하는지. 지상파 방송이 생태 교란종의 포획과 살생을 적나라하게 내보내면서 아무런 윤리적 문제를 갖지 않는 것을 걱정한다. 생명경시와 살생의 정당성을 부여하고 해당 종에 대한 혐오와 학대를 확산하도록 부추기는 결과를 낳을 것이란 우려와 함께.

지역 축제를 위해 물고기를 대량 포획하거나 죽이는 일도 다반사다. 정말 죽어도 되는, 사라져도 되는 생명이 애초 존재한다고 믿는다면 그것은 창조주에 대한 모독이 아닐까. 단지 인간의 유희나 식도락, 흥미를 위해 또는 식용이나 보신을 위한 명분 쌓기일 뿐이다. 생태계의 균형을 위한다면서 인간이 자연 질서인 생태계 조정자를 자처하는 자격과 권리를 누구도 부여하지 않았다. 황소개구리에 대한 미안함과 사과하고픈 마음은 아직도 여전하다.

울어라 개구리야

고향의 개구리는 진달래가 지고 모내기가 끝날 때쯤 목청 높여 합창경연을 벌인다. 그러다 매미가 더 높이 합창할 때가 되면 개구리들은 소리를 죽인다. 가끔 비가 오면 청개구리가 더러 울지만, 개구리 합창은 한여름에 접어들면서 주로 밤에만 들린다. 마당에 모깃불을 피우고 수제비 한 그릇을 비운 뒤 덕시기에 느긋하게 누울 때면 개구리 합창이 시작되었다. 지금도 고향을 떠올리게 하는 향수의 소리로는 개구리 합창이 으뜸이다.

개구리 소리에 무슨 장단이나 가락이 있는 건 아니다. 그저 개골개골 와글와글 가글가글 가갸거겨 하는 단순 반복에 불과하다. 갑자기 뚝 그치면 손님이 오고 있다는 신호였고 들을수록 마음 설레고 즐거운 소음이었다.

황소개구리에 대한 반성문을 쓸 무렵, 국악인 김영동 선생이 이오덕 선생의 시에 곡을 붙인 〈울어라 개구리야〉를 발표했다. 들을수록 내 마음을 위로해 주는 것 같아 여름철 자주 방송했던 기억이 난다. 지금의 도심에서는 들을 수 없는 토종개구리의 울음소리, 합창소리가 그립다.

> … 읍내 장에 나물 팔고/ 돌아오는 어머니/ 빈 광주리 가득히 내 노래 담고 오신다/ 울어라. 개구리야 개굴개굴 개굴개굴 개굴개굴.

다시 들어도 합창으로 개구리 소리를 묘사한 대목이 참 재밌고 슬프기만 하다.

지역방송, 지방선거에서 제 역할을

지방선거가 막을 내렸다. 선거 마지막, 개표방송은 굳이 밤새워 보지 않았다. 가족들 모두 제각각 자신의 공간에서 자신만의 미디어로 개표 상황을 지켜봤다. 거실에서 TV를 시청하는 이는 나뿐이었다. 아들은 모바일로 아내는 노트북으로 드라마를 보면서 자신의 지지후보의 득표를 확인했다. 선거 기간에도 지역방송을 보는 이는 나 홀로였다. 지역일꾼을 뽑는데 정보를 얻고 토론회를 보기 위함이었지만 일종의 시청 습관일 뿐이었다. 선거 후 생각해 보니 과연 지역방송이 제대로 된 역할을 했는지에 대한 의문이 남는다. 우선 무소속이나 여성 청년 정치에 대한 고민이 턱없이 부족했고 토론회는 대부분 심야나 대낮에 편성했다. 서울과 경기 등 수도권 후보 토론회를 지역방송이 편성한 것도 이해할 수 없었다.

심야나 한낮에 후보 토론을 편성한 것은 시청하든 말든 상관 않겠다는 것이고 여전히 지역방송의 편성권이 없다는 현실을 보여주는 것이다. 지방선거는 지역 주민의 삶에 직접 영향을 주는 일이지만 지역방송은 지방선거를 홀대했다는 평가가 맞는다.

KBS나 MBC는 지상파, 공중파를 이용하는 공공재이다. 정체성은 공영방송이다. 지역마다 지역국이 존재하고 지역 프로그램을 편성해 지역문화 창달과 지역 정보 전달을 해야 할 의무가 있다. 하지만 오늘도 지역방송의 자율경영과 편성권은 요원하고 서울 종속의 식민지 방송을 면치 못하고 있다. 지역방송의 무신경 내지 무관심과 선거 국면에서의 지역 콘텐츠 부재 때문에 '땜방'이 다반사라니 과연 '지역방송 사수'가 지역민들에게 제대로 먹힐까 하는 기우가 일었다.

지역방송은 경쟁력을 가질 만한 우수 콘텐츠가 있는가 하는 의문도 동시에 가져본다. 최근 미디어 콘텐츠 플랫폼이 다양해지는 가운데, OTT 서비스를 구독하는 경향이 강화되고 있지만, 대부분의 지역방송은 관행에 묶여 서울에서 잘라 주는 편성시간대를 메우기에 급급하다. 지역이 살아야 나라가 산다지만 지역방송은 여전히 지역성이나 다양한 지역 콘텐츠 재료를 제대로 요리하지 못하고 있다는 지적을 한다면 지역방송은 과연 억울할까. (2022.7)

방송언어, 품위와 품격을

출근길. 라디오를 듣는데 리포터가 말끝마다 "~구요."를 내뱉는다. 방송쟁이들의 흔한 습관이다. 이는 잘못된 표현이다. 멋부리기 위해서거나 방송언어나 구어체로 착각하는 사람들의 언어 습관에 불과하다. 우리 문법에는 모음조화 규정이 분명히 있는데 이를 파괴하는 일이기도 하다. 손자와 손주는 둘 다 표준말이 됐지만 원래 '손주'는 서울 사투리였다고 알려져 있다. 'ㅗ'를 써야 할 자리에 왜 'ㅜ'를 고집하는지 30년 전에도 지금도 나는 그 이유를 모른다. '보고 싶다'를 '보구 싶다'로, '삼촌'을 '삼춘'으로 '창피하다'를 '챙피하다'로 '사돈'을 '사둔'으로 발음하는 것도 마찬가지다.

'…하고요' '…라고요'를 서울 사람들은 '…하구요' '…라구요'라고 말한다는데 아나운서 중에도 서울 사투리인 줄 모르고 쓰거나 서울

말에 대한 부러움과 존경심으로 말하는 경우가 흔하다. 그것이 올바른 방송언어라고 강변하던 모 아나운서도 여직 그렇게 말하고 있는지 궁금하다. 그 아나운서는 나의 원고에 있는 'ㅗ' 단어를 전부 'ㅜ'로 고치고 방송언어를 빨리 익히라고 내게 훈계까지 했다. 서울 사람들의 사투리가 고급 말이고 그게 멋스러운 표현이라고 설파하던 그 아나운서의 입 모양이 떠오른다. 어문일치를 생각하면서.

물론 경상도 사람들은 발음이나 언어 습관에 천부적인 약점이 있다. 역전앞, 처갓집이 입에 붙었고 '거리운 금강산', '자동차 와이프'라 발음해도 별 트집 잡히지 않는다. 쌀밥은 '살밥'이고, '돼지 족 같은 것도 드세요?'라는 민망한 발언을 하는 이도 많다. "~구요."를 반복하는 방송을 듣다 보니 나도 모르게 '씰데 없는 잡념'이 이어진다. 잔상처럼 남은 직업병의 흔적이다.

품위 있는 방송언어

갑분싸, ㅇㅈ, 맘찢남, RGRG, hoxy, 뮈안해, Aㅏ 그렇구나, 즙즙, 맘충, 틀딱충, 갑툭튀, 개이득, 어쩔티비…. 방송에 이런 말이 나올 때마다 나는 헐! 한다. 방송을 장악한 신조어와 줄임말을 듣노라면 정신이 혼미해진다. 요즘 방송언어는 자유롭다 못해 어지럽다. 자막은 더욱 생경하다. 물론 방송언어도 시대와 사회의 변화에 따라 변하고 새로운 것을 표현하기 위해 신조어를 만드는 것은 하나의 현상으로 받아들일 수 있다. 차별과 배제, 혐오를 드러내는 언어가 방송에서 거의 사라지고 장애인에 대한 인식이나 인권 옹호에 대한 방송 언어도 달라진 것은 긍정적이다. 우리는 지금 영부인이란 단어가 사어死語가 된 시대에 살고 있지 않은가. 문제는 '언어파괴'와 '언어유희'가 도를 넘고 있다는 것이다. 연예 오락 프로그램을 볼 때 가끔 내가 꼰대인지 외계인인지, 저 말이 외계어인지 헷갈릴 때가 많다. '단짠', '존버', 'E氏'란 자막은 무슨 뜻이며 '빼박'은 무슨 말인가. 세대와 지역 간 소통을 방해하는 말이 난무하는 방송을 보느니 차라리 불쾌함을 담아 쌍욕을 내지르고 싶다. 방송심의에 관한 규정 제51조(방송언어) 제3항은 '(방송에서) 바른 언어생활을 해치는 억양, 어조, 비속어, 은어, 저속한 조어, 욕설 등을 사용하여서는 안 된다. 다만 프로그램 특성이나 내용 전개 또는 구성상 불가피한 경우에는 예외로 한다.'라고 규정하고 있다. 방송언어의 제1은 품위와 품격이다.

우리말의 고저장단高低長短

나는 아나운서가 아니지만, 요즘 애들이 우리말 고저장단을 모르는 걸 보면 화가 난다. 더욱이 아나운서들의 잘못된 발음을 대하는 것도 고역이다. 우리말에 장단은 있어도 고저는 거의 사라졌다지만 경상도 말에는 아직도 고저가 많이 남아 있다. 거칠고 각지게 들리는 이유이다.

눈雪과 눈眼, 말語와 말馬, 밤栗과 밤夜, 감사感謝와 감사監査, 거리距離와 거리(street), 사정事情과 사정司正. 장단음 구사에 따라 의미가 달라지고 심지어 정반대 뜻이 되는 말들이다. 이런 단어를 한눈에 보고 장단을 제대로 발음하기란 여간 어려운 일이 아니다. 제대로 된 아나운서들의 발음을 따라 하거나 유의해서 듣는 것이 최상의 방법 중의 하나다. 예전엔 라디오 정오 뉴스 듣기가 가장 좋은 방법이었다. 각 방송사에서 최고의 아나운서가 담당했기 때문인데 지금이 문제다. 아나운서들이 장단이나 자고저를 완벽하게 구사하지 못하니 이 일을 어이할꼬. 자고저나 장단음이 매번 버겁고 힘들겠지만, 우리말을 허투루 쓰지 말고 그나마 방송이 파수꾼이 되고 교과서가 되었으면 하는 바람이다.

습관적으로 잘못된 표현을 쓰는 대표적인 사례가 '옷깃을 여미고' '금도를 넘는다.'라는 지적이 많다. 옷깃은 저고리나 옷 따위의 목에 둘러대어 앞에서 여밀 수 있도록 된 부분으로 목둘레에 해당한다. 옷의 중앙이나 앞부분, 소매가 아니다. 영어로 neckband나 collar라고 해야 옳다. 그러니 옷깃은 여미는 게 아니라 세워야 하고 옷깃이 아닌 옷섶을 여며야 맞는다. 옷이 벌어져 있거나 단추가 풀려 있을 때는 옷을 잘 여미고 매만지는 마무리를 해야 한다. 옷을 가지런히 반듯하게 합치는 것, 이를 옷매무시라 한다.

정치 기사에 툭하면 등장하는 "금도를 넘었다." 할 때의 '襟度'의 금은 '옷깃 襟' 자로 가슴 부위의 옷깃을 가리킨다. 마음이나 도량의 크기를 강조할 때 쓴다. 도는 정도와 크기, 수준 등을 나타낸다. 度量衡이나 잣대, 기준이라는 뜻인 법도와 제도에 쓰면 어울린다. 그러니 '금도'는 가슴의 크기, 마음가짐의 크기를 말한다. 남을 헤아려 받아들일 줄 알고, 서로 어울릴 줄 아는 능력이다.

둘 다 사전적 의미로는 잘못이라고 지적하지만 거의 관행으로 굳어 의사전달에 흠이 없고 그렇게 이해하니 굳이 쓰지 말라고 하긴 그렇다.

특종과 낙종

지금도 그렇지만 예전에 우리나라 기자는 두 부류로 나뉘었다. '특종 기자'와 '낙종 기자'가 그들이다. 요즘도 방송뉴스에 '단독보도'란 자막이 나오는데 특종기사를 자랑하는 말이다. 남보다 먼저 쓰고 남들이 모르는 유일한 기사, 오직 나만의 기사이니 얼마나 자랑스러울까. 나처럼 평범했던 기자에겐 그 반대인 '낙종'이란 단어가 가장 두려운 단어였다. '물 먹었다.'고 하는 낙종은 기자에겐 정말 쓴 맛이자 죽을 맛이다. 다른 신문이 1면 톱으로 특종기사를 게재하고 경쟁 방송사가 단독으로 메인 뉴스의 톱을 장식할 때 낙종 기자의 수명은 1주일이나 한 달은 족히 단축된다. 좀 어진 선배는 "낙종은 기자에게 일종의 병가지상사일 수 있다."라며 위로를 건넨 뒤 "너도 절마 물 먹이면 되잖아. 그게 진짜 복수야!"라며 전의를 북돋우기도 했지만, 기자에게 '실패는 성공의 어머니'란 말은 그냥 말이 그렇다는 거지, 현실에서 낙종은 생명 단축의 지름길이었다.

1989년 8월, 별밤지기를 땜방하던 여름날 밤. 방학 특집으로 '남목 가재소년'을 인터뷰했다. 콩 한 쪽도 나눠 먹을 수 있다느니 조난 당할 때 어떻게 생존할 수 있는지, 나약한 요즘 청소년들에게 강인한 정신력의 본보기를 제시한다는 거창한 취재 의도로 세 명의 가재 소년 중 한 명을 만났다. 방송 효과는 글쎄였지만, 당사의 특종을 재조명하는 '그때 그 사건' 부류의 방송이었다.

'남목 가재 소년 사건'은 1979년 울산MBC의 특종으로 전국에 알려졌다. 울산은 1962년 공업센터가 된 이래 노동과 노동자들의 메카로 변하면서 노동운동과 파업 관련 사건 · 사고가 잇따랐고 공해와 대형 노조의 춘투는 매년 전국 뉴스를 장식한 단골 소재였다. 그러나 1970~80년대 일어난 효주 양 납치 사건과 형제복지원 사건 그리고 남목 가재 소년 실종 사건은 노동운동 못잖게 전국 뉴스를 장식한 울산발 특종 뉴스였다.

1979년 8월 4일. 전 국민의 이목이 울산 동구 남목 옥류천에 쏠렸다. 옥류천은 신라 고찰 동축사가 있는 마골산 뒤편에 있는 계곡이다. 그날 산초를 따러 갔던 마을 할머니들이 팔부능선 바위굴 속에서 희미한 사람의 말을 듣고 가까이 가서 대화를 해보니 한 달 전에 실종된 세 어린이였다. 바로 경찰에 신고해 일곱 살 두 어린이와 여섯 살 동생은 아사 직전에 극적으로 구조됐다. 아이들은 배가 고파 가재 한 마리를 잡아 바위에 널어 말린 뒤 나눠 먹었고 산딸기를 따 허기를 채운 게 다였을 정도로 굶주렸다고 했다. 숲속 이곳저곳을 헤매다가 결국 제 자리로 돌아오는 원형방황圓形彷徨을 하다 바위틈에 자리 잡았고 28일을 버텼다니 경이로운 일이었다.

병원에서 치료받은 아이들은 빠른 회복을 보였다. 담당 의사는 "시골 어린이 특유의 강한 정신력이 세 어린이를 살렸다."면서 계곡의 맑은 공기와 깨끗한 물을 마신 것도 28일 생존의 원인이라고 진단했다. 이 특종기사 뒤에는 미담도 있었는데 신고한 할머니 세 분이 "아이 구하는데 포상금이 웬 말이냐?"며 당시 300만 원의 거금을 거절했고 그해 9월, 뽀빠이 아저씨 이상용 씨가 퇴원한 세 아이를 서울에 초청했다.

친절한 전화 받기와 특종

특종기사라고 해서 전부 치밀한 취재와 대단한 기자정신의 산물로 나오는 것은 아니었다. 우연히 얻어걸리는 특종도 많다. 김윤석과 유해진이 열연한 '극비수사'란 영화가 있다. '친구'를 만든 곽경택 감독이 울산에서 촬영한 영화인데 유괴를 두 번이나 당한 이른바 'OO양 사건'을 소재로 했다. 영화촬영을 울산에서 한데는 이유가 있었다. 1979년 4월 울산MBC 특종으로 전국에 보도되었기 때문이다. 당시 박정희 대통령이 전례 없이 납치범에게 아이를 풀어주라는 담화문까지 발표했던 사건이다.

부산 출신인 OO은 1978년에 이어 두 번이나 유괴되었는데 두 번째 사건을 울산 기자가 특종했다. 사건 당시 OO양은 열살이었다. 대구의 전자 대리점 직원이었던 이모 씨가 밤 11시쯤 냉장고를 싣고 포항으로 가던 중에 울산과 경주 경계지점의 한 도롯가에서 손을 흔들며 차를 세운 어린이를 발견해 즉시 울산 경찰서로 데려왔다.

대통령까지 관심을 가졌던 이런 대형 사건·사고가 울산 경찰이 해결한 데는 우연이 있었다. 당시 특종을 한 최 기자도 우연히 얻어걸렸다. 그는 퇴근 후 음식점에서 친구를 만나고 있었는데 동생 친구가 급하게 찾아오더니 "그거 아느냐?"라면서 경찰서로 가 보라고 하더란다. 뭔가 있다는 낌새를 차리고 바로 경찰서에 가 기사를 송고했는데 그게 특종이 돼 버렸다.

또 기자는 전화 한 통으로 특종과 낙종을 경험하기도 한다. 실제로 SBS와 MBC에서 '전화 친절하게 받자'라는 캠페인성 기사를 연속으로 방송한 적이 있다. 지금 생각하면 무슨 에티켓 교육도 아니고 어리석은 대중을 계몽하겠다니 라며 웃을 일이지만 기자에게 한 통의 전화가 얼마나 소중한지를 일깨워주는 사례로 자주 등장한다.

1987년 2월 북한을 탈출한 김만철 씨 가족이 표류 끝에 일본 해안에 도착했다. 이들이 서울에 도착하던 날 KBS와 MBC는 정규방송을 중단하고 탈북 일가족의 입국을 생중계했다. 마침 MBC 보도국에는 전화가 쇄도하면서 각종 제보가 쏟아졌다는데 사회부 차장 데스크가 "교환대에 얘기해서 사회부로 오는 전화 몽땅 끊으라고 해." 라고 명했다는 말이 있었다. 그 뒤 전화벨은 잠잠했고 간부와 기자들이 중계 시청에 집중하는 순간, 아뿔싸! 경쟁사인 KBS 화면에 서울 서대문구 홍은동에 사는 김만철 씨 누나가 등장했다. 순간 MBC

는 초상집보다 더한 아비규환이었다고 한다. 1980년대의 엄중한 남북대치 상황에서 일가족 탈북은 엄청난 빅 뉴스였다. 천당과 지옥을 가른 건 한 통의 전화를 어떻게 받느냐로 갈린 것이다. 김 씨 누나가 MBC에 먼저 전화를 해 자신의 신분을 밝히려는데 전화 받은 기자가 웃기지 말라는 투로 빈정대며 일방적으로 끊어 버렸다는 것이다. 김 씨 누나는 다시 KBS 전화를 물어 물어 겨우 통화를 했고 친절한 KBS는 누나를 직접 스튜디오에 모셨다. 이후 MBC 보도국의 모든 전화기에는 '전화를 친절하게 받읍시다.'라는 문구의 스티커가 붙었고 사장이 시시때때로 보도국에 전화를 걸어 친절한 전화 받기를 확인하기도 했다는 후일담이 돌았다. 친절이 밥 먹여주나? 그렇다. 친절한 전화 응대가 언론사의 경쟁력이 될 수도 있다. 불친절한 기자들은 특히 새겨야 할 사례이다.

어쨌든 기자는 특종으로 세상을 바꾸기도 한다. 그래서 특종은 기자의 존재 이유이자 자기 가치를 드높이는 최고의 수단이다. 노태우 비자금 사건이나 워터게이트 사건, 일본 록히드 스캔들과 박종철 고문치사 사건이 그런 경우인데 모두 그냥 특종이 아니었다. 세상을 뒤흔든 특종 중의 특종이었다. 그만큼 기자는 늘 특종에 목말라 있고 모든 기자는 '특종 심리'를 갖고 있다. 세상을 놀라게 할 뉴스를 혼자만 쓰고 싶어 하는 심리다.

다른 기자들이 모르거나 놓친 기사를 나 홀로 보도하는 특종의 쾌감이야 이루 말할 수 없지만, 그도 여러모로 괴로움을 겪으며 낙종

기자 못지않게 스트레스를 받는다. 이런 긴장을 줄이기 위해 만든 것이 '기자실'이다. 현실적 타협의 산물이다. 기자실은 배타적이고 폐쇄적인 공간이란 비난도 받지만 출입 기자들에게는 최대 다수의 최대 행복을 꽃피울 수 있는 아늑한 장소이기도 하다. 같은 공간에 함께 지내며 정보를 공유하니 내가 특종을 하지 못해도 소위 물 먹을 일은 줄어든다. 이 얼마나 좋은가. 발로 뛰는 취재보다 넘쳐나는 보도자료 정리하기에도 바쁜데, 특종이 어디 있고 낙종이 뭐겠는가. 과장하면 기자실에 그냥 죽치고 하루를 잘 보내면 된다. 지금은 안 그렇겠지만…. (2022.8)

지금은 트로트 시대

나도 '우영우 신드롬'에 편승했다. 여러 논란과 우려가 있었지만, 연기자의 캐릭터와 콘텐츠 파워에 자석처럼 끌렸다. 이름도 성도 모르는 낯선 채널에서 만든 드라마라 처음엔 B급으로 여겼지만, 아니었다. 아하, 유명 채널이 무의미해진 지 오래지 않은가. 이른바 콘텐츠 파워 시대가 되었다고 한다. 작품만 좋으면 누구든 어디서든 알아서 찾아보는 것이 보편화됐다. 지역방송도 콘텐츠 소비자들의 새로운 흐름을 읽을 줄 알아야 살아남는다. 지상파와 케이블, 종편이라는 구분 자체가 의미가 없어졌다. 누구도 본방 사수에 매달리지 않으며 편성 요일과 시간을 기다리지 않는다. 모두 OTT를 구독하는 시대다. 넷플릭스, 디즈니 플러스, 애플 플러스에다 티빙, 웨이브, 왓챠, 쿠팡 플레이 등 지금 주변엔 OTT들이 차고 넘친다. 변하지 않고 짜증 나는 건 지상파 방송과 공영방송이다. 그들의 예능프로그램은 베끼기와 흉내 내기, 중복 출연에 출연진 돌려막기 등 구태로 가득하다. 프로그램 포맷을 새로 계발하려는 창의성이나 도전정신은 없고 아류들만 유행한다. 늘 같은 얼굴이 전 채널을 독점하고 있다는 것도 슬픈 현실이다. 그 얼굴이 그 얼굴인 몇몇이 이곳저곳 돌아다니며 채널을 장악하니 '메뚜깃과'라고 비난받는다. 정말 지겹다. 패밀리로 포장된 꼬붕 몇을 데리고 나와 말도 안 되는 소리를 하거나 억지웃음을 유도하기도 한다. 쓸데없어 보이는 오버액션과 작위적인 리액션까지 되풀이하니 보는 사람 모두 절로 지친다. 어떻게 유명 MC 한둘이 전 채널을 독차지하고 있는데도 방송사와 PD는 독과점의 폐해에 대해 인식하지 못하는지 이해하기 어렵다. 자칭 국민 MC니 거물급 MC라고 제 맘대로 호칭하고 아주 자잘하고 저예산 프로그램까지 싹쓸이하고 있다. 누가 국민 타이틀을 허했는지 모르지만 웃기지 않는가. 연말 연예 대상도 똑같다. 겹치기 수상자들이 모든 방송을 장악하고 있다. 이제 그만해야 한다. 방송은 다양성이 중요하고 가치 있는 것이거늘. 오직 한 얼굴로 오직 한 장르만으로 방송한다. 지나친 획일이다.

지난 7월, 영국에 이어 프랑스가 1년에 18만 원에 이르는 방송 수수료를 폐지하는 법안을 하원에서 통과시켰다고 한다. 텔레비전을 소유한 가구 수가 계속 줄어드는데 수신료를 징수하는 것은 시대에 뒤떨어진 제도라는 판단에 따른 것이다. 상원에서 이 법안이 통과되면 앞으로 3년간은 정부가 다른 부문의 부가가치세 세원으로 지원을 계속하지만 2025년부터는 공영방송들이 자체적으로 재원을 충당하여야 한다. 영국도 BBC 수신료를 2년간 동결하고 2028년부터 폐지하기로 했다고 한다. 이제 공영방송의 경영독립은 지상파 규제의 본산인 유럽에서조차 거스를 수 없는 흐름으로 자리 잡았다. 우리나라는 서울시의 공영방송 프로그램 하나도 손을 못 대고 갑론을박 중이다. 자체 경영, 독립 경영이란 얼마나 좋은 말인가. 주로 유튜브, 넷플릭스를 소비하는 젊은 층 사람에게 무슨 염치로 수신료를 강요하는지, 그만한 가치 있는 방송을 하는지 우리도 진지하게 고민하고 열린 공론의 장이 마련되었으면 한다.

화제의 드라마 〈이상한 변호사 우영우〉는 '국민의 돈으로 운영하는 KBS나 MBC 같은 공영방송이 만들어야 한다.'는 지적이 많았다. 이는 공영방송 스스로 시장의 속성을 체득하고 경쟁의 파도 속으로 뛰어들어 콘텐츠의 질을 높이고 자체 경영이 가능하도록 변하라는 충고라고 믿는다.

지금은 트로트 시대

지금 우리나라는 가히 '트로트 전성시대'를 맞고 있다. 예전에 '딴따라'라고 낮춰 불렀던 그들은 이제 하늘의 별과도 같은 스타나 아티스트로 대우받는다. 또 트로트는 '도로또', '뽕짝', '엔카의 아류', '왜색가요'라며 사람들이 멸시하고 비하하던 장르였다. 대중가요,

유행가 정도로 인정하는 척했던 그 노래들이 바야흐로 르네상스, 아니 전성기를 맞고 있다. 오랜 기간 방송에서도 숱하게 외면당하던 노래였다. 지금은 추억이 됐지만 1960년대부터 1987년 민주화 시기까지는 '금지곡의 시대'였는데 방송윤리위원회가 있었고 방송사 자체뿐 아니라 정부에서 금지곡을 결정해 방송사로 통보했다. 방송금지곡 리스트가 있었고 음반 라벨에 빨간 줄이 그어진 곡 중에는 동백아가씨 등 트로트 곡도 많았다. 비관적이다, 반사회적 가사 내용이다, 사회 불안감 조성이나 폭력을 미화한다, 왜색이다, 저항적이다 등 이유도 가지각색이었다. 한대수의 〈물 좀 주소〉는 물고문을 연상시킨다고 금지했고 신중현의 〈미인〉은 저속한 가사라는 판정을 받았으니 실로 웃픈 기억이다.

지금의 트로트 부흥의 원인을 누구는 코로나 덕이라 하고 누구는 '미스트롯'의 기획력이라고 상찬한다. 어린 시절 누나들이 대도시의 신발공장으로 떠나는 친구들과 이별 모임을 할 때 부르던 노래였고 명절마다 열리는 동네 콩쿠르에 빠짐없이 등장하던 그 노래들이다. 전 국민의 애창곡이니 트로트 전성시대니 하면서 전체 방송을 장악하고 있는 트로트 열풍을 보노라면 역시 방송과 유행은 돌고 도는 것이고 노래는 불러야 제맛이라는 말이 맞았다.

노래에는 힘이 있다고 한다. 'You Raise Me Up'을 부르면 나도 누군가에게 힘이 되는 그런 사람으로 살아가고 싶어진다. 〈상록수〉를 들으면 시련을 극복하려는 의지가 확 뭉쳐지는 느낌을 받는다. 20

대엔 실연의 아픔을 잊기 위해 〈사랑은 눈물의 씨앗〉을 불렀고 환갑 지난 친구들은 어느새 〈청춘을 돌려다오〉를 목 놓아 외친다. 노래는 과거 연인에 대한 모든 기억을 훌훌 털게 하는 효과가 있었고 꼰대를 위로하고 재기의 힘을 넣어준다. 역발산기개세의 초패왕을 고립시킨 것도 무력이 아닌 사면초가라는 노래였다. 노래는 마음의 상처를 쓰다듬어 주고 영육을 회복 시켜주는 치유 기능도 가졌다. 그만큼 노래는 힘을 가졌다. 동요를 부르다 보면 '뜸북뜸북 뜸북새는 논에서 울고 뻐꾹 뻐꾹 뻐꾹새는 숲에서 운다.'는 것을 절로 알게 된다.

〈가지 마오〉와 입산 금지

1970년대 중반, 고향 동네에 혁명적인 사건이 있었다. 월남에서 귀국한 기철이 형이 라디오라는 신문물을 가지고 귀국한 것이다. 온 동네 아이들이 삽시간에 그 집에 몰려들었고 왕비열전과 법창 야화, 루터란 아워, 마루치 아라치를 밤낮으로 들으며 무료한 시간을 잊었다. 낮에는 마을 이장댁 감나무 꼭대기에 걸린 '앰푸'에서 유행가 볼륨이 울려 퍼졌고 동네는 매일 잔치 분위기였다. 논에서 밭에서 들리던 노동요는 어느새 사라지고 모두 유행가 유행가로 대체되었다. 라디오(어른들은 소리통이라고 하고 아이들은 나지오라고 불렀다)는 노동요 대신 유행가를 퍼뜨리며 일하는 사람들의 시름을 달래주었다. 신기한 뉴미디어, 최고의 문명이었던 라디오 한 대가 단번에 동네 분위기를 바꾸었다.

동네 청년들은 추석날 콩쿠르를 대비해 모이기만 하면 노래를 하고 가사를 까먹으면 즉석에서 개사하는 재치를 선보이기도 했다. 대개 자신의 처지를 빗대거나 주변 상황을 대입시킨 일종의 '노가바'였다. 그런데 희한하게도 이런 노가바는 원곡보다 더 사람들을 웃게 만드는 효능을 발휘했다. 결혼식이나 회갑 잔치, 친지들과 함께하던 뒤풀이나 각종 모꼬지에서도 노가바는 자주 소비되었는데 그런 자리에 모인 사람들 대부분이 파안대소와 가가소소呵呵笑笑를 참지 않았고 금방 즐거운 분위기에 휩쓸렸다.

동네에는 구순열로 놀림당하던 형이 있었는데 또래들 놀이에도 소외되고 자주 담 밑에 홀로 쭈그리고 있던 외톨이었다. 하루는 나무하러 산에 갔다가 빈 지게를 지고 돌아왔다. 마주치는 사람마다 왜 빈 지게만 지고 돌아왔냐고 나무라듯이 따졌고 그 형은 어물어물 대답을 못하고 피하기만 했다. 무학에다 머슴보다 더 일만 해대는 신세였으니 무슨 대답을 시원하게 할 수 있었으랴. 그날, 저물녘 우물가에 모인 또래들이 빈 지게의 사연을 물었고 마침내 실토하는 그의 얘기에 다들 배꼽을 잡고 웃었다.

그날 혼자 나무를 하러 가던 그가 산에 들기도 전에 마주친 것은 붉은 글씨가 적힌 현수막이었다. 붉은색이 꺼림칙해 글자 수를 세어보니 네 글자더란다. 문맹이었던 그가 혼자 머리를 굴리고 굴리다 고민 끝에 생각한 것이 나훈아의 〈가지 마오〉라는 노래였다. 어제도 듣고 오늘도 들었던 그 노래, 오다가다 혼자 부르며 익숙해진 그 노래의 제목은 가지 마오!

당시는 땔감을 벌채하는 바람에 민둥산이 많아 보기 흉하던 시절로 정부가 산불 조심, 입산 금지를 강력하게 추진하던 때였다. 불시에 가가호호를 습격하여 밀주와 벌목을 단속해 압수하고 벌금을 매기던 살벌한 시기였다. 오죽했으면 산골 사람들이 마마 · 호환보다 더 무서워한 상대가 세무서 직원과 면서기들이었겠는가. 그런 때에 문맹의 그 형이 '입산 금지'란 네 글자를 유추해 무서운 단속과 벌금을 면했다. 그날 밤, 우물가 공터에 나훈아의 '가지마오'가 돌림창으로 울려 퍼졌다.

요즘 트로트 열풍이 거센 탓인지 옛 노래가 그리울 때가 있다. 입산 금지 현수막을 〈가지 마오〉로 알아챈 고향 형이 떠오를 때도 있다. 오늘도 잠시 내 기억 속의 최초의 노가바 〈가지 마오〉를 부르고 싶어진다.

"사랑해 사랑해요. 당신을 당신만을~, 가지마오 가지마오. 나를 두고 가지를 마오." 이 노래를 하다 보면 힘들게 살아왔던 지난 세월에 대한 기억도 빈 지게로 귀가하던 그 형에 대한 아픈 기억도 모두 바람 속으로 훨훨 날려 버릴 것 같다.

트로트의 고장, 울산

고복수 윤수일 서인국 테이 오렌지 캬라멜의 레이나 걸스데이의 유라, 트바로티 김호중과 홍자 김희재…. 모두 울산 출신 가수들이다. 과거에도 울산은 노래의 고장이었다. 〈여나산곡〉 〈석남사내〉 〈처용가〉 등 신라 향가에서부터 담바구 타령이나 모심기 노래 등 각종 노동요를 비롯해 일제강점기를 거치면서 유명 곡들이 많이 나왔다. 창살 없는 감옥이란 실화 영화의 주제가였던 〈님〉은 울산의 차경철이 작사했다. 배호의 〈안개 낀 장충단 공원〉과 〈황토 십릿길〉, 〈대전 블루스〉와 미스트롯에서 송가인이 불러 화제가 된 〈용두산 엘레지〉와 나훈아의 〈청춘을 돌려다오〉, 현철의 〈못난 청춘〉이란 명곡도 역무원을 지낸 울산 사람 최치수가 작사했다.

태진아의 〈태화강 연가〉란 노래도 정일근 시인이 이틀 만에 만든 곡이다. 김상희의 〈울산 큰애기〉나 오은정의 〈울산 아리랑〉, 김세나의 〈울산에 살자〉, 바니걸스가 부른 〈목도는 내 고향〉 등이 울산을 노래한 가요들이다. 일제강점기 서덕출의 봄편지나 눈꽃송이는 얼마나 유명했던가. 우리나라 운동선수 최초로 개인 응원가를 가졌던 최성곤 선수는 1948년 런던 올림픽에서 국대 1호 골을 넣었다. 또 울산 출신 한글학자 외솔 최현배 선생은 한글날 노래를 만들었고 패티킴의 팬이었다. 소설가 오영수 선생은 〈박꽃 아가씨〉의 노랫말을 직접 썼다.

지역방송 위기는 지역방송인의 위기

2020년부터 국내 방송의 최고 콘텐츠는 '트로트'였다. TV를 틀기만 하면 트로트가 흘러나오고, 경쟁하듯 비슷한 포맷으로 만든 트로트 경연 프로그램이 마구 쏟아졌다. 트로트 열풍은 지금도 진행 중이다. 이제 우승 상금이 4억 원까지 치솟았다. 코로나19 여파로 집에서만 지내던 시청자들이 TV 앞에 앉아 트로트에 빠져든 시간이 많았다는 분석이 지배적이다.

이러한 '트로트 과잉', '트로트 광풍 현상' 시대에 지역방송은 어디에 있는지, 무엇을 하고 있는지 궁금할 때가 많다. 트로트 열풍이 방송시장을 초토화하고 있지만, 지역방송은 여전히 수중계에 만족할 뿐 '지역시장'을 되찾기 위한 도전정신이 보이지 않는다. 지난 8월에 열린 고복수 가요제가 32회를 맞았고 목포의 난영가요제는 1968년에 시작됐지만, 햇수만 거듭할 뿐 지역방송이 외면하거나 기발한 기획력을 발휘하지 못하고 있다. 오랜 전통과 역사에도 불구하고 전국시장에 내놓을만 한 상품이나 서울에 맞설만한 콘텐츠를 만들지 못하고 있다. 전국의 지역방송들이 협의체를 만들어 전국 단위의 트롯 경연 프로그램을 기획하고 지역을 순회하며 개최하되 골든타임에 동시 편성하면 미스트롯을 능가할 수도 있지 않을까. 프로야구의 프랜차이즈처럼 운영하면 경쟁력을 담보할 수 있으련만 지역방송인들은 여전히 '서울 공화국'에 종속된 기능에 만족하고 있으니 그것이 안타깝다. 그저 중계하고 서울에서 배출된 가수를 소비하기에 급급하고 지역 출신 연예인을 역수입하면서도 부끄러워하지 않는다.

＊사족 : 그러니 지금 흔히 말하는 '지역방송의 위기'는 '지역방송인의 위기'라고 해야 맞는 말이다. (2022.9)

방송이 내게 말하려 했던 것들

시나브로 시월이다. 하늘이 열린 달이고 인디언들이 말하는 "내가 올 때까지 기다리라 말하는 달"이다. 곧 만산홍엽을 볼 것이고 오곡백과가 무르익었다. 가지산 붉은 단풍을 쫓아 온몸을 붉게 칠한 연어 떼가 태화강을 거슬러 돌아오고 머잖아 십리대숲은 떼까마귀로 뒤덮이게 될 것이다. 거미는 세대를 이어 또 새로 집을 짓고 은행은 노랑 물을 떨구는 중이다. 으악새 슬피 우는 이 가을에도 꽃이 피니 국화와 쑥부쟁이, 구절초와 수크령과 눈맞춤하며 바뀌는 계절에 적응하는 중이다.

이달의 마지막 날엔 〈잊혀진 계절〉을 들어야 하고 도시의 어느 골목에선 몇몇 남자들이 "지나친 그 세월이 나를 울린다."라며 상실감을 토하고 있을지도 모른다. 남자를 슬프게 하는 계절엔 그런 노래가 안성맞춤이다. 핼러윈보다 〈시월의 마지막 밤〉을 기다리는 세대들은 다 그렇다. 그들은 때로 "이룰 수 없는 꿈"이 생각날 때면 조금 섧거나 애달픈 마음을 갖기도 한다.

방송의 '쪼'

우연히 차에서 듣게 된 방송. 30년 전과 변함없는 말투가 귀에 거슬린다. 흔히 말하는 방송의 '쪼'가 아직도 남아 있다. 쪼는 '어조' '습관적인 말'이란 뜻이다. 방송 리포터들은 대부분 "~해보시면 어떨까요?" "~를 해보는 것도 좋을 것 같습니다."라고 끝맺는다. 필요 없는 군더더기요 버리지 못하는 방송의 쪼다. "즐거운 주말/ 휴일 되시기 바랍니다."라는 말은 이미 교과서가 되어 버린 듯 이상하다고 느껴지지도 않는다. "~고요." "~데요."라는 이음말도 너무 잦다. "습니다." "입니다."로 단정적이고 자신 있게 말을 끝맺지 못한다. 지역방송에서 흔하게 듣는 잘못된 습관들, 방송의 '쪼'는 장르를 불문하고 어느 프로그램에서든 넘쳐난다. 일기예보에서도 기상대의 예보를 "… 내다보고 있다."로 표현하니 어색하기 그지없다. 기자들도 '보인다.'를 '보여진다.' '생각한다.'라고 하면 될 말을 굳이 '생각되어진다.'라고 말한다. '몸살을 앓다.'와 '골머리를 앓고 있다.'라는 뉴스 말은 왜 그리 자주 나오는지 모르겠다. '골머리'는 '머릿골'을 속되게 이르는 말이다. 머릿골은 '뇌', '두뇌頭腦'를 뜻하는 우리말인데, 줄여서 '골', '골치'라고도 한다. 이 말은 '머리'를 낮잡아 일컫는 뜻으로도 쓰인다.

뉴스를 전하는 기자들은 습관적으로 자신의 시각이나 판단을 배제한 채 '~에 따르면'을 무한 반복하고 있다. 팩트를 중시한다느니 중립을 표방한다지만 타인에게 책임을 돌리고 나는 책임 없다는 화법으로 들린다.

스포츠 경기에서 무심코 말하는 '자웅雌雄'도 조심해야 할 표현이다. 막상막하의 비등한 힘을 가진 상대끼리 승부를 겨루는 것을 가리키는 표현이지만 남녀가 서로 겨룬다는 뜻으로 쓰면 매우 어색한 용례가 된다. 수컷과 암컷을 가리키는 말로 알고 있는데 원뜻은 그렇지 않다. 자웅은 본래 밤과 낮을 가리키는 말이었다. 자웅은 역曆에서 나온 말로 자雌는 밤을 나타내고 웅雄은 낮을 나타낸다. 낮과 밤이 서로 번갈아 가면서 세상을 자기 것으로 만드는 것에 비유해서 일진일퇴를 거듭하는 양상을 나타낸 것이다.

선거가 끝나면 지역방송은 "지역 곳곳이 불법 현수막으로 몸살을 앓고 있으나 행정당국은 나 몰라라 한다."라는 뉴스를 자주 전한다. 사실은 현수막懸垂幕도 있고 아닌 것도 있다. 현懸은 '아래(세로)로 늘어 뜨리다.'라는 의미이고 수垂는 수직을 말한다. 좌우로 걸거나 매다는 것을 현수막이라고 하는 것은 어울리지 않는다. 선거 현수막(?)은 대부분 가로 형태니까 좌우로 거는 건 펼침막이다. 플래카드의 우리말이다.

방송이 하는 말이 키스 같다면

'심심甚深하다.' (마음의 표현 정도가 매우 깊고 간절하다.)는 의미를 놓고 문해력 저하 논란이 일었던 기억이 난다. '심심한 사과'의 '심심'을 '하는 일 없이 지루하고 재미없다.'로 이해한 누리꾼들이 부적절한 표현이라고 해서 생긴 일이다. 생각보다 많은 사람이 동조해 사회적 이슈로까지 번졌다.

고지식은 높은 지식이고 금일 마감이 금요일에 마감한다는 의미인 줄 알거나 "무운武運을 빈다."를 無運으로 이해하고 사흘을 4일이라고 아는 사람들도 많다고 한다. MZ 세대에게 국한된 지적인지는 모르겠지만 우리말 날짜를 이해하지 못하는 경우라 하겠다. 하루 이틀 사흘 나흘 닷새 엿새 이레 여드레 아흐레 열흘 순이고 20일간의 시간은 스무 날, 다음 날은 스무하루다. 또 하루나 이틀 정도의 짧은 시간은 하루 이틀이고 사흘이나 나흘 정도는 사나흘, 너(네)댓새는 나흘이나 닷새 가량을 말한다. 닷새나 엿새 정도는 대엿새라 하고 엿새와 이레를 합쳐 예니레, 일곱 날이나 여덟 날은 일여드레이다. 잘 안 쓰다 보니 생경하게 느껴질 법도 하다.

'두어 개'는 두 개나 세 개가 아니고 '약 2개쯤'이나 '두 개 남짓', '두 개 정도'를 뜻하니 정확하게 세 개에 못 미친다. 서넛은 대충 어림잡아 셋이나 넷쯤을 말하고 네댓은 어림쳐서 넷이나 다섯쯤을 가리킨다. '달포'는 한 달 보름이나 45일쯤, 또는 한 달 반이란 말이 아니다. 한 달이 조금 넘는 기간이니 한 달 남짓인 31일에서 35일쯤이 맞는다. 한자로는 삭여朔餘 월경月頃 월여月餘라고 하면 된다. 세대 간의 문해력 차이가 실재하는 데다 생각보다 틈이 넓고 깊어서 예를 들어 본 것이다.

고유어는 전문 방송인들도 실수하거나 잘못 말하는 경우가 흔하다. 예전에는 PD나 기자, 아나운서들의 수습 기간에 우리말 날짜 세기 훈련을 반복적으로 했는데 디지털 세대는 소홀히 여기는가 보다. 고유어는 자주 사용하지 않으면 잊어버리고 헷갈리며 오용하기가 쉽다. 고유어나 순우리말을 많이 쓰면 좋겠지만 그렇다고 고유어 표현이 언제나 옳은 것도 아니다. 모든 말을 반드시 고유어로 할 필요도 없겠다. 말의 쓰임은 정확하고 명료하게 전달되고 서로 소통에 지장이 없으면 그만일 터이다. 다만 일반인들의 오용도 문제지만 그 전에 방송인들의 언어와 말이 잘못된 것은 문제 삼고 지적해야 한다. 그들의 말은 국민 언어의 표준이자 교과서가 되어야 하기 때문이다. 그런데도 요즘 방송인들은 말을 가려서 조심스럽게 하지 않는다. 신조어나 성적인 표현을 쓰는 일도 거리낌이 없다. 선섹후사, 낮져밤이, X끼란 비속어들이 자막으로 남발하고 마약 OO이나 O린이, 풀빵이 아닌 풀방이란 자막도 등장한다. 민망하고 난감한 말들이다. 그들은 아마 이런 대사가 있는지 모를 게다.

"당신의 입에서 나오는 모든 단어는 마치 키스 같아요."

언제쯤 방송인들의 말이 이런 찬사에 마침맞게 완전무결해질까?

'톡파원 25시'와 '세상의 모든 음악'

방송이 내게 하려고 했던 말을 쉽고 편하게 알아듣는 '방송'도 있다. 톡파원 25시와 세상의 모든 음악이 그것이다. 톡파원 25시는 '전 세계 공통된 관심사들을 해외 거주 중인 교민, 유학생 등이 직접 취재해 화상 앱을 통해 실시간으로 대화하는 스튜디오 토크 프로그램'이다. 해외 거주 교민, 유학생이나 한국말을 유창하게 하는 외국인들이 특파원이 아닌 톡파원으로 다양한 곳을 전하는데 보는 재미가 쏠쏠하다. 젊은이들의 시각도 좋고 소개하는 장소나 내용도 신선하다. 여행은 TV로도 충분하다는 말이 절로 나오게 하는 프로그램이다.

KBS 클래식FM 100.3MHz의 세상의 모든 음악도 색다르다. 말 많은 여느 FM과 달리 선곡도 좋고 멘트가 많지 않고 전체적으로 정갈하다. 마치 우전차를 마시는 기분이 든다. 15첩 30첩으로 상다리 휘어지게 하는 상차림보다 3첩 밥상이 더 좋을 때가 있다.

또 다른 하루가 시작되는 시간인 저녁 6시에서 8시 사이, 퇴근길에 듣는 〈세상의 모든 음악〉은 내겐 큰 위안이다. 어느 날은 클래식에 조용히 귀를 열고 어떤 날엔 크로스오버나 재즈에 심취하며 세상의 좋은 음악을 들을 수 있다.

가을비가 조용히 내리던 그날엔 Don McLean의 〈Vincent〉가 흘러나왔다. 추억도 추억이지만 오랜만에 제대로 된 귀 호강을 했다. 〈별이 빛나는 밤〉을 그린 고흐를 위해 매클린이 만든 노래다. 노래는 "Starry, starry night"을 읊조리면서 시작된다. 중간쯤에서 "Now, I understand What you tried to say to me. 당신이 내게 말하려 했던 것을 이제 내가 이해한다."라고 고백한다.

이러다 다 죽어

말도 많고 탈도 많은 TBS가 예산 절감에 나서고 출연료 삭감과 외부 진행자를 사내 아나운서로 교체하는 등 몸살을 앓고 있다. 방송독립 언론자유 편파방송이니 교통 전문방송이니 아무리 말해도 돈 안 되는 방송은 존재하기 어려운게 현실이다. 최근의 방송이 날개 없이 추락한 것도 그런 이유가 있었던가 보다. 최근 10년간 지상파 방송을 시청하는 가구 비율이 30~50%나 줄었다. 방송 광고 매출도 당연히 급감하니 방송사의 재정 형편이 좋지 않을 것이다. 그러니 대규모 경영 적자는 필연적이다. 당연히 예산 절감, 비용 축소 등 비상경영이나 감축 경영에 들어갈 수밖에 없다. IMF 이후 이미 여러 번 경험한 우리 방송의 악순환이 떠오른다. 제작비 삭감은 돈이 안 되는 교양이나 다큐멘터리가 우선 칼질의 대상으로 이어진다. 드라마도 줄이고 재방을 최대한 많이 해 초기 비용을 보전하기도 한다. 중간중간 퇴직자들이 없으니 신규채용도 못한다. 우리 방송사 인력들은 정년이 될 때까지 거의 움직이지 않기 때문이다. 철밥통처럼 버티니 구조조정을 하려 해도 늘 실패했다. 젊은 인재들이 안 들어오니 늙고 창의력이 고갈된 창가족들만 늘어나고 인건비 낭비가 심해진다. 인적

구조는 늘 역피라미드나 항아리형을 벗어나지 못했다. 그런 조직은 역동성이나 활력이 현저히 떨어진다. 지역방송도 예외가 아니다. 방송국 안에 지역 전문가들이 점점 사라지고 자신의 회사를 말 공장이라면서도 사내 인력을 배제한 채 한물간 서울 연예인 불러 방송을 맡긴다. 돈 들여 육성한 아나운서나 기자, 피디는 뉴스 진행만 하거나 C 타임에 있는 라디오 프로를 맡기고 있으니 얼마나 비효율적인가. 또 위기가 닥칠 때마다 늘 원인을 외부 환경 탓으로 돌리고 자기 잘못은 모르는 체하기 일쑤다. 그러다 상황이 조금 호전되면 언제 그랬냐는 듯이 고난의 시기를 금방 잊어버리고 예전으로 돌아가 버린다. 발전은커녕 변화도 없이 늘 그 자리를 맴돌다 그 자리에 서 있게 되는 셈이다. 높은 산을 등산하다가 안개나 폭풍우를 만났을 때 밤중에 방향 감각을 잃고 같은 지점을 맴도는 '환상방황'과 다름아니다.

드라마 〈오징어 게임〉에 나오는 이런 대사가 생각난다. "이러다 다 죽어."

10여 년 전만 해도 이사를 하고 난 뒤 짐 정리를 할 때 TV 세트를 어디에 둬야 하는지가 첫 고민이었다. TV가 자리 잡고 방향이 정해진 다음에 다른 짐들이 제 자리를 찾을 수 있었다. 그만큼 TV는 우리네 집의 중심이었고 가족을 한곳으로 모이게 했다. 요즘은 그렇지 않다. 과거에는 한 대의 TV 앞에 수십 명의 동네 사람들이 모여들기도 했지만, 지금은 한 명의 시청자 앞에 수십 대의 TV가 놓이기도 한다. 네 손안에 TV가 있고 그냥 고르면 되는 시대이니 선택지는 무한대다. 심지어 내 말이 참이라고 증명하기 위해 제시하던 반증도 달라졌다. 그때는 신문이나 TV가 가장 권위 있는 반증의 근거였는데 지금은 많은 사람이 "그거 00 유튜브에서 봤다."라고 말한다. 신문 기사를 읽었다거나 방송에서 봤다고 하는 사람들이 거의 사라졌다. 방송이 그만큼 신뢰를 잃었는지 권위가 없어진 것인지 세태가 변하긴 변했다. 그리고 이구동성으로 인구감소와 함께 지방소멸이 다가오고 있다고 진단하고 지방이 사라질 거라고 염려한다. '사라져 갈 지방'에 지역방송도 포함된다. 우리나라 지역방송 대부분은 위기든 호황이든 자신의 운명을 주체적으로 결정하지 못하는 허약한 존재다. 구조적으로 독립이 어렵고 자생력이 약하다. 그러니 지방이 사라지면 지역방송도 사라질 것이라는 염려가 기우라고 할 수가 없다. 하지만 지역방송이 지방소멸에 대한 대비를 얼마나 하는지 어떻게 하고 있는지 알 수가 없다. 그러니 제발, 유튜브를 이기든지 아니면 그냥 유튜브의 흐름에 올라타서라도 끝내 살아남았으면…. 하는 바람을 전한다. 이마저도 나만의 기우로 끝나기를. (2022.10)

가난한 시절의 스포츠 영웅

마당을 쓸면서 나무와 꽃들을 살핀다. 감나무는 잎을 다 떨구었고 포도 줄기는 앙상하게 굳었다. '아침의 얼굴朝顔'인 나팔꽃도 상한 갈대처럼 완전히 죽은 모습이다.

이제 겨울옷을 준비해야 하고 아랫목이 그립고 좀 더 따뜻한 곳을 찾을 때다. 국화를 보며 거울 앞에 선 누나를 떠올리고 김장을 준비하며 어머니 얼굴이 보고픈 계절이다. 고향집에선 참새와 직박구리가 홍시를 맛나게 먹고 있을 것이다.

11월, 달력은 한 장 남았고 지나간 10장은 이미 찢겨 나갔다. "돌아가기에는 이미 너무 많이 와버렸고 버리기에는 차마 아까운 시간이다." (나태주, 11월)

공영방송이 너무 많다

언론자유냐 언론탄압이냐, 언론자유와 언론의 책임은 어디까지인가, 권언유착과 정언유착은 실재하는가. 아직도 반복되는 논란이다. 우리나라의 방송은 소위 정부를 까는 것을 굉장한 훈장으로 여기는 경향이 있다. 보수는 악이고 진보는 선이라는 이분법적 사고에 함몰된 언론도 많다.

Bias! 편견과 치우침, 편파적인 성향이 농후하고 심심하면 언론탄압이니 외치면서 민주 언론 투사를 자처하며 순교자 코스프레도 서슴지 않는 사람들도 흔하다.

지금은 SNS 과잉 시대다. 극단으로 치닫는 개인 매체도 넘쳐난다. 이해의 폭을 넓히는 뉴스나 정보, 관점을 제공해 사회 통합기능을 수행하겠다는 책임은 거의 보이지 않는다. 편향성과 프레임 짜기, 확증편향…. 정권이 바뀔 때마다 공영방송의 정체성과 지배구조 방식에 대한 논란은 되풀이된다. 그래도 87 체제 이후 실질적 성과나 개혁은 전혀 없었다. 공영방송사라고 주장한다고 해서 공영방송으로 계속 남아서는 안 된다. 방송 저널리즘의 기본 원칙을 잘 지키고 시청자들의 신뢰를 얻어야 하는데 우리나라의 공영방송은 과연 진실한가, 그리고 공정한가?. 의문이다. 분명한 것은 우리나라에 공영방송이 너무 많다는 것과 노조 출신 경영진 비율이 상대적으로 높다는 사실이다. 14개 공영방송, 이 좁은 땅에 그리고 디지털 시대에 지나치게 많은 숫자가 아닌가. 여전히 전파 공공재니 공적의무니 공정언론을 내세우지만 자유 경쟁 시장에서 살아남기보다 불가침의 신분보장과 정부 지원금이란 우산을 더 원하고 있는 것이 틀림없다.

언론의 자유와 취재 활동 보장을 누가 반대하나. 취재원 보호를 누가 나무라겠나. 오보에 대한 제대로 된 사과나 재발 방지를 위한 노력도 하지 않고 악의적 오보가 잦으면 사정이 달라진다. 인지 오류를 유도하는 영상 자막과 편집은 의도적 왜곡 아니면 날조 행위이다.

특정 정보를 생략하거나 특정 단어를 선택한 기사, 취재원 신뢰도에 차등을 두거나 특정 이념에 학습된 상태에서 방송하면 편향된 언론으로 드러날 수밖에 없다. 언론자유를 외치면서 언론의 책임은 소홀히 하니 방송에 대한 불신만 커지고 언젠가 부메랑으로 자신에게 돌아가게 된다. 자업자득이란 말처럼 그게 순리다.

86과 88의 추억

이달 말부터 다시 TV 시청률이 치솟을 것으로 보인다는 기사가 있다. 4년 만에 돌아온 월드컵 중계, 11월 20일부터 12월 18일까지 열리는 카타르 월드컵 때문이다. 스포츠 중계를 좋아하는 내 기억은 자연스레 1986년 아시안 게임과 1988년 서울올림픽을 소환한다. 벌써 34년이 지났다. 세계 각국 기자들이 모인 MPC(Main Press Center)에서 기사를 작성하고, 취재하고, 소식을 나누었다. 그때 만난 미국 기자와 스웨덴 엔지니어의 말이 아직도 삼삼하다. 처음 본 미국 기자는 “올림픽만 다섯 번째 취재”라고 자랑했다. 무려 20년을 올림픽 현장에서 취재했다는 말인데 당시 우리 언론에는 전문 기자나 대기자란 말 자체가 없었고 프리랜서란 단어도 생소할 때였다. 백발의 유럽 엔지니어도 나를 놀라게 했다. 올림픽이 끝나면 애인과 함께 남유럽으로 휴가를 가 돈을 다 쓰면 집에 갔다가 다시 프리랜서로 세계를 돌아다닐 계획이라고 호언장담했다. 6개월 정도 일하고 남은 절반은 하고 싶은 것을 즐기는 것이 참된 인생이라던 그의 말이 한동안 뇌리에서 떠나지 않았다. 어쩌다 보니 나도 86아시안게임과 88서울올림픽, 바르셀로나 올림픽까지 취재하고 중계팀으로 일하다 지금은 프리랜서가 됐다.

86아시안게임은 한국에서 열린 첫 국제 종합 스포츠 대회였다. 86과 88은 대한민국을 부흥시킬 마법의 단어였고 "하늘엔 조각구름 떠 있고, 강물에 유람선이 흐른다."라는 가수 정수라의 노래가 온 땅에 메아리쳤다. 울산 후배인 남자역도 이민우 선수가 한국선수단의 기수로 입장했고 '아시아의 인어' 최윤희, 나중에 '라면 소녀'라 불리던 임춘애 인터뷰에 참여하는 등 개인적으로 많은 추억과 감동이 남아 있다.

특히 3관왕 임춘애는 86의 최대 스타였고 당시 허기진 국민에게 큰 감동을 안겨준 신데렐라였다. 인터뷰 때 마이크를 잡고 있었지만, 라면 얘기는 기억나지 않는다. 당시 모든 국민이 임춘애에게 열광했다. 육상 3관왕도 그렇지만 가난으로 라면만 먹고도 고된 훈련을 견디며 마침내 금메달을 목에 걸었다는 인간 승리 스토리에 누구나 할 것 없이 눈물을 흘리며 환호했다. 언론은 국민의 눈물샘을 자극해 가난해도 노력하면 누구나 성공할 수 있다는 신화를 재확인해줬다. 당시 전두환 정권은 이런 스토리를 가진 '영웅'을 간절히 원했는지도 모른다. 그녀는 살아 있는 '하니 언니'였다. 울지 않으려고 달리면서 웃는다는 만화영화 주인공, 달려라 하니!

아시안 게임이 끝난 뒤 다시 울산에 돌아온 나는 몇 달 뒤 결혼했고 그놈의 평화 댐 성금 모금 운동에 온 몸을 던지며 국가에 충성했다. 두 해 뒤 88올림픽 성화가 서울시청에 도착했을 때 첫아들이 태어났다. 박세직 조직위원장은 '88돌이'라는 애칭과 함께 축전과 기념주화 세트를 산모에게 선물했다.

손기정의 계란 라면

1987년은 국가의 명운이 걸린 88올림픽 성공을 위해 모든 것을 걸어야 했던 1년이었다. 전국 규모의 대회가 있는 현장마다 〈88팀〉의 일원으로 참여해 중계와 취재 연습을 했고 각 종목의 룰과 용어를 익히기 위한 공부에도 열중했다. 지역방송도 저마다 올림픽 특수에 경쟁하듯 참여했다. 꽃길 가꾸기나 각종 88 성공 기원 대회를 경쟁적으로 개최하는 등 '올림픽 대비'라는 목표 아래 생활문화 개선에 총력을 기울였다.

그해 봄, 올림픽 아이템을 찾던 중 한 통의 전화로 민족의 영웅 손기정 선생을 만났다. 울산에 있는 사위 집에 온 손 선생을 이웃이 보고 방송국에 제보 전화를 했는데 그 전화를 내가 받아 단독 취재에 나섰다. 1936년 8월 9일 베를린올림픽에서 금메달을 딴 민족의 영웅을 만나 인터뷰하는 것 자체가 당시는 뉴스거리였다.

인자한 선생은 심심하던 차에 잘됐다며 반겼다. 평안도 사투리를 쓰던 노신사는 달변은 아니었지만 정연한 말 솜씨를 가졌고 또박또박 자신의 의사를 분명히 전달하는 힘이 있었다. 달리기를 하게 된 것은 돈이 들지 않았기 때문이라고 웃으며 회고했고 서울올림픽 개막식의 성화 봉송 주자가 되어 베를린올림픽 마라톤 우승자가 '손 기테이(SON, Kitei)'가 아닌 한국인 손기정이란 것을 꼭 보여주고 싶다는 희망을 내게 전했다. 아돌프 히틀러를 만난 이야기나 일본인들의 시샘과 견제를 얘기하며 나라 잃은 설움을 전할 때는 비장한 표정을 보였다. 우승하고도 기쁨보다 많이 알지 못할 설움만이 복받쳐 오르며 울음만 나오더라고 말하던 가장 슬픈 우승자 손기정.

점심때가 되자 달걀을 푼 소고기 라면을 직접 끓여 함께 먹은 후 친절한 노신사는 가방에서 엽서 한 장을 꺼내 사인을 했다. 베를린올림픽 골인 장면 사진이 새겨진 엽서였다. 민족의 영웅에게서 받은 소중한 선물은 지금도 간직하고 있다. 손기정 선생은 2002년 통일을 보지 못하고 돌아가셨다.

잊혀진 축구 스타, 최성곤

2011년 7월 20일, 퇴근길에 송골에 갔다. 한국 축구 역사상 불멸의 기록을 남긴 울산 출신 최성곤(崔聖坤 · 1922~1951) 선수의 묘와 영모비를 확인하고 싶은 생각이 문득 들었기 때문이다. 최성곤은 우리나라 축구 국가대표의 올림픽 1호 골 주인공이다. 1948년 8월 2일 런던올림픽에 서 첫 상대였던 멕시코전에서 전반 13분 첫 골을 기록했다.

"「오림픽」 第三日 我軍, 蹴球에 墨軍擊破…(倫敦올림픽)"

1948년 8월 4일 동아일보에 실린 런던 올림픽 기사다. 첫 게임에서 멕시코를 5 대 3으로 이겼다는 낭보를 전한 것이다. 신생 독립국의 올림픽 대표팀은 정부 수립 이전인 1948년 6월 21일 서울에서 출발해 부산, 요코하마, 홍콩을 거치며 평가전을 치른 뒤 런던에 도착했다. 영국 왕이 베푼 환영연에서 처음 본 양식을 폭식해 컨디션이 엉망인 채로 1회전을 치렀지만, 무려 5골을 퍼부었다. 최성곤의 첫 골은 한국 축구 역사에 남을 불멸의 기록이 되었다. 이어 8강에서 스웨덴을 만나 빗속의 혈투를 벌였지만, 부상선수가 많아 12 대 0으로 대패했다. 당시 입었던 붉은색 상의와 흰색 하의는 지금까지도 대표팀 공식 유니폼이다.

지난 2002년 월드컵 때 울산에서도 두 경기가 열렸다. 대회 직전 최성곤을 소개하는 다큐멘터리를 방송했다. 친구들과 후배들, 여러 자료를 찾아보니 '한국 최초의 축구 스타'였음을 확인했다. 지금의 손흥민과 비교할 수 없지만, 일본과 아시아 여성들이 팬덤을 형성했다고 한다.

1930년대 울산은 축구의 고장이었다. 영남권은 물론 전국 대회 단골 우승팀이었다. 그 중심에 '비운의 축구영웅 최성곤'이 있었다. 최성곤은 보성중과 보성전문학교 축구부를 이끌며 전 조선 축구 선수권과 전 일본 축구 선수권을 모두 제패한 최고의 스트라이커였다. 일본인들은 그를 '조선의 최崔' '아시아의 별' '그라운드의 표범'이라고 부르며 두려워했다고 한다.

일본 베트남 홍콩 원정경기 때마다 현지 여성들의 구애에 시달릴 정도로 스타였다. 미남형 얼굴에 다부진 체격, 스피드를 살린 돌파력과 발군의 스트라이커에 아시아의 뭇 여성들이 몰려들었다는 증언도 많이 들었다. 그를 흠모한 극성팬 중에는 일본 야쿠자 조직 부두목의 애인도 있었는데 최성곤을 만나기 위해 부산에 왔고 이 일이 결국 그의 죽음과 연결됐다고 전한 사람도 있었다. 은퇴 후 부산과 진주에서 축구 지도자로 또는 체육용품점을 운영하다 요절했다.

그가 득점할 때마다 팬들은 우리나라 최초의 개인 응원가를 불러재꼈다. 1938년 16살 때 보성중학교 주장 겸 센터포워드로 전 조선 선수권을 제패한 뒤 천황배 전 일본 선수권에 도전, 모든 일본 팀을 물리치고 우승해 일본 열도에 조선 청년의 기개를 떨쳤다. 장경환 김용식과 함께 뛴 최 선수가 결승전에서 결승골을 넣었다. 이때 조선인들과 재일학생들이 목놓아 불렀던 '최성곤 응원가'는 지금도 울산에 전한다.

"장백산의 성난 범도 겁나지 않고/ 동해 바다 뛰는 용도 무섭지 않다/ 대동 반도의 역장사!/ 우리 조선(울산) 축구선수 너 몰랐더냐?"

당시 운동선수들은 일제에 억눌린 감정을 스포츠를 통해 토해냈다. 최성곤은 축구로 조선 청년의 기상을 떨쳤고 핍박받던 민족의 가슴에 뜨거운 불을 댕겼다. 암울한 시절, 민족정기를 드높이고 울산과 조선의 기개를 널리 퍼지게 한 축구영웅이었다.

2012년 7월 26일, 64년 만에 되돌아온 런던 올림픽 시기에 울산박물관이 뜻깊은 전시를 했다. '영광재현 1948 (Honoring the 1948 Olympics)'.

전시 관람자는 31,732명이었고 전시 기간에 열린 런던 올림픽에서 축구의 첫 게임 상대가 또 멕시코였다. 홍명보 감독의 대표팀은 올림픽 동메달을 처음으로 획득했다. 전시가 끝나고 울산축구협회는 '최성곤 배 전국학생 축구대회'를 열었다. 지역방송의 작은 역할에 자족했던 시기였다.

지역방송이 불러준 독구와 메리, 쫑

지역 케이블 JCN 울산방송의 〈달려라. 울강이〉를 다시 보았다. 방송사가 안락사 직전에 있던 유기견을 입양해 훌륭한 반려견으로 키우며 교육하는 과정을 담은 프로그램이다. 울강이가 성장하는 모습을 보면서 유기견 입양에 대한 인식이 많이 변했고 8년째 동거 중인 몰티즈인 몽이와도 더 자주 대화했다. 유기견은 아니지만, 생후 4개월째 아들이 내게 맡긴 몽이는 지금은 비교적 원활한 의사소통을 나누고 있다. 고저장단의 소리와 손짓, 발짓 그리고 표정으로 자기 의사를 전하면 내가 알아차리고 나의 목소리 높낮이와 몇 개의 명령어로 기분을 표현하면 녀석은 언제나 해석하고 그대로 행동한다. 금지된 장소가 아니면 24시간 떨어지지 않으니 진정한 동반자이다.

예전 고향마을에선 집집마다 살찌니, 꼬네기라 부르던 고양이와 독구(Dog)를 식구로 여기며 함께 살았다. 누구나 주인을 닮은 개 한 마리씩 기르던 시절, 울도 담도 없었고 개집도 따로 만들지 않았다. 아무도 목줄을 하거나 가두지 않았고 개들은 동네 사람 누구나 아무 집이나 무시로 출입해도 짖지 않았다. 그러다 낯선 이나 늑대가 나타나면 봉홧불 릴레이처럼 순서대로 짖어대다가 한순간 일제히 컹컹대 온 동네를 깨웠다.

그때 개들 이름은 한 가지였다. 모든 수캐는 독구였고, 쫑이었고 암캐는 모두 워리, 메리, 해피였다. 똑같은 이름인데도 주인 목소리나 발소리는 잘도 구분해 알아차렸다. 어느 집 할 것 없이 술 빚에 장리 쌀에 의존하던 때였지만 개들은 사람을 차별하거나 깔보지 않았고 가난뱅이든 부자든 무조건 꼬리치며 주인에게 순종했다. 주인이 기분 좋아 Merry라 부르면 '즐거운 강아지'가 되었고, 주인이 행복해서 Happy라 불러 주면 '행복한 개'가 되던 시절이었다.

그 시절, 함께했던 우리 집 개 중에 유독 독구와 메리, 쫑의 마지막 모습이 지워지지 않는다. 단순히 주인과 동물의 관계가 아니라 같은 밥을 먹고 동고동락하던 식구나 마찬가지였기에 더욱 슬픈 인연으로 기억된다.

풍경 하나

중학교 입학 무렵, 어머니가 수캉아지 한 마리를 사 왔는데 식구들은 습관대로 그냥 독구라 불렀다. 그냥 '도둑을 철저히 살폈던 개'라서 督狗라 했거나 '주인과 정말 정이 도타운 개'였으니 篤狗라 했을 것이다. 독구는 자랄수록 늠름했는데 거의 아침마다 쥐를 잡았고 고물장수가 동네에 오면 바로 뛰쳐나가 마구 짖어 솥이나 냄비를 지켜주던 충실한 파수꾼이었다. 소 먹일 때나 나무할 때면 늘 나를 따르던 동반자였고 닭장을 습격하는 족제비를 쫓기 위해 밤새 경계를 서던 순라군이기도 했다.

어느 겨울밤, 독구가 갑자기 방문을 긁으며 비명을 질렀다. 어찌나 패악 같은지 뒷산이 흔들리고 초가집이 무너지는 줄 알았다. 아버지가 방문을 열고 복숭아나무 몽둥이를 들고 고함을 지르니 삽짝 앞을 어슬렁대던 늑대가 꽁무니를 빼고 달아나던 모습이 지금도 선하다. 사시나무 떨듯이 공포에 질린 독구는 그날 밤 방에 들어와 내 품에서 잠들었다.

고입 시험이 끝난 1974년 연말 어느 날, 독구를 데리고 바닷가에 가 달리기를 하며 체력을 소진하고 왔다. 시오리 길을 왕복했으니 피곤하고 허기도 져 일찍 잠들었는데 이튿날 아침에 깨어보니 녀석이 보이지 않았다. 한참 뒤 뒤란 대밭에서 발견했을 때는 이미 머리를 처박고 미동조차 하지 않았다. 체온은 있었지만, 입에 거품을 문 모습이 심상치 않아 찬물을 끼얹고 생감자를 돌로 찧어 입에 흘려 보아도 별무효과였다. 전국 쥐잡기 날에 누가 놓아둔 약을 잘못 먹은 것이었다. 예고 없는 이별은 곧바로 닥쳤다. 언제나 영리하고 충직했고 누구에게나 뛰어난 붙임성을 보였던 나의 독구는 3년여의 인연을 끝으로 감나무 아래 묻혔다.

풍경 둘

1982년 겨울, 기적 같은 일이 일어났다. 휴학하고 집에 와 메리와 많은 시간을 보내고 있었는데 그녀는 새벽마다 꿩이나 토끼를 사냥해 부엌에 두는가 하면 식구들 밥상 아래 기다렸다가 잔반 처리를 늘 도맡았다. 해마다 새끼를 낳아 어머니 용돈을 마련해 주기도 한 기특한 암컷 누렁이었다.

기적은 성탄절 이브에 찾아왔다. 어머니와 함께 산에 갔던 임신한 메리가 무려 120시간이나 지나도 돌아오지 않아 가족 모두 쥐약 트라우마 때문에 안절부절못하며 며칠 밤을 뜬눈으로 지새웠다. 무룡산에서 불어오는 매서운 칼바람에 임신한 그녀가 큰 탈이 날까 봐 걱정과 한숨으로 보내던 중, 성탄 이브 날 해거름에 메리가 집에 돌아오니 눈물의 상봉이 따로 없었다. 밥을 먹이고 국을 들이밀던 어머니는 촉을 발동해 홀쭉한 배를 보며 “새끼는 우짜고 혼자 왔냐?”며 물었다. 메리는 꼬리를 흔들며 동행을 요하는 몸짓을 했다.

메리와 대화를 나눈 어머니는 고무 다라이를 들고 뒤를 따랐다. 두어 시간 뒤 어머니는 꼬물이 여섯 마리를 다라이에 담아 이고 메리와 함께 돌아왔다. 만삭인 메리가 급한 김에 산에서 혼자 출산을 하고선 나흘 동안 숲속에서 혼자 돌보다 탈진 상태에 이르러서야 주인을 부르러 왔던 것이다. 주인에 대한 믿음이 확고했던 메리는 눈빛과 몸짓으로 구원을 요청했고 평소에도 무언의 대화를 나누던 어머니는 출산을 직감하고 나무하던 장소를 찾아 나섰다.

가족들은 저마다 메리 한번, 꼬물이들 한 번씩 쳐다보고 만져보고 얼싸안았다. 그날 저녁 튼실한 토종닭 한 마리가 메리네 가족을 위해 희생을 당했다.

풍경 셋

흥진비래! 기적의 여운은 오래 가지 않았다. 메리가 돌아온 지 두 달이 채 가기 전에 큰 슬픔이 닥쳐왔다. 겨울이 다 가기 전에 땔나무를 보충하느라 메리를 데리고 산에 간 것이 화근이었다. 한참 나무를 하다가 양지바른 곳에서 쉴 즈음, 메리가 보이지 않았다. 늘 그랬듯이 토끼라도 잡아 오려나 하고 안심하고 “메리, 메리!”하고 부르기만 했다. 가까운 장소에서 비극의 씨앗이 싹트고 있는 줄도 모른채…. 내 목소리를 들은 메리의 단말마 같은 비명이 온 산을 뒤흔들었다.

빨리 구해 달라는 울부짖음은 마치 나의 폐부 깊숙이 칼날이 들어온 느낌이었다. 메리를 찾아 달려간 현장은 아수라, 그 자체였다. 노루 틀에 치인 메리가 몸부림치며 괴로워하는 모습이 지옥보다 더 참혹했다. 주위는 이미 피비린내가 진동했다. 노루 틀은 상어 이빨 같은 쇠창살을 촘촘히 박아 놓아 지옥의 사자보다 더 악독하고 악착齷齪 같았다. 속수무책에 망연자실도 잠시, 스프링을 벌리고 벌려 메리를 빼냈지만, 왼쪽 앞다리가 잘려 나간 뒤였다. 인간의 잔인함과 폭력성을 목도하고 혼절할 뻔했다. 보듬고 달랬지만 고통에 겨운 메리의 신음은 그칠 줄 몰랐고 집에 와 상처 부위에 고약과 된장을 바르고 천을 몇 겹으로 동여맸다. 다행히 메리는 날마다 가족의 돌봄을 받으며 점차 체력을 회복했지만 특별한 치료도 약도 없이 마냥 지켜만 보고 있자니 우울한 기운이 집안 가득했다. 그래도 메리는 누구도 원망하지 않았고 자주 끙끙대며 몸을 떨었지만 강인한 모성을 발휘했다. 봄이 무르익을 무렵, 상처가 아물고 세 발로 걷기 시작했다. 꼬리를 흔들며 식욕도 되찾아 기뻤지만, 이별은 예고 없이 다가왔다. 셀 수 없이 많은 날을 전전반측輾轉反側하던 어느 날, 어머니가 "보기에 안 좋다."며 팔겠다고 말했다. 어느 집이나 성견은 팔거나 약으로 쓰던 때라 그리 잘못도 아니고 해서 반대나 말리지를 못했다. 메리도 눈치챘는지 단식으로 저항하다가 장날 아침에는 아예 자취를 감춰버렸다. 마을회관 구석에 웅크리고 숨은 녀석을 찾아 어르고 달래며 헤어짐을 통보했더니 눈물을 툭 쏟았다. 온전히 지켜주지 못한 죄

책감에 부둥켜안고 울었더니 잠시 후 저도 운명을 직감했는지 꼬물이들을 차례로 핥으며 천천히 리어카에 올랐다. 메리가 원해서 우리 집에 온 것도 아니고 내가 불러서 가족이 된 것도 아니었지만 우리의 인연은 그렇게 끝이 났다. 서로에게 깊은 상처와 충격만을 남긴 채.

풍경 넷

큰자형의 폐결핵이 도무지 나을 기미가 보이지 않자 어머니는 비장한 결심을 밝혔다. 자형의 치료를 위해 집에서 기르던 쫑을 도살해 보신용으로 쓰겠다고 했다. 형제 중 셋째인 나도 유독 부실해 영양실조로 삐쩍 마른 약골 상태로 집에 얹혀 지내던 시기였다.

1977년 여름 방학을 맞아 자형과 동생들과 함께 펌프를 박던 날, 사달이 났다. 장독대 옆에 관정을 뚫어 마중물을 붓고 첫물을 올리기까지 꼬박 여섯 시간이 걸렸다. 첫 물이 쏟아져 나올 즈음 뒷마당 가마솥에서 보신탕 냄새가 퍼져 나왔다. 우리가 작업할 새 어머니는 쫑을 솥에 삶고 있었다. 불살생과 윤회설을 믿었던 나는 자연스레 어머니를 힐난했다. “집에서 기르던 개를 살생하다니….” 거기다 헛똑똑이 아들은 하지 말아야 할 말까지 퍼부었다. 살생은 지옥에 갈 업보를 쌓는다느니 어쩌니 하는 험구였다. 내 말에 동생들의 표정이 경직됐고 자형은 몹시 못마땅한 눈치였다. 당황한 내가 주변 동태를 살피니 어머니는 그저 태연한 채 혼잣말을 내뱉었다.

“와? 자식을 위해서라면 내가 지옥엔들 못 가랴!” 아직도 ‘자식’과

'지옥'이란 어머니의 그 단어는 내 귀에 쟁쟁하게 남아 있다. 자형은 그 뒤 완치돼 건강을 되찾았고 나도 잔병치레 한번 하지 않았다.

지금 내 곁에 있는 반려견은 순백의 털을 가진 몰티즈 종인 '몽'이다. 태어난 지 두 달부터 동거했는데 이미 10년이 지났으니 사람 나이로 환갑에 접어들었다. 다행히 몽은 건강하고 밝고 활달하지만 질투가 유별나고 언제나 내 무릎을 독차지하는 차도녀이다. 그녀에게 나는 충실한 집사다. 장난감과 사료, 간식을 챙기고 하루 두 번 산책은 의무적이다. 같이 놀아주고 배변과 목욕, 양치와 미용을 도맡아 한다. 그 일을 하는 하루하루가 즐겁고 기쁘기 한량없으니 참으로 다행스럽다고 하겠다.

21세기 초반까지는 지역방송에서 LP를 틀었던 기억이 나는데 가을만 되면 송창식(푸르른 날)이나 산울림, 패티킴의 노래를 하도 많이 듣다 보니 판이 닳아 없어지지 않을까 걱정을 많이 했다. 특히 송창식의 '푸르른 날'은 가을날 엔딩곡으로 최고의 맞춤 곡이었다. 최영미 시인 말처럼 "송창식의 노래로 유명한 시. 아예 노래를 만들라고 지은 시 같다. 4행의 '초록이 지쳐'와 3행의 '저기 저기 저'는 똑같이 5음절. 가을꽃 자리를 가리키려면 '저기 저'로 충분한데, '저기'를 한 번 더 반복해 뒤에 오는 행과 운율이 완벽해졌다." 누구도 흉내 내지 못할 시를 남긴 미당 선생에게 감사를 드린다.

초록이 지쳐 단풍 드는데 이 좋은 가을날, 함께하지 못하는 그리운 사람이 그리우니 마음이야 당장 만나자 하고 싶지만, 그냥 그리워하잔다. 결코, 지칠 것 같지 않던 나의 청춘, '언젠가 가겠지' 하던 나의 젊음도 많이 시들었고 많이 바래졌다. (2022.11)

기록 그리고 역사

10월의 그날, 이태원 참사만 없었더라면 올가을은 내내 좋았을 법했다. 그리 춥지 않았고 좋은 햇살이 많아 단풍을 오래, 많이 보았던 올가을이었다. 집 앞 공원에 수북한 은행잎을 밟으며 몽이와 산책하고 강둑을 걷는 일상이 마냥 행복했다. 아침에 차를 마시며 가끔은 라디오가 옆에 있었으면 하는 생각을 하고 먼 옛날 만나던 친구에게 편지를 쓰고 싶은 마음도 들었다. 가을이라서 그랬겠지만서도.

11월 어느 날, 정말 오랜만에 양산 통도사의 극락엘 갔다. 명정 스님이 없는 극락암極樂庵은 쓸쓸했다. 아는 이 없으니 외롭긴 했지만, 그저 담담한 척했다. 나도 이제 가고 오지 못하는 세월의 힘을 알 나이가 되었다는 건가 보다. 10여 년 전 함께 노닐던 도반들은 모두 극락암을 그냥 '극락'이라 불렀다. 경봉선사의 상좌인 명정스님은 언제나 특유의 수줍은 미소로 중생들을 반겼다. 다시 가 보니 주승은 열반에 든 지 오래고 암자 전체가 공사로 어지러웠다. 일주문 현판도 通度寺 대신 靈鷲叢林으로 교체된 지 오래라고 했다.

세심교를 건너 솔숲에 안기며 통도 8경 중 하나인 극락 영지와 홍교를 지나 주렴과 요사채의 현판들을 감상했다. '無量壽閣'과 '好快大活'이란 한자 글씨는 추사 선생의 작품이고, 청남 오봉제 선생은 '극락암' 현판을 남겼다. '如如門'은 삶과 죽음을 초월한 세계인 고요하고 평온한 세상으로 가는 문이다. 옆에 회산 박기돈이 '獅子吼'라는 한자를 써 놓았다. 方丈이란 글은 경봉스님의 자취로 여전히 그 자리에 있다. 경봉스님이 상주하던 삼소굴三笑窟은 석제 서병오의 글씨다. 명정의 흔적은 삼소굴 동편 바위에 古園이란 자신의 호로 남아 있다. 사람은 가고 없어도 돌은 터럭만큼도 변하지 않았고 글과 그림도 처음 모습 그대로다. 예술은 길고 인생은 짧다는 말이 맞는가 보다. 내 말이 거칠고 성정이 강퍅해진다 싶을 때 절을 찾는다. 현판의 글씨마다 대교약졸大巧若拙을 느끼고 감상하는 마음이 상선약수의 상태이니 이 얼마나 좋은가.

사라져 가는 것에 대한 기록

1985년 지역방송에 입문한 뒤 가장 놀랐던 것은 선배 방송인들의 기록에 대한 무지와 무관심이었다. 방송법에 따라 방송된 테이프를 수개월 보관할 뿐 방송 원고나 자료, 출연자 리스트조차 남기는 법이 없었다. 그때 선배들은 연기처럼 사라지는 방송이라는 말로 하루를 소비하면서 200자 원고지나 A4 크기의 8절지 갱지에 필사하기에 급급했다. 기록과 역사에 관심이 많았던 새내기 PD는 타자기에서 업그레이드 된 신제품 워드프로세서로 원고를 작성해야 필체가 통일되고 아나운서들이 고생하지 않는다고 설파했다. 회사는 정 그렇게 필요하면 네 자비로 사라고 응대했다. 그래도 새내기는 방송 원고를 모아 출판을 하고 원활한 출연자 섭외를 위해 DB화를 꼭 해야 한다고 제안했지만 역시 묵살되었다.

聰明不如鈍筆! 아무리 똑똑해도 몽당연필만 못하니 기록으로 남기는 것이 좋다. 개인의 기록이 모여 역사가 된다는 것을 그때 방송국에선 알아주지 않았다. 방송 틈틈이 울산의 기록물들을 찾아 나섰다. 그러고 보니 지역에도 많은 기록과 일기들이 남아 있었다. 언양의 안동 권씨가 남긴 회근록回巹錄은 흠 없이 결혼 60주년을 맞은 노부부의 리마인드 웨딩을 기념해 남긴 문장이었고 17세기 초반 부자가 이어 쓴 부북일기赴北日記는 함경도에서 군 생활을 하며 일상을 적은 조선 무관의 종군일기였다. 심원권이란 울산 양반은 64년 동안 하루도 빠지지 않고 일기를 썼고 김홍섭이란 울산 농민은 1955년부터 60여 년의 비망록을 일기로 남겼다는 사실을 확인했다.

부북일기는 조선 선조 38년(1605년)에 울산에 살았던 박계숙(朴繼叔, 1569~1646)이 함경도에서 군 생활을 하며 병영 생활을 일기로 적은 것인데, 인조 22년(1644년)에 아들 박취문(朴就文, 1617~1690)이 같은 지역에서 1년간 군 생활을 하며 아버지의 일기에 덧붙여 기록했으니 흔치 않은 '부자의 종군일기'다. 아버지의 일기는 1605년 10월 15일 울산에서 출발해 1년간 함경도 회령부 보을하진에서 군 복무를 하고 1607년 1월 1일 집에 돌아올 때까지 쓴 것이고, 아들의 일기는 1644년 12월 9일 출발해 1646년 4월 4일 돌아올 때까지 써 놓은 것이다.

조선 시대 무관이 남긴 것이라는 점에서 희소가치가 큰 데다 아버지와 아들의 양대에 걸친 일기를 합친 것이란 점이 주목된다. 무엇보다 무관의 현지 성생활을 비롯해 자질구레한 개인사까지도 숨김없이 써 놓은 점이 관심을 끌었다. 17세기 변방 지역의 군사 업무와 군관들의 생활상을 살피는 데 도움을 주는 자료였다. 울산에서 함경도 회령에 이르는 노정이 하루도 빠짐없이 기록되어 있었으니 얼마나 가치 있고 귀한 자료인가.

당시 무관들의 활쏘기 기록도 믿기 힘들 정도로 대단했다. 아버지 박계숙은 활쏘기 대회에 여러 번 우승했는데 보통 50발 중 48발을 명중했고 원정 대회에선 50발을 모두 명중시켰다. 그는 최종병기 활의 최고 명인이었다.

아들 박취문도 활쏘기 대회에서 여러 번 우승했고, 청나라 사신 앞에서 군관 허정도와 '활쏘기 배틀'을 했다. 그런데 박취문이 쏘는 대로 전부 명중해 버리니 판이 우습게 돼 버렸다. 그래서 과녁에 점을 찍고 그 점을 맞히면 이기는 게임으로 바꿨다. 바뀐 룰에 따라 활을 쏘니 박취문은 46발, 허정도는 44발을 점에 명중시켰다. 군관들과의 시합에서도 50발씩 연거푸 세 번을 명중시켰으니 말 그대로 정곡正鵠을 맞춘 셈이었다. 활쏘기에서 42중을 했다는 이순신 장군을 능가하는 실력이 아닌가. 활 낚시 bow fishing으로 연어를 잡아먹었다는 기록도 있는데 이 정도면 신궁이 따로 없는 것이다. 이밖에 북쪽 끝 변방에서의 군 복무와 각종 세금, 부역 특혜와 급료, 1년에 4차례 행해졌던 상급부대의 순찰은 전 부대원들을 긴장시켰다고 한 기록과 부방길赴防에 동침한 여러 여인의 인적 사항과 이름, 로맨스와 개인 경험들, 여러 사람과 주고받은 선물과 부대에서의 조총 제조 실태 등 당시 하급 군관들의 생활 등 기록된 내용이 모두 풍성하고 신기하기만 했다. 드라마나 영화로 만들어도 재밌을 것 같은데 아직 소식이 없다.

〈심원권 일기〉도 울산 사람이 21살 때인 1870년 11월에 시작해 83세가 된 1933년 12월10일까지 무려 64년 동안 부모상을 당한 3일을 제외하고 매일 쓴 일기다. 시장에 나가 쌀값을 비롯한 물가를 확인해 빠짐없이 기록으로 남겼고 날씨와 바람과 구름, 문중 행사나 계모임, 관혼상제와 친지 얘기들이 많았다. 날씨 기록은 그냥 '맑음'이 아니고 '맑고 차갑다'라거나 '맑고 따뜻하다'라고 표현했고 '새벽에 가랑비' '흐렸다. 맑음'과 같이 자세히 묘사했다. 몰락한 양반이라지만 대단한 기록 정신이라 하겠다.

지역방송의 관심이 절실한 다문화

울산의 다문화 가정 학생 수는 3천500명으로 최근 4년 만에 40%나 증가했다고 한다. 거주 외국인도 지난 1997년 3천418명에서 5배나 증가해 1만 7천69명이나 된다. 이들의 출신국은 76개 나라다. 울산에 온 이유도 매우 다양해 혼인·취업·무역·교육 등의 목적으로 왔고 귀화인들도 있다.

울산은 〈삼국유사〉의 처용 기록을 비롯해 외래인이나 다문화를 포용하고 개방적으로 받아들인 흔적이 많이 남아있다. 조선 시대에도 여러 이방인이 울산에 살았다. 울산부 호적대장은 1609년(광해군 1년)부터 1891년(고종 28년)까지 작성된 것인데 일반 백성과 구분되는 '향화인向化人'이라는 귀화인 기록이 있다. 대개 남녀 모두 본관을 黑龍江·大元·大原·大元越江 등으로 기록해 놓았는데 전문가들은 '야인野人'이라 한 여진족女眞族으로 추정한다.

해녀들도 울산의 이방인이자 외래인이었다. 제주 출신 해녀들의 울산 정착 기록인데 15세기 후반 성종실록에 두모악이 경상도·전라도 해안에 거주하면서 사회문제가 되고 있다고 기록하고 있다. 17세기 초부터 18세기 초까지 제주 출신 두모악이 집단거주지를 형성했다는 사실을 알 수 있다. 울산 최초의 읍지 학성지(1749년)에도 두모악이 지금의 반구동 내황(성황당리)에 살았다고 적어 놓았다.

두모악이 울산에 정착해 살게 된 배경은 이들이 전복을 채취하는 '포작인鮑作人'이 상당수였기 때문이다. 울산 관아에서도 전복 진상이 큰 부담이었기에, 두모악은 울산도 필요한 사람들이었다.

최근 방송은 다문화 가정을 여러 측면에서 다루고 있다. 결혼 이주 여성, 외국인 노동자, 유학생 등 다문화인을 주인공으로 한 프로그램들이다. 더하여 지역방송도 다문화인들을 긍정적이고 따뜻한 시선으로 다루는 프로그램을 만들었으면 좋겠다. 특히 울산은 다문화 근로자들이 많아 이들에 대한 부정적인 인식을 해소하는 방송의 역할이 필요하다. 서울 일변도의 중앙 집중 문화와 단일 문화에 익숙한 지역방송이 지역성과 다문화를 강조하는 프로그램을 만들어야 하는 이유는 더욱 절실하다. 아프가니스탄 이주민들의 학생들이 울산에 대거 이주해 왔고 처용의 고장이 처용의 후예들을 포용하고 융합해 줘야 한다. 아이들은 이미 서로 친해졌는데 지역방송은 그들을 위한 편성 자체에 무감각하다.

라디오 라디오

텔레비전은커녕 전축도 전기도 없던 그 옛날 고향에선 음악이나 연속극을 라디오를 통해서만 접했다. 〈바다가 육지라면〉이란 노래를 들으며 조미미의 모습을 상상했고 〈동백 아가씨〉가 나오면 저마다 이미자의 목울대는 영구 보존되어야 한다는 말을 누구나 한마디씩 보태던 시절이다. 〈섬마을 선생님〉이나 〈사랑은 눈물의 씨앗〉이란 말을 그때 라디오에서 처음 들었다. “보고는 몰라요. 들어서도 몰라요. 맛을 보고 맛을 아는 샘표간장”이란 광고도 따라 부르다 결국

다 외우고 "야야야 야야야 차차차! 향기가 코끝에 풍기면 혀끝이 짜르르" 하다는 뚜께비 소주 광고도 참 한없이 불러댔다.

전기도 없는 산골에 살던 소년이 성경책이나 오카리나, 하모니카를 손에 쥔 것도 라디오 퀴즈 상품 덕분이었다. 동네 이장댁 감나무 꼭대기에는 늘 대형 스피커가 달려 있었는데 늘 〈새마을 노래〉가 나오거나 누구 댁 전화 받으라는 목소리가 나왔다. 사분이라고 하던 빨랫비누만 한 '나지오'가 우리 집에 처음 생긴 것은 내가 초등학교를 졸업할 무렵이었다. 서울로 간 큰형님이 추석 선물로 사 온 트랜지스터 라디오였다. 동네에 몇 대 없는 신기한 물건이었다. 사이클을 이리저리 돌리다 일본방송의 야구 중계를 듣거나 밤늦게 북한 방송을 불법 청취할 때도 있었다. 밤 10시 시보와 함께 흘러나오던 공익광고는 지금도 기억한다. "밤이 깊었습니다. 청소년 여러분 이제 집으로 돌아갈 시간입니다."

〈법창 야화〉를 들으며 인과응보와 법의 심판을 인식하기도 했다. 〈왕비열전〉과 〈태권 동자 마루치〉, 〈별이 빛나는 밤에〉를 들으며 임국희와 김세원의 목소리에 빠져들었다. 보리밟기나 모심을 때는 물론 소 먹이러 산에 갈 때나 겨울 나뭇짐을 질 때도 라디오와 함께였고 소죽을 끓이거나 둘레 판에 앉아 숙제할 때도 지직거리는 라디오가 옆에 있었다. 그때의 콜사인은 아직도 잊지 못한다. "중파 846KHz 여러분의 울산문화방송입니다"

1985년 처음 가진 직업이 라디오 PD였고 릴 테이프와 소니 녹음기, 가위 편집과 턴테이블, 엘피판을 처음 접했다. 클래식을 듣는답시고 FM을 틀어 비발디의 〈사계〉 중 봄이나 가을을 주로 들었다. 첼로의 연주로 지금 들으면 얼마나 잘 어울리겠나 마는 이제 내 주위 어디에도 라디오는 사라졌다. 그러고 보니 AM 라디오는 내 인생의 중요한 전환점마다 함께한 소중한 매체였지만 지금은 나도 동료들도 모두 떠났다. 다행인 것은 젊은 날 머물렀던 그 자리가 아직도 인구에 회자되고 있으니 울산의 시내버스 정류장 명으로 남아 있다는 사실이다. '구 방송국'은 울산에서 꽤 유명한 정류장이다. 울산 최초의 방송국이 있던 자리를 아직도 정류장 이름으로 쓴다는 것도 의미있다. 웬만한 시민은 누구나 그때 그 자리를 '구 방송국'이라고 지금도 부르고 있다.

1968년 4월 10일 울산광역시 중구 옥교동 96-18번지(시계탑거리 23), 청자다방에서 울산민간방송이 AM 라디오 방송을 시작했다. 1971년 1월 25일에 울산광역시 남구 신정동 1265-5번지에 새 사옥으로 이전했는데 버스 정류장 이름으로 사용하고 있는 그 자리다. 지역 최초의 방송국 자리를 사람들이 역사적인 장소로 인식한다는 의미이다.

그 이름도 언젠가는 지워지겠지만 그 전에 2022년 11월 8일 0시를 기해 울산에서도 AM 라디오 송출이 영구히 종말을 고했다. 급변하는 미디어 환경 때문이다. 유튜브를 통해 어지간한 방송과 공중파 TV, 종편, 주문형 비디오 등을 마음껏 볼 수 있는 시대에 라디오는 갈수록 입지가 좁아졌고 FM에 비해 품질이 떨어지고 유지 보수하는 비용만 많이 들어가는 AM은 광고도 없어지니 퇴장이 자연스럽다.

시대가 달라졌다. 낮은 음질과 잡음, 혼선에 취약한 중파 라디오가 없다고 무슨 불편을 느끼겠는가. 하지만 오랜 세월 함께해 온 무언가가 사라지니 무척 아쉽다. VIDEO STAR KILL THE RADIO STAR! MOBILE KILL THE TV USER! 세월 앞에 장사 없고 뉴미디어 앞에 올드 미디어가 설 자리는 없다. 변화에 적응하고 새 환경에 맞춰 살 수밖에….

12월은 침묵하는 달, 무소유의 달

올해의 지역방송 에세이를 마칠 때다. 둔필을 연재해 준 《수필과 비평》에 감사드린다. 인생 도처에 유상수有上手라 – 세상 어디를 가든 고수가 있는데 지역방송을 돌아보고 현재를 살피려던 의도 자체가 언감생심이 아니었는지 반성한다. 그래도 자위하자면 천학비재淺學菲才로 1년을 끌어온 용기 하나는 가상했다. 이제 침묵하고 무소유를 실천해야 할 시간이다.

인디언 다코타족의 인사말을 전하며 독자들에게 문안한다.

'미타쿠예 오야신 Mitacuye Oyasin!'–우리는 모두 서로 연결되어 있다. 그것을 인연이라 말해도 그르지 않을 터. (2022.12)

2부

지역방송, 아직도 네가 필요해

간절욱조조반도艮絶旭肇朝半島

간절곶은 이 땅에서 새해 첫 일출의 은총을 받는 곳이다. 2023년 1월 1일 울산 간절곶의 일출 시각은 7시 32분으로 한반도 최초의 햇빛을 맞았다. 경북 영일만 호미곶은 이보다 2분 뒤였고 강원도 정동진은 6분 늦게 해가 떴다.

올해도 새해 첫 일출을 보기 위해 전국에서 사람들이 울산 간절곶으로 몰려들었다. 간절곶은 밀레니엄을 앞둔 1999년 12월 31일 새천년 일출 맞이 행사를 준비하면서 찾아낸 명소다. 한국일보 김성우 고문이 칼럼에서 힌트를 얻었고 울산광역시 울주군이 이를 재빠르게 낚아채 급하게 행사를 치렀다. 그 후 울산MBC가 주관을 맡으면서 '艮絶旭肇朝半島'라는 카피를 내세웠다. '간절곶에 해가 떠야 비로소 한반도의 아침이 시작된다.'라는 말이다. 1902년 울산의 한 시인이 읍지에 기록한 것을 찾아 낸 시구절이다. 2000년 1월 1일 울산 울주군 서생면의 대송리(간절갑등대) 일대의 일출 시각은 7시 31분이었다. 이것은 울릉도의 일출 시각과 똑같았다. 우리나라 내륙에서 가장 먼저 해가 뜨는 곳은 울산이었다.

1999년 하반기 6개월은 새로운 밀레니엄을 맞기 위해 온 세계가 떠들썩한 가운데, 우리는 한가한 편이었다. 새해 첫 일출의 땅도 마지막 일몰의 땅도 어디인지 의식조차 하지 못했다. 해가 어디에서 언제 지고 어디에서 언제 뜨는지 지역 언론은 무관심했고 그저 해는 서쪽으로만 지고 동쪽에서만 뜨는 줄 알고 있었다.

간절곶에는 1920년 3월 26일 처음 불빛을 밝힌 이래 100여 년을 한결같이 울산항 뱃길을 인도해 오고 있는 간절곶 등대를 비롯해 기네스북에 등재된 높이 5m 무게 7t의 '소망 우체통'과 1970년대 김상희가 부른 〈울산 큰애기〉 노래비가 있다. 포르투갈의 카보다호카 돌탑도 있다. 카보다호카는 유라시아 대륙의 끝이다. 대륙에서 마지막 해가 넘어가는 곳이니 간절곶과 절묘한 대칭을 이룬다. 포르투갈 리스본주 신트라 시에 있는 곶串이다. 유럽 대륙 가장 서쪽 끝 지점 연안에 있어 마지막 해넘이를 상징하는 곳이다. "여기… 대륙은 끝나고 바다가 시작되도다."라는 포르투갈 국민 시인 루이스 드 카몽이스의 서사시가 돌탑에 새겨져 있다.

간절곶의 '간절'은 먼바다를 항해하는 어부들이 멀리서 이곳을 바라보면 꼭 간짓대처럼 보인다고 해서 붙여진 이름이지만 지금 사람들은 각자의 처지에서 가장 '간절함'을 담아 새해 소원을 빌고 있다.

아직은 섣달인 '어머니의 달력'

어머니의 달력은 아직 섣달에 머물러 있다. 새해가 밝은지, 며칠 지났지만, 평생 음력으로 절기를 쇠고 제사나 명절을 기억하던 어머니는 이달 22일이 되면 비로소 새해를 맞는다고 하실 게다. 나도 그랬고 고향 친구들도 모두 그랬다. 고향에서의 섣달은 음력으로 한 해의 맨 마지막 달이었고 겨울 중에서 가장 춥고 긴 달이었다. 기억해 보니 어머니의 생신은 섣달그믐날이어서 해마다 생일 챙기기가 그리 쉽지 않았다. 요양원에서 계실 때 두어 번 생일 축하 외출을 한 기억뿐이니 무심한 아들이었음에 씻지 못할 불효를 고백한다.

음력 기준이라면 이번 달은 해오름달이다. 어릴 적 양력 새해 첫날은 양력설, 또는 신정이라 하며 그냥 그렇게 보냈다. 신정은 일제강점기 때 조선총독부가 본래 설날이었던 음력 설을 깎아내리기 위해 '구정'으로 부르고 새해 첫날을 '신정'으로 했다는데 30대까지 아무 생각 없이 답습해 왔다.

1986년, 라디오 특집을 기획했다. 신정 구정 구별 말고 우리 설을 되찾아야 한다는 기획 의도로 '100명의 시민에게 물었습니다.'라는 제목을 내걸었다. 지금은 여론조사를 할 수 있겠지만 그때는 그냥 길거리에서 계층별 나이별 직업별 사람들을 만나 백 명을 추려 내 의도에 맞는 내용만 방송했다. 요지는 '구정'이라는 단어는 음력 설을 낡은 것으로 취급해 겨우 '민속의 날'이라고 부르니 그럴 바엔 '설날'이라고 떳떳하고 당당하게 부르며 고개 들고 명절을 쇠어보자는 주장이었다.

어쨌든 이중 과세니 세계 기준이니 하면서 없앴던 '설날'이 1989년 전통문화 복원 차원에서 3일 연휴로 부활하기는 했다. 1895년 을미개혁 때 도입된 양력 이후 94년 만에 이름과 실질이 같은 명실상부 설이 되었고 어머니의 달력도 완전히 복권되었다.

방송의 호들갑

우리 방송은 새해만 되면 음력 예찬론자가 된다. 첫날부터 전국의 방송은 무슨 띠의 해인지 간지는 무슨 연도인지, 사주가 어떻고 24절기나 설날 등 명절이 어떻다며 호들갑을 떤다. 시도 때도 없고 앞뒤도 아귀도 하나 안 맞는다. 예전의 신정 구정 개념이 아직도 남아 있어 그런지 모르지만, 따라간 지, 명절은 양력 기준이 아니다. 음력인 줄 모르고 착각하고 있나 싶지만, 방송인들이 그리 헛똑똑이는 아닐 텐데 하여튼 수수께끼다. 대한민국의 달력과 표준 시간을 주관하는 국가기관인 한국천문연구원이 홈페이지의 월별 음양력을 보면 음력 1월 1일이 새로운 간지의 시작이라고 분명히 밝히고 있다. 1444년 음력 1월 1일을 새 간지의 시작으로 정한 칠정산 이후 공식적으로 한 번도 바뀐 바 없다고 한다.

"계묘년을 축하한다."라는 신년 인사도 어색하다. 그냥 2023년 새해를 축하한다면 될 것을 음력 기준인 계묘년은 왜 들먹이는지 모르겠다. 대부분 신년사에 계묘년 토끼의 해를 축하하고 각종 포털사이트도 토끼 그림으로 장식이 되어있다. 대부분 언론도 양력 1월 1일 새해 첫날을 계묘년 첫날이라 보도했다. 모든 생활이 양력 기준으로 이뤄지는 만큼 양력 기준으로 간지와 띠가 바뀐다는 인식이 보편화하여 그렇다지만 개운치는 않다. 음력을 안 쓰면 음력 기준의 띠나 간지도 쓸 필요가 없다. 정히 계묘년 토끼띠라고 말하고 싶으면 음력 기준의 설날까지 기다리면 된다. 그때 가서 60갑자와 10간 십이지를 떠들어도 늦지 않은데 말이다.

다시 읽는 〈동명일기〉

새해가 되면 늘 궁금한 것이 있다. '알고 나도 별 쓸모없는 실데없는 일'이지만 새해 첫날 해돋이를 보며 소원을 비는 풍속은 언제 어디서부터 시작되었는지, 우리나라 문헌 어디에 기록이 남아 있는지 참으로 궁금했다. 우리 고유의 풍속이 아니라면 정말 일본의 전통을 흉내 내고 있는건 아닌지 아직도 아리송하다.

어떤 이는 해돋이 소원 빌기는 일제강점기의 산물이거나 오래된 일본 풍속을 따라 한 것이라고 주장한다. 메이지 연간에 신도神道가 국가 종교로 자리 잡으면서 성행하였다는 건데 제국주의의 욱일기나 일장기에는 유독 태양이 선명하게 보이긴 한다. 물론 일부러 정치적 함의를 갖다 붙일 필요는 없지만 알 건 알아야 직성이 풀리니 이

것도 병인가 보다. 외딴 바닷가 마을이 해돋이 명소로 자리 잡는 것도 나쁘지 않고, 새해 첫날 아침 일찍 해돋이를 보며 새해의 다짐을 하는 것은 좋은 일이긴 하다.

그럴 때 떠오른 것이 교과서에 실렸던 〈동명일기〉다. 《의유당관북유람일기意幽堂關北遊覽日記》에 수록된 수필이다. 일출에 관한 수필로는 가장 기억에 남는 탁월한 작품이라 여긴다.

행여 일출을 못 볼까 노심초사하여, 새도록 자지 못하고, 가끔 영재를 불러 사공沙工 다려 물으라 하니, "내일은 일출을 쾌히 보시리라 한다." …. 나 또한 그런 경험이 허다하니 이 구절에 특히 공명이 컸다.

"이윽고 날이 밝으며 붉은 기운이 동편 길게 뻗쳤으니, 진홍대단眞紅大緞 여러 필을 물 우희 펼친 듯, 만경창패 일시에 붉어 하늘에 자옥하고, 노하는 물결 소래 더욱 장하며, 홍전紅氈 같은 물빛이 황홀하여 수색水色이 조요照耀하니, 차마 끔찍하더라." 동이 트는 장관을 이처럼 생생하게 묘사할 수 있다니 놀랍기만 하다.

해돋이를 직접 본 사람이라면 안다. 바다에서 해가 솟아오를 때의 광경이 얼마나 장관이며 동트기 직전이 가장 붉다는 것을. 해맑은 햇님이 수평선에 튀어 오를 때면 주변의 붉은 빛은 더욱 붉어지고 함께 한 사람의 낯이며 옷이 다 붉어진다. 회오리밤만 한 것이 별안간 쟁반으로 바뀌고 수레바퀴로 변하는 모습은 안 본 사람은 상상조차 어려운 신묘한 조화라고 한다. 과문한 탓인지 아직까지 해돋이를 보고 이렇게 묘사한 수필을 본 적이 없다. 등장인물들에 대한 심리묘사는 개성이 넘치고 심미적 관찰력이 드러나는 문장은 탁월하고 문체도 유려하고 세련되었다는 평가가 그른게 아니다. 새해가 되면 늘 생각나는 명수필이다.

지역방송은 왜 필요할까?

지금도 지역방송은 필요할까? 미래에도 지역방송은 존재할까? 지역방송의 정체성에 대한 논의가 나올 때마다 홀로 삭이는 화두이다. 지역문화 창달과 발전, 계승이나 지역 여론 형성을 위한 공적 기능을 강조하지만, 공영방송 관련 법 논란 중에도 '지역방송'이란 개념이나 확실한 법적 지위, 개념은 외면당하고 있다. 지역 공영방송의 이사나 경영진, 대표를 지역민이 선임하던지 지역 구성원의 의사가 반영되는지도 무관심 상태이다. 그 많은 법 중에 지역방송법은 왜 따로 만들 수 없는지도 의문이다.

언젠가부터 있는지 없는지조차 모를 정도로 잊혀 가고 있는 지역방송. 그들은 지금까지 지역성을 제대로 구현했는지, 늘 재원 부족 타령만 해 온 것이 아닌지 반성해야 할 과제다. 겉으로는 지역성이니 지역문화를 외치면서도 실제로는 서울 본사를 통해 이윤을 추구하진 않았는지 지역방송 자성이 필요하다.

지역방송은 여전히 약자임은 틀림없다. 하지만 지역 내에서는 아직 강자 행세를 하고 있다. 방송법에 지역방송은 어떠해야 한다는 분명한 기준이 없어도 아무도 이의를 제기하지 않고 서울 총독(?)이 내려와도 환영 일색에 식민지인으로 살아가는 것을 더 즐겨 왔다. 지역이 소외되고 지역문화를 무시하는 지역방송이라면 과연 존재 이유는 무얼까. 시청자 권익과 소비자 권익을 위해 어떤 복무를 했는지 지역민들이 지금도 지역방송을 진심으로 보고 싶어 하는지 물어나 보자.

답은 늘 정해져 있었다. 지역방송의 핵심은 '지역 밀착 콘텐츠'여야 한다고. 지역에 대한 밀착과 심층 취재, 지역민들의 삶의 이야기 등 지역 주민이 '내 방송 우리 방송'이라고 여길 수 있는 프로그램이 필요하다고. 있어도 그만 없어도 그만인 지역방송. 자리에 연연하여 정년까지 버티다가 나가는 인적 구조, 경영과 투자의 문제도 심각히 고민해야 한다.

시사나 토론 프로그램이 지역방송에선 자취를 감췄고 지역 아젠다를 외면하고 늘 서울 포맷이나 흉내 내다가 트렌드에 뒤처지는 지역방송. 전통음식이나 고향의 맛을 지역방송 콘텐츠의 금과옥조로 여기는 것도 수정해야 한다. 전국은 이제 반나절 문화권이다. 지역의 특산물, 향토 음식을 꼭 현지에 가서 먹어야 한다는 강박은 착각이다. 고향 음식이 최고라는 논설도 헛된 담론이 되고 있지 않은가.

지역 프로그램의 MC나 사회자를 보자. 이미 한물간 전성기가 지나 서울에선 소비되지 않는 올드 보이들, 그런 연예인과 리포터들이 대표 프로그램을 장악하고 있다. 벌써 수십 년 전의 웃음 코드나 과장된 리액션이 지역민들에게 먹혀들까? 과장된 지역 사투리는 또 어떤가. 사투리는 자연스럽게 사용되고 저절로 나와야 제맛이다. 교양 없는 촌스러운 사람들의 언어처럼 소비되는 것은 분명 지역성을 왜곡하고 그 틀로 정형화하는 행태이다. 지역에 가면 아직도 그런 프로그램들이 지역방송사의 얼굴 역할을 해대니 참으로 한숨이 나온다.

기자와 취재원

2017년부터 2년여 동안 내 출입처는 국회 소통관과 청와대 춘추관이었다. 처음 들어간 청와대는 구중궁궐이라고 할 만큼 넓고도 깊었다. 그때 춘추관에 머물며 지낸 시간은 실상 반쪽 기자, 무늬만 청와대 출입 기자로 보낸 것 같다. '중앙'과 '메이저'의 시선과 차별, 지방언론과 마이너의 설움이 한번도 변하지 않았던 기간이었다. 지금의 대통령실도 그렇다는 소문이 있는데 대통령실 출입기자라고 다 같은 기자가 아니다. 기자가 기자를 차별하고 무시할 뿐 아니라 언론사가 언론사를 선 밖으로 밀어내고 있다. 운동장은 이미 기울었고 기득권과 카르텔이 엄청나게 작용하는 곳이 대통령실 출입처이다. 출입 기자들의 단체 카톡방에 등록된 250명의 기자 중에 풀-기자단이 200여 명이고 비-풀이라는 선 밖의 아웃 사이더가 50여 명 있다. 풀-기자만이 진정한 대통령실 출입 기자로 편의를 제공받고 취재한다고 보면 된다. 춘추관 시절에도 그랬다. 그러니 대통령 전용기를 타느냐 마느냐 하는 논쟁도 중요하지만, 대통령실 출입기자단 자체의 민주화와 언론 자유부터 확보하기를 진심으로 바란다.

개인적인 생각이자 경험이지만 대통령실과 MBC의 갈등이 시작됐을 때 출입기자단의 대응은 실망스러웠고 소극적이었다. 대통령실은 MBC가 왜곡 · 편파 보도를 반복해 온 데 대한 징벌이라며 대통령 전용기 탑승명단에서 제외했다. '언론자유에 대한 도전'이라는 항의에도 현재까지 둘의 접점은 보이지 않는다. 도어 스테핑도 중단 상태다. 대통령실이 별도의 인터넷 창구를 마련하는 중이라고 들었다. 대통령실과 MBC의 불화를 보는 전직 기자의 마음은 불편하고 꺼림칙했다. 기자는 누구인가? 취재원은 어떤 이들이며 둘의 관계는 어떠해야 하는가를 배움과 쌓아 온 경험을 바탕으로 되짚어 봤다.

기자는 사회의 흐름과 맥락을 짚어내고 좋은 기삿거리를 찾아내야 한다. 양질의 다양한 취재원을 확보하는 것도 기자의 경쟁력 중 하나다. 모든 분야에 대해 조금은 알면서도 어떤 분야는 전문가 수준이 되어야 한다. 지역 기자는 지방자치나 분권에 대한 전문가가 되어야 하고, 적어도 지역의 역사는 전문가 못지않게 공부해 둬야 한다.

기자는 아무나 만날 수 있고 무엇이든 물어볼 특권이 있다. 대통령도 예외가 아니다. 그러나 누구에게도 원하지 않은 답을 강요할 권한은 없다. 취재원이 답을 말하지 않을 수 없게 하는 것이 기자의 능력이다. 감정을 담아 취재원을 대하거나 예의와 겸손을 잃은 질문은 해서 안 되고 취재원을 강제할 권한은 어디에도 없다는 말이다.

그래서 기자와 취재원은 불가근불가원不可近不可遠을 유지하라고 하지 않는가. 너무 멀리도 너무 가까운 관계여서도 안 된다는 건데 특히 공인이거나 유명 인사인 취재원과 기자가 너무 밀착하면 기자는 홍보 맨으로 변해 더는 언론인이 아니게 된다. 반대로 너무 먼 관계로 서먹서먹하거나 아예 접촉이 없거나 뜸할 정도면 취재원 관리를 제대로 하지 않는 것이다. 제대로 된 관계가 성립하지 않는 것은 뻔한 일이다. 기자와 취재원, 참 어려운 관계이자 유지하기 쉽지 않다. 하지만 좋은 기자는 위의 룰을 대체로 잘 지킨다.

달력을 사용한 지 2022번째 해가 사라지고 새해를 맞았다. 시간은 예나 지금이나 흔적이 없고 매듭 하나 남기지 않고 흐르건만 우리는 인위적으로 마디를 남기고 매듭을 지으려 한다. 그래봤자 한 번도 자의로 시간을 어찌하지 못했는데, 숫자만 바꿔가며 일월연을 만들고 세월을 재는 단위로 사용하고 있다. 아마도 수목의 나이테 年輪이나 대나무의 마디竹節를 보고 흉내를 내는 것이 아닌가 싶다. 나도 그렇다. 60갑자를 세며 띠를 짚듯이 60년 전과 120년 전을 되돌려 보는 습관이 있다.

1963년 제3공화국이 수립되며 박정희 전 대통령이 제5대 대통령 선거에 당선되고 취임했다. 미국에선 케네디 대통령이 암살당한 해이다. 우리나라 최초의 삼양라면이 출시됐고 모나미 153 볼펜이 생산을 시작했다. 그 해에 비틀스는 첫 데뷔 앨범을 발매했고 일본의 애니메이션 아톰이 TV에 처음으로 방송됐다. 1903년엔 라이트 형제가 최초의 동력 비행을 했고 미국 프로야구의 첫 월드시리즈가 보스턴에서 개막됐으니 120년 전의 일이다. 올해는 2023년. 12월이 지나 해가 바뀌면 그때 또 우리는 2023개의 나이테를 새겼다고 자랑하고 있을까. (2023.1)

기억해야 할 2월 3일

어린 시절 세상은 더디고 천천히 굴러갔지만, 지금보다는 훨씬 여유가 있었다. 손으로 쓰고 꾸민 엽서를 방송국에 보내려고 우체국을 드나들었고 음악을 들어도 나름의 과정과 의식(?)을 거쳤다. 두 손으로 LP를 집어 호호 입김을 불어 먼지를 닦은 뒤 턴테이블에 올리고 조심스레 바늘을 얹고 나서야 음악을 들었다. 때론 귀찮은 절차였지만 진정으로 음악을 듣기 위해 거쳐야 할 당연한 의식으로 알았다. 그때는 찌지직하는 잡음도 음악의 일부로 여겼다.

나는 아직도 '처음'에 대한 설렘과 새로운 것에 대한 호기심이 많은 편이지만 오래되고 낡은 것에 대한 애착 또한 그에 못지않다. 때때로 세상의 빠른 속도에 불만을 터뜨리거나 멀미를 느끼고 지금보다 훨씬 느렸던 세월을 그리워하기도 한다. 명절이나 세시 풍습은 여전히 음력을 기준으로 기억한다. 명절이 되면 고향에서 함께 했던 '어머니와의 시간'을 복기하고 마음이 설렌다. 다시 돌아가고 싶은 마음에 그 시절이 아삼아삼하기만 하다. 올해의 설날은 1월 22일이었고 정월 대보름은 지난 2월 5일이었다.

타인에 대한 연민

어릴 때 기억으로는 동지섣달만 되면 '외지인'들이 동네에 자주 드나들었다. 어떤 이는 낯이 익었고 또 다른 이들의 말씨는 낯설었다. 각설이나 상이군인, 다부장수(도붓장수)들은 해가 지기 전에 대부분 동네를 떠났는데 충청도나 전라도에서 온 방물장수 아지매 몇 분은 너댓새까지 우리 집에서 함께 지냈다. 인삼이나 동동 구리무, 참빗과 사분을 다 팔고 나서야 떠났다. 그들은 아침에 나가면 지역을 돌아다니며 물건을 팔다 해가 지면 집에 와 어머니가 차려 준 밥상을 받았다. 저녁엔 이웃 사람들을 불러 모아 우리와 다른 방언을 쓰며 먼 도시 이야기와 세상의 풍문을 전했다. 풍부한 유머에 말솜씨까지 유창해 얼마나 인기가 많았던지 변사가 따로 없었다. 남진과 나훈아를 제 이웃인 양 자랑하고 최무룡이나 허장강, 이미자나 김지미에 대한 썰을 풀 때마다 이웃 아지매들은 눈이 커지면서 자지러지고 배꼽을 잡고 뒹굴었다. TV나 라디오가 무엇이며 전기가 어떤 건지도 모르던 산촌의 초가집에서 희한한 세상의 소문을 들었으니 그 사나흘이 얼마나 재미났을까. 주고받는 인심도 후해 내년을 기약하며 돌아갈 때는 남은 물품과 몇몇 신상품을 선물해 어머니를 미소 짓게 했다. 나는 가끔 낯선 이들과의 동거가 불편해 "왜?"라며 짜증을 내곤했는데 그럴 때마다 어머니는 읊조리듯 낮은 목소리로 달랬다.

"잘 데 없는 사람들 불쌍타 아이가~."

"배고픈 사람들 먼저 멕이고 우리는 좀 덜 먹으면 안 되나!"

동정과 연민이 몸에 배어있던 어머니가 그나마 기대고 위로를 받는 대상이 필요했으니 무장 무장 커가는 자식들과 샤머니즘과 애니미즘 또는 정령신앙精靈信仰에 기대어 믿는 것이었다. 어머니는 평생 해와 달, 별은 물론 큰 나무나 바위, 바다 등 자연물에 신격을 부여해 경외하던 '나약한 여인'이었다.

어머니가 가장 약한 모습을 보일 때는 설에서 한 달쯤의 기간이었던 것 같다. 특히 정월 보름날은 설날 못잖게 분주했는데 새벽에 일어나 '용알뜨기'를 하고 오후에 지신을 밟는다고 걸립패들이 들이닥칠 때까지 쉴 틈이 없었다. 길어 온 우물을 드무에 들이붓고 부뚜막에 촛불을 켜고 비손으로 조왕신을 달랜 어머니는 해가 마당을 비출 때쯤 '소 밥상'과 '까마귀밥'을 챙기고 삽짝에 나가 고시래를 외치며 '물밥'을 헌식했다. 어머니가 '사금갑射琴匣'설화를 알았는지 몰라도 소를 식구로 대접하고 까마귀도 먹이고 아귀나 객귀, 무주 고혼들이 배곯지 말아야 한다는 믿음만은 확고했던 것 같다. 의식을 끝내고 안방에 둘레판을 펴면 오곡밥과 나물 반찬, 부럼을 가득 차렸다. 해마다 정월 대보름이면 떠오르는 아침 풍경이 아직도 어슴프레 떠오른다.

'총독체제'인 지역 공영방송

연초부터 지역방송사들의 '약자 괴롭힘' 사례를 뉴스로 접하니 갑갑하다. 울산과 포항의 지역방송사들이 기상 캐스터와 교통 리포터를 일방적으로 해고하고도 노동위의 결정이나 법원의 판단을 수용하길 거부한단다. 해고자들의 눈물을 외면한 채 경영 안정을 꾀하기 위한 목표 때문이라고 했다. 약자를 나몰라라 하고 연민이라곤 없는 냉혈한들이 지역방송을 경영하고 있는가. 노동위의 복직 명령도 거부하는 지역방송사, 참으로 비겁하고 최소한의 연민은커녕 수오지심羞惡之心도 없어 보인다.

그들은 왜 약자의 고통을 외면하고 타인에게 그렇게 무감각해졌는가. 약자나 타인에 대한 연민이 없어서이다. 연민의 시선, 연민의 마음으로 타인을 바라볼 때 함께 사는 관계가 되고 서로 공감을 주고받을 수 있다.

우리나라 지역방송은 늘 이중적 차별을 받아왔다. '중앙'에서 홀대받고 자기 지역에서도 외면당한다. 예나 지금이나 변방의 소리, 촌스러운 존재로 취급받는 신세는 변하지 않았다. 여기에다 미디어 환경은 급변하고 광고나 수익은 갈수록 줄어들어 지금 지역방송은 더욱 힘들어졌다.

해묵은 과제인 지역방송의 위기를 해결한답시고 2014년에 도입한 지역방송 발전 기금은 전가의 보도처럼 사용되었지만 지나고 보니 효과는 미미했다. 연 40억 원으로 수십 개의 지역방송을 위해 쓴다. 우선 급한 불부터 끄고 보자는 임시방편이었고 언 발에 오줌 누기요 응급실의 산소호흡기 정도였다. 한발 물러서 보니 유튜버들이나 크리에이터들이 '지역'을 훨씬 더 잘 다루고 있다는 느낌을 종종 받는다. 뉴미디어가 지역방송을 죽이는 게 아니라 지역성을 구현하기에 더 좋은 환경일 수도 있다는 생각마저 든다.

'공영방송 지배구조 개선'을 위한 논의가 어김없이 재연되고 있다. 지방분권과 여론 다양성을 실현하기 위해 공영방송에 '지역 대표' 몫의 이사가 필요하다는 목소리도 간혹 들린다. 공영방송의 지역성 강화는 지방분권, 국가균형발전 실현에도 이바지할 수 있다는 논리는 더러 있었지만 현실은 다르다. 서울에서 파견한 낙하산, 총독이 지역방송을 장악하고 대리 경영을 하는 관행이 여전하다. 지역을 대변하고 지역 여론을 대표할 인사가 공영방송 이사회에 포함되고 지역의 대표 인사가 지역 공영방송의 임원이 되어야 하는데 실현은 요원해 보인다. 생각하면 간단한데 중앙은 '지역방송'의 수준을 아직도 믿지 못한다. 지역성을 제대로 구현하고 지역의 목소리를 충실히 반영해야 고사 위기의 지역방송을 회생시킬 수 있다. 그렇게 할 사람이 누구일까. 2, 3년 출장 온 기분으로 지역에 머물다 가 버리는 '총독'과 평생 자기가 사는 곳을 위해 복무해 온 '내부인' 또는 '현지인' 중에 누가 더 지역에 헌신하고 지역성 구현을 위해 애쓸까. 향토 문화를 사랑하고 전승하려는 노력을 누가 더할 수 있을까.

물론 지역방송이 지역문화에 할애하는 열정과 시간이 물리적으로 미흡했던 것은 사실이다. 지역신문에는 문화면이 있어 지역의 다양한 문화 소식을 전하고 있지만 지역방송은 상대적으로 지역문화를 홀대한 것도 맞는 말이다. 어느 지역방송에 향토 문화를 전담하는 기구나 인력이 있는지, 지역이나 향토 문화를 위한 기자나 PD가 얼마나 공부하고 애정하는지, 지역방송이 반성해야 할 뼈아픈 대목이다.

울산만 기억하는'1962년 2월 3일'

지역방송인은 지역을 제대로 알고 사랑해야 한다. 그래야 지역을 지키려는 의지나 애향심이 생기고 지역성을 제대로 구현할 수 있다. 지역의 특정 기념일을 기억하는 일도 지역방송인의 몫이다. 울산에선 2월 3일이 그런 날이다.

1992년 겨울, 한국 공업의 발상지 '울산공업 단지'의 생일을 기리는 다큐를 제작하면서 '1962년 2월 3일생' 주인공을 찾아 나섰다. 울산군 대현면 납도納島 (일명 개구리섬). 5만의 읍에 대통령 등 단군 이래 처음 보는 VIP들이 와 '울산공업센터' 기공식을 가졌던 그날에 출생한 사람을 주인공으로 하는 내용이라 예고방송도 여러 번 내보냈다. 그들이 겪어 온 삶의 중요한 순간들을 통해 울산공단과 대한민국의 발전 과정을 함께 돌아보며 2월 3일의 의미를 반추하기 위해서였다. 하지만 주인공들을 찾지 못했고 대신 울산공단을 설계하고 초기

건설을 담당했던 오원철, 김광호 선생 등을 초청했다. 그들은 1962년 울산특별건설국의 주역들이었다. 촬영 첫날 그분들과 함께 '한국 공업 입국 발상지 기념비'부터 찾았다. 1992년 6월1일 세운 기념비에는 "민족적 번영과 복지를 마련하기 위한 한국 공업 입국의 출발지가 된 이곳 발파지를 기념하기 위하여 우리들의 정성을 모아 기념비를 건립합니다."라는 글이 새겨져 있었다.

기념비는 남구 장생포동 고래길의 공장(KEP) 안 작은 화단에 있는데 이곳은 1962년 2월 3일 박정희 국가재건최고회의 의장이 공업센터 기공식 발파 버튼을 누른 장소이다.

당시 혁명정부는 현재의 '울산시 남구 장생포 고래길 84번지길 납도' 앞 언덕배기에서 단군 이래 처음으로 '공업센터 기공식'을 가졌다. 공업센터는 4,900만 평이었다. 박정희 대통령을 비롯한 내빈들이 '공업 입국'의 꿈을 담은 버튼을 누르자 납도 앞 바닷물이 분수처럼 치솟았다. 전 세계가 놀라운 눈으로 바라보는 오늘의 대한민국 경제성장의 시작을 알리는 광경이었다.

박정희 국가재건최고회의 의장과 송요찬 내각 수반, 최고위원들과 외교사절, 주한 유엔군 사령관 등 대한민국의 요인이 총집결했다. 추운 날씨였지만 읍민들도 구름같이 모여들었다. 울산여고와 울산 농고, 대현중학교 학생들도 동원되었다. 대한뉴스는 현장에 "3만 60명의 역사의 증인이 모였다."라고 전했는데 1961년 말 울산읍 인구가 3만 3,000명이었음을 생각하면 거의 전 읍민이 한자리에 다 모인 셈이다. 1962년 2월 10일 극장에서 상영된 대한뉴스는 이렇게 마무리했다.

"울산 고을은 역사상 처음으로 맞는 성사盛事로 흥분의 도가니에 빠졌습니다. 이곳 맑은 하늘에 검은 연기가 뒤덮이는 날 태화강변의 기적이 이룩될 것입니다."

울산 공업단지가 생긴 지 어언 61년이 지났다. 2월 3일은 울산뿐 아니라 국가적으로도 중요한 날이다. 한민족 역사상 4,000년 빈곤을 몰아낼 기념비적인 선언을 했던 날이고 대한민국 경제를 일으키기 위해 울산을 인구 50만 공업도시로 개발하겠다며 범정부적 행사를 처음 열었던 날이다.

'그때 그곳'은 지금 사람들의 기억에서 사라졌거나 희미해졌다. 수많은 공장이 들어서면서 지형이 변했고 역사적인 장소도 공장용지가 돼 출입이 제한된다. 기억해야 할 역사적 장소는 '한국 공업 입국 출발지 기념비'만 남았다.

그동안 울산은 한국의 경제 기적을 선도해 왔고 민족 번영의 초석을 다지는데 헌신해 왔다. 하지만 역사적인 발파 장소는 공업단지 시발지라는 가치도 잊은 채 초라한 화단과 작은 기념비만 남아 있을 뿐 찾는 이도 드물다. 당시의 옹골찬 의지나 자부심은 바래져 미래에 대한 새 비전도 딱히 확인되지 않는다.

박 대통령은 1962년 1월 31일 울산공업지구설정에 대한 담화를 시작으로 2월 3일, 3월 30일 등 한 달에 두세 번씩 울산을 찾았다.

매달 관련 보고를 받고 새로운 지시를 할 정도로 울산에 관한 관심과 애착이 컸다. 지도자의 의지와 전 국민의 노력으로 인구 3만의 작은 읍 울산이 세계적인 기업들이 가득한 공업도시로 성장했다. 어느새 울산은 우리나라의 자랑거리이자 세계적 공업도시가 됐고 한국산업의 심장이었고 엔진이었다. 반농반어의 작은 읍이었던 울산은 공단 조성 이후 역사의 물살이 빠르게 흘렀고 굽이마다 새 역사를 창조하는 고된 임무를 마다하지 않았다. 그 세월이 60년, 한 갑자가 지났다.

울산에 '말뫼의 눈물'이라는 골리앗 크레인이 하나 있다. 2003년 스웨덴 제3의 도시 말뫼시가 눈물 속에 우리나라에 팔았던 것이다. 한때 조선 도시로 유명했던 말뫼시가 세계 최대의 크레인을 단돈 1달러에 팔아야 할 정도로 쇠락했기 때문이었는데 지금의 말뫼는 지금 정보통신기술과 바이오산업 도시로 탈바꿈했다. 시 당국과 시민들이 나서 조선소와 공장 땅을 사들이고 기업들의 자발적인 협력과 참여로 IT와 지식산업을 기반으로 탄소 제로 도시로 거듭났다고 한다.

울산공단도 새 옷을 갈아입을 때가 됐다는 지적이 많다. 중후장대重厚長大의 갑옷 대신 경소단박輕小短薄으로의 변신이 시급하다. 살아있는 유기체처럼 도시도 탄생과 재생, 성쇠를 거듭한다. 세월과 사람에 따라 움직이고 변한다. 때에 따라 흥하기도 하고 망하기도 하는 도시도 있다. 시대와 산업 그리고 세월의 흐름에 따라 부침을 거듭하는 것이 도시의 일생이다. 울산과 대한민국은 이미 "루르의 기적을 초월하고 신라의 영성을 재현하려는 민족적 욕구"를 어느 정도 달성했다, 공업도시의 나이가 환갑이 지났으니 '울산공단'의 변신이 필요할 때가 되었다.

아쉬운 것은 '대통령의 삽'이 사라졌다는 것이다.

울산에도 '대통령의 물건'이 있었다. 지금은 사라졌다. 2002년 6월까지는 울산시청(구관) 시장실 입구 복도에 걸려 있었다. 이름하여 '대통령의 삽'이다.

어느 날 시청의 대통령의 삽이 없어졌다. 건물은 리모델링됐고 옆에 신청사를 지었다. 출퇴근 때마다 삽을 바라보며 '국가경제부흥'을 역설하던 시장도 영면했다. 문수월드컵 구장 건설이 한창이던 때 시장이 구속됐다. 삽은 시장 교체기에 사라졌을 것으로 짐작된다. 누가 왜 어디에 보관 중인지 오리무중이다. 여러 번 탐문과 추적해 보니 모국장이 지하창고에 뒀다가 잃어버렸다, 모 간부가 몰래 가져가 자기 집에 보관 중이란 풍문만 떠돌 뿐 별무성과였다. 시간은 기억마저 빼앗아 가는 법. 대통령도 삽도 일상에서 모두 잊어버렸다. 울산공업센터에 관한 역사가 더 풍부하고 납도 현장의 스토리는 한층 더 두터워질 것인데 대통령의 삽은 어디에 있을까.

한국 경제 발전사에서 울산공업센터 기공식은 빼놓을 수 없는 중요한 장면이다. 사진 속 주인공이 쥔 삽 한 자루! 대통령은 온 힘과 악력을 쏟아 삽날을 밟았다. 바로 다이너마이트가 터지고 현장은 잔치 한마당이 되었다.

정부는 기공식 이틀 전 50만 인구 규모의 울산공업센터와 문화도시를 위한 종합계획을 발표했다. 4,900만 평 부지에 정유공장과 비료공장 종합제철소 등이 들어설 공장지구와 상가지구, 주택지구를 만들고 아파트 9동과 독립주택 1만8,500호, 외인주택 40호, 외인아파트 2동을 짓겠다는 계획이었다. 관광사업으로 목도 유원지, 일산해수욕장, 울기등대 조간지釣竿地 등을 꾸미기로 했다. 그해, 1962년 6월 1일 울산은 법령 제1068호로 시로 승격했다.

추억을 부르는 매개는 다양하다. 어떤 순간 만나는 물건이나 장소, 시간과 인물 때로는 갑자기 불어오는 바람일 수도 있다. 공업도시 울산, 산업수도 울산을 있게 한 근원을 생각할 때면 언제나 대통령의 삽을 기억해야 한다. 너와 나 그리고 우리에게 데자뷔(deja vu · 旣視感)로 다가오는 매개가 저 삽이었으면 좋겠다. 울산공업센터 기공식 사진과 함께 울산특별건설국과 울산특정경비사령부도 기억했으면 한다.

다큐 '지독한 끌림'

"지리산 사계 같은 자연 다큐멘터리를 만들고 싶습니다."

1985년 사장이 지원동기를 물었을 때 나도 모르게 불쑥 튀어나온 말이다. 그 후 어쭙잖은 방송 생활 동안 실제로 몇 편의 다큐를 제작해 방송했으니 형식상 약속은 지켰다. 동해남부선과 민요 줍기 시작으로 태화강 백 리, 들판의 노래, 산 노래와 노동요 등을 거쳐 황소개구리, 도시의 매, 오대 오천의 모기, 대곡천의 마지막 계절 같은 자연이나 환경 다큐를 방송했던 기억이 새롭다.

설 연휴를 앞둔 어느 날 밤, EBS 다큐 '지독한 끌림'에 지독하게 끌렸다. 오랜만에 TV에 완벽히 몰입한 시간이었다. 몽환적 풍경을 보다가 화려한 채색화와 잔잔한 수묵화를 보았다. 어떤 배우도 연기할 수 없고 어떤 연출도 불가능한 장면들이었다. 아직도 다큐멘터리는 살아있다는 탄성이 나도 모르게 나왔다. 짝짓기하던 따오기는 절정의 순간에 감창소리를 내며 귀를 즐겁게 해줬고 흙 경단을 만드는 동고비는 자식을 위한 어미의 희생을 보여주었다. 모든 순간이 있는 그대로 찍은 것이었고 출연한 동식물은 누구도 카메라를 의식하지 않은 것 같았다. 끌림으로 인연 맺어 생명의 잉태로 대를 이어가는 장면들이 신비하기만 했다. 매화나 수리부엉이 직박구리와 동백, 고라니는 늘 보던 친숙한 대상이었지만 먹는 행동과 놀이, 몸짓과 산란, 양육의 고단함은 참으로 엄숙하게 보였다.

긴꼬리딱새와 노랑 어리연, 쇠물닭과 물총새, 끄리와 저어새, 가마우지, 논병아리와 오색 딱따구리는 예전 우포늪 촬영 때와 똑같이 재연해 줬다. 모든 생명은 유혹에 따라 끌림이 일고 인연이 시작돼 사랑을 하고 대를 이어간다. 순간마다 탐미적 영상을 표현해 주었고 사계절 변화에 따른 우리의 자연이 저토록 아름답고 숙연한 모습임을 확인해 준 다큐로 오래 기억에 남을 것이다.

방송사들은 지금 모두 어렵다고 아우성이다. 지역방송사들은 말할 것도 없다. 형편이 어려우니 돈 안 되는 다큐멘터리부터 없애버렸다. 제작비 덜 들고 의무 편성인 교양 비율을 높일 수 있는 강연이나 토크쇼로 시간을 때운다. 이런 상황에서 EBS의 다큐 〈지독한 끌림〉은 공영방송의 역할을 보여준 걸작이었다.

지역방송도 지역 소재를 소중히 여기며 Glocal한 소재와 정신을 담은 뛰어난 다큐 제작을 쉬지 않았으면 한다. 소재와 문제의식, 이 시대의 질문을 담은 다큐멘터리는 방송의 꽃이다. 돈 때문에 다큐가 사라진 방송을 본다는 것은 얼마나 적막하고 절망적인 일인가.

시여 침을 뱉어라

또 언론인의 직업윤리가 문제다. 신문 방송사의 윤리강령은 휴지조각이 되었다. 결국 밥 정이 문제였다. 술밥 정은 우리 기자 사회의 오랜 관행이었다. 기자정신은 돈에 묻혀 혼탁해져 회복하기 어려워졌고 이성은 마비 상태다. 더이상 언론이 아니고 기레기라 비난해도 할 말이 없게 됐다. 진보 보수를 막론하고 주요 언론사 부장급 간부들이 화천대유 대주주로부터 적게는 9,000만 원, 많게는 9억 원까지 돈거래를 했다고 한다. 골프 접대를 받으며 100만 원이나 그 이상의 용돈까지 챙겼다고 한다.

그런 사람일수록 군자연하며 얼마나 세상을 농단하고 비리 척결을 외쳐댔을까. 상대를 비난하고 난도질하는데 거리낌이 없었을 것이다. 그러려고 언론자유를 외쳤는지 모른다. 심지어 자본과 권력으로부터 독립한다며 국민주로 출발한 신문마저 돈에 오염됐다. 기자가 돈 없으면 수천만 원어치 술을 마셔선 안 되고 아파트 분양을 안 받으면 된다. 돈 없는데 굳이 골프장에 갈 필요도 없다. 그들이 그렇게 욕하던 독재자나 천박한 자본가의 모습을 그들 스스로 닮아갔다. 그러니 시민들이 김수영 시인詩人을 다시 불러 내 〈시여 침을 뱉어라〉를 환기해 준다. '언론에 침을 뱉어라'로 바뀌었을 뿐.

벌써 얼음 녹는 소리가 들린다. 봄이 가까이 오고 있다는 신호다. 새해 일출을 맞던 1월은 어찌 그리 빨리 가버렸는지, 2월은 또 얼마나 짧게 지나갈지. 겨울을 잊으려 하는 순간이다. 다가올 봄마저 서둘러 여름에 자리를 내주고 내년을 기약할 것이고 사람들은 '다음 계절'을 기다리며 반기려 한다. 오늘이 가면 내일이 오고 내일 지나면 모레가 되고 모레 뒤엔 고모레(글피)와 고고모레(그글피)가 기다린다.

세월은 지나고 보면 늘 빠르게 가버렸다는 느낌을 받는다. 白駒過隙! 세월의 빠르기는 잘 달리는 흰 망아지를 문틈으로 보는 것과 같다는 말이다. 장자는 그렇게 인생을 찰나에 비유했다. (2023.2)

안녕, 영등할매!

어릴 적 고향 곳곳에 많은 신들이 있었다. 특히 동짓날부터 음력 2월까지는 신들의 시간이었다. 대부분 '여신'이었다. 남녀를 결합하는 항아姮娥는 하늘나라의 선녀였고 아이를 점지해 준 삼신할매나 마을의 안녕을 지키는 당산할매(골맥이할매), 성안 숯못에서 동방삭을 잡아챈 마고할매와 부엌에 있던 조왕신 등 모두가 여신 아니면 할매였다. 참새미나 미륵, 장승과 산신각에도 여신이 있었는데 모두 무섭거나 두려운 신이 아니라 그냥 응석 부리고픈 만만한 할매들이었다. 할매신 또는 여신들은 자신만의 고유한 시간에 맞춰 특정 공간에 모습을 드러냈다.

음력 2월은 '영등할매의 달'이었다. 영등할매는 '바람의 신風神'으로 올 때마다 꼭 심술궂은 바람을 몰고 왔다. 사람들은 꽃샘추위, 꽃

샘바람 또는 꽃소식을 전해 오는 바람인 화신풍花信風이라고 했다. 문제는 자애로운 할매가 아니라 2월 바람처럼 변덕과 까탈이 심한 노인이란 점이었다. 심술을 잘 부리고 잘 삐치는 기질을 가져 어머니는 '우야든동' 가족이 무탈하고 풍년이 들게 해달라며 할매를 달랬다. 정성을 다하고 한치의 부정도 용납할 수 없었다. 새벽 정화수를 뜨고 소지를 하고 섬밥을 만들어 까마귀 등 날짐승들을 먹일 때나 토정비결로 한해 신수를 점치는 등 어머니의 2월은 '인간의 달'이 아니라 '신을 위한 달'이었다.

어머니는 영등할매가 하늘에 있는 바람을 관장한다고 믿었다. 며느리나 딸 중 하나를 데리고 인간 세상에 오는데, 딸을 데리고 올 때는 바람이 몹시 불어 바람영등이라 했다. 딸의 고운 옷을 자랑삼아 나부끼게 하려고 일부러 바람을 크게 일으킨다는 것이었다. 그 해는 풍해가 심해 흉년이 든다. 며느리와 올 때는 비가 많이 내려 물영등이 되었다. 고부갈등은 신도 피해 가지 못했으니 "시샘 많은 할매가 며느리 치마에 얼룩을 지게 해서 보기 싫어지라고 비를 내린다."고 어머니는 웃으며 말하곤 했다.

영등할매를 맞는 준비는 보통 아버지의 몫이었다. 정월 그믐날 대문 앞에 황토를 깔고, 푸른 잎 달린 댓가지 몇 개를 새끼줄에 꽂아 금줄을 만들어 삽짝에 걸면 부정한 사람의 출입을 금한다는 시그널이었다.

초하룻날 첫닭이 우는 새벽에 어머니는 우물에 가서 바가지로 정화수를 떠 장독간에 둔다. 새끼나 한지를 올려 놓기도 했는데 정화수는 경칩과 춘분 사이인 10, 15, 20일에 갈아 준다. 영등할매가 올라가는 날이 세 날 중 하루이기 때문이다. 아침 먹기 전, 어머니는 부엌에 제물을 차리고 가족 수 대로 축원하며 손을 비빈다. 길게 독백하듯 기도한 뒤 바람을 올린다. 신이 내려 앉은 한지에 불을 붙여 두 손바닥으로 떠받쳐 훨훨 하늘로 올리는 소지이다. 그리곤 오곡밥에 찌짐 명태, 오색 나물을 깨끗이 추린 짚단 안에 넣으면 섬밥淨飯이 된다. 이를 실겅이나 볏가릿대에 갖다 놓고 삽짝 밖 나무에 까마귀 밥을 얹어야 모든 의식이 끝난다. 보름쯤 지난 후 나는 차갑게 식은 섬밥을 간식으로 먹었다.

울산의 영등 기록은 간단하게 몇 줄로 남아 있다. "영등신은 봄볕이 발산하는 기운으로 일명 풍신이라고 한다. (풍속에서는 영등제석이라 한다.) 2월 초하루에 (番風, 즉 24번 화신풍이 하강하여 인간의 화복을 몰래 엿보아 살피기 때문에) 집집마다 목욕재계를 하고 상인과 나그네를 엄금하여 집안에 들이지 않는다."(학성지, 1749) 번풍은 소한에서 곡우 사이 즉 초봄부터 초여름까지 부는 봄바람이다. 매화풍으로 시작해 4월 20일경 연화풍까지 24번 꽃소식을 전하는데 닷새마다 새로운 꽃이 피는 것을 알린다.

민속학자 송석하는 《진단학보》(1934)에 "영동신은 의인화인 노처녀로 딸과 며느릴 차별하고 희노의 변도가 급한 여자의 편성을 구체화한 것이다."라는 글을 남겼다.

이제 세시풍속은 전승되지 않고 기록에만 남았다. 해마다 이맘때면 어머니의 기도와 공양을 받던 영등할매를 떠올린다.

올해는 어디서 누구의 공양을 받으셨기에 봄바람이 이리 순하고 비마저 적당하니 고맙기만 하다. 심술도 변덕도 없이 올라간 영등할매가 고마워 대신 인사를 전한다. 안녕! 영등할매야!

누구를 위한 먹방인가

언젠가부터 우리 방송은 온통 먹방이 점령했다. 방송 출연자 섭외도 유튜브에 의존하는가 하면 마구 먹고 많이 먹고 토해낸다. 마치 음식 낭비를 장려하는 것처럼 보인다. 수다나 먹방으로 도배를 하는 이 나라의 공중파들이 언제까지 살아남을까 싶을 정도로 혐오스럽다. 먹방은 갈수록 심해져 어린아이들까지 주인공으로 내세우고 SNS에도 넘쳐나는데 이유가 뭐겠는가, 오직 돈이다.

예전에 우리네 인사는 대개 "아침 드셨어요?" "진지 잡수셨습니까?"라며 먹는 일을 첫 번째 인사로 대신했다. 한국인들이 오래 굶주려서 인사까지 그렇다는 폄하도 있었지만, 지금은 풍요로운 시대, 먹을 게 넘치는 대한민국인데 왜 온통 먹방이 판을 칠까. 못 먹고 살아 온 우리네 유전자가 음식에 집착하게 했을까. 왜 우리는 먹는 일에 그렇게 집착하며 예의나 매너를 도외시한 채 그저 음식을 위장에 집어넣기만 하는 행동을 아무렇지도 않게 방송에 해대는지, 나는 그런 방송 본 적이 없지만 이유가 참 궁금하다.

기후변화를 들먹이지 않더라도 지구촌은 지금 매우 심각하고 위험에 처해있다고 한다. 폭설이나 홍수, 전쟁으로 여기저기서 사람이 죽어가고 있다. 지구상에 굶어 죽는 사람들이 얼마나 많은가. 난방비 폭탄도 그렇다. 전기료가 5배 오르고 가스비는 천정부지로 치솟아 전 지구촌이 비명이다. 텅 빈 운동장이나 공원 등 개미 한 마리 없는 곳곳에 밤새 전등을 켜 대낮처럼 밝히고 강변 산책로도 등산로도 24시간 불야성이다. 사무실이나 카페, 건물마다 한겨울에도 더위를 느낄 정도로 에너지를 낭비한다.

우리가 식량을 자급자족하는 나라인가. 아니다. 에너지 수입 없이 살 수 있는 국가도 아니다. 자원은 부족하고 수출로 먹고사는 나라인데 방송은 왜 음식 낭비, 에너지 낭비, 식량 소비를 부추기고 있을까. 어느 외국인의 말처럼 "특이하고 이상한 나라"임에 틀림없다.

먹방이나 음식과 요리 정보랍시고 식당을 탐방하는 잡다한 시간에 PD나 기자, 아나운서들은 자기 프로그램을 돌아보고 자신을 짚어 보는 시간이나 가졌으면 한다. 지금 방송이 과연 정의로운 일을 하는 건지, 우리 방송이 비정규직의 차별에 대한 설움과 아픔을 담고 있는지, 가난에 지쳐 극단적 선택을 하는 이들의 마음과 하소연을 알려고 지역방송인은 노력하는지. 젊은이들은 왜 결혼과 출산을 꺼리는지, 취업과 학업의 고통을 호소하는 청춘들의 비애를 방송이 외면하지 않았는지. 가족을 위해 일하러 갔다가 돌아오지 못하는 그들의 남은 가족이 감당하는 아픔과 슬픔 그리고 통곡을 얼마나 담으려 했는지. 그들을 이해하고 소통하고 위로해 주려고 노력이나 했는지를 돌아보았으면 한다.

지역방송이 자신들이 자리한 지역에 조금만 관심을 가진다면 잡아 줄 손들이 의외로 많을 것이다. 누군가 내게 손을 내밀고 잡아 달라고 하는데 우리는 알지 못하고 있는지 모른다. 그들이 주저하거나 머뭇거리고 있어서 지역방송이 눈치채지 못한 건 아닌지, 더 많이 둘러보고 더 많이 찾아보고 더 자주 관심을 기울이는 지역방송이기를 소망한다. 손을 잡는다는 것은 서로의 마음을 이어주는 일이다. 가장 가까운 곳부터 외롭거나 쓸쓸한 이웃에게 관심을 가지고 그들에게 손을 내밀어 주는 지역방송, 얼마나 따뜻한가.

지난해 3월 뉴스와 다큐멘터리로 방송된 〈GPS와 리어카–폐지수집노동 실태 보고서〉가 그런 뉴스였다. 노인 빈곤 문제, 시급 948원을 위해 종일 거리를 다니는 가난한 노인들을 다뤘다. 사실 우리는 일상에서 노인들의 리어카와 마주하면서도 노인 빈곤 문제에 무관심했다. 나와는 거리가 멀어 보이는 먼 훗날의 이야기일 뿐이고, 부담스러운 주제이기도 하다. 어느 기자나 다 그럴 것이다.

그러나 KBS 대구 기자는 달랐다. 이런 기자가 아직 지역에 있다는 사실만으로도 '지역방송'의 존재 이유가 아니겠는가.

다큐 〈어른 김장하〉

지난 설날에 지인 몇 분이 다큐멘터리 한 편을 같이 보자고 보채고 권했다. 경남 MBC가 제작한 2부작 다큐멘터리 〈어른 김장하〉였다. 경남 진주에서 한약방을 운영하면서 1,000명이 넘는 학생들에게 장학금, 생활비를 지원하고 수많은 사회단체에 기부한 김장하 선생이 주인공이다.

리뷰를 하니 이구동성 경남 MBC의 탁월한 기획이 빛을 발한 다큐라 했다. 제작 방식이나 형식도 남다르고 메시지가 신선했다. 위인도 아니고 영웅도 아니고 어른 김장하라니. 퇴직한 지역신문 기자가 수개월 취재한 이야기를 풀어 간 구조나 형식도 새롭게 다가왔다. "줬으면 그만이다." "우리 시대는 평범한 사람들이 지탱한다."라고 믿는 아름다운 기부자를 보았고 "아프고 괴로운 사람들을 상대로 번 소중한 돈을 함부로 쓸 수 없었다."라는 말은 깊은 울림이 있었다. "똥은 쌓아두면 구린내가 나지만, 흩뿌려 버리면 거름이 돼 꽃도 피우고 열매도 맺는다."라고 어른은 조용히 말했다.

과연 어른은 어떤 존재이며 어른이란 단어가 왜 있는지, 어른이란 칭호는 누구에게 어울리는지를 경남 MBC가 시청자들에게 생각해 보라고 하는 것 같았다.

어른 김장하는 한약방을 하며 번 돈 100억여 원을 흔쾌히 기부한 사람이다. 평생 육영사업을 하며 어려운 학생들을 조건 없이 도왔고 민주화운동 하는 이들을 격려하고 권력자의 부정한 청탁을 거부한 사람이었다. 30년이 넘도록 집세를 올리지 않았고 지역신문과 환경운동 단체, 형평 기념사업회 등에 크게 이바지했다. 가운데보다는 구석 자리에 앉기를 원했고 기부를 한 뒤에 이름을 숨기려 했던 사람이다.

지역 저널리스트와 지역 PD가 협업으로 만들었다는 점도 주목된다. 취재를 맡은 김주완 기자는 잘 알려진 지역 신문기자였다. 그동안 기득권자의 비리와 악행을 폭로하고 비판하는 기사를 주로 써왔다고 한다. 인터뷰를 거부하는 김장하라는 인물의 면모를 다각도로 조명하기 위해 100여 명의 취재원을 섭외하고 찾아가 인터뷰했다. 그의 기자정신과 끈기와 기다림이 돋보였다.

"지역 이야기는 지역 언론사가 최고의 전문가"라는 말을 증명하고 우리 시대에 필요한 '어른'에 대해 생각하게 해 준 PD의 문제의식도 칭찬받아 마땅했다.

휘발성이 높은 주제?

'난방비 폭탄'과 '지하철 무임승차'는 지난겨울, 언론의 집중조명을 받았던 주제였다. 이런 주제를 언론은 '휘발성 높은 사안'이라고 표현한다. 기자와 앵커, 시사평론가들이 자주 사용하지만 틀린 표현이다.

> **"굉장히 휘발성이 높은, 그런 주제란거죠?"하는 말을 방송에서 자주 듣는데 어떤 사안이 이슈가 되고 계속 확대 전개될 가능성이 높을 때 흔히 쓰는 표현이다. 휘발揮發을 휘발유로 혼동해 나온 오류**

다. 휘발은 액체가 보통 온도에서 기체로 변하여 날아 흩어지는 것을 말한다. 그러니 곧 사라져 없어지는 게 휘발이다. 그러니 휘발성이 강한 주제라고 할 게 아니라 "폭발력이 센(강한) 주제"로 말하면 된다. (강성곤 아나운서 글 인용)

"봇물을 이룬다." "골머리를 앓는다."라는 뉴스 리포트도 그만 들었으면 좋겠다. 보洑는 논에 물을 대려고 둑을 쌓고 냇물을 끌어들이는 곳이고 봇물은 보에 고인 물이나 보에서 흘러내리는 물을 말한다. 농사를 위해 만든 보가 터지면 큰일이니 봇물은 '이루는' 것보다 '봇물이 터지다'가 관용표현으로 적합한 뜻이 와닿는다.

골머리는 '머릿골'을 속되게 이르는 말이다. 그런데 지자체나 정부가 그렇게 골머리를 자주 앓아야 하는지 쓰레기 대란이나 넘쳐나는 재고, 폭증하는 민원을 전하려 하는 뉴스마다 등장하는 "골머리를 앓는다."라는 말은 듣기에도 썩 유쾌하지 않다.

나는 어린 시절을 시골에서 보냈다. 그래서 아직도 봄을 꽃으로 기억한다. 콘크리트와 시멘트로 뒤덮인 도시에선 봄을 아예 잊고 살지만, 지금쯤 고향에선 버들가지마다 연둣빛이 피어오르고 양지쪽에 있는 복수초가 노란 꽃을 피워낼 것임을 감지한다. 산수유나 생강나무, 개나리들은 이미 봄을 감지하고 세상 구경에 즐거워할 것이다. 나도 가만히 있지 못해 봄의 기운이 온몸에 젖어 드는 기분이다. 봄이 되면 절로 양기가 차오른다. 봄의 양기가 충만해지는 3월은 남녀가 결혼하기 좋은 계절이라 혼월婚月이라고 했다. 혼월이 낀 이 계절에 누구는 춘의春意와 춘정春情에 겨워 춘화春畵를 그렸을지도 모른다.

또다시 새봄이다. 내가 행복하건 불행하건 여전히 살아있으니 64번째 새봄을 맞았다. 이 봄이 작년에 왔던 그 봄이 아니고 지금껏 보았던 가장 새로운 봄이었으면 좋겠다. (2023.3)

4월의 노래

4월이 되어서야 비로소 봄을 만끽하고 꽃들의 향기를 느낀다. 서양의 시인은 잔인한 달이라고 했지만, 박목월 시인은 4월은 생명의 등불을 밝혀 드는 빛나는 꿈의 계절이고 눈물 어린 무지개 계절이라고 노래했다. 4월은 목련꽃 그늘 아래서 편지를 읽거나 구름 꽃 피는 언덕에서 피리를 부는 계절이고 멀리 떠나 이름없는 항구에서 배를 타거나 깊은 산골 나무 아래서 별을 보는 달이라고 했다.

4·3사건, 4·19혁명, 4·16 세월호 참사 등 유독 4월에 수많은 생명의 상실을 경험한 우리 현대사와 맞물려 엘리엇의 표현도 완전히 틀리진 않았지만 나에게 4월은 부활의 계절이고 생식의 달이며 욕망이 되살아나는 계절이다. 나뭇잎이 파릇해지고 나비도 새들도 노래하며 춤추는 달이다.

어릴 적 나의 봄은 언제나 버드나무 줄기와 함께 왔다. 고향집 앞에 서 있는 버드나무 가지에 물이 올라 잎이 막 돋아나올 때, 가지를 꺾어 홀때기를 만들어 불면 봄이 시작되었다. 지금도 나의 봄은 그때의 추억과 함께 찾아온다.

방송도 AI가 접수할까?

최근 스마트폰에 새 애플리케이션을 추가했다. AI가 날씨를 말해주고 뉴스를 읽어주고 궁금한 질문에 거침없이 대답한다. 맛집을 찾아주고 여행지 추천이나 메뉴 선택, 상황에 맞는 음악까지 골라준다. 이러다 AI 아나운서나 AI 기자가 지역 뉴스와 지역문화를 방송하는 날이 곧 다가올지 모른다.

우리만 몰랐을 뿐, 이미 세상은 변하고 있다. 두려움일지 희망일지는 각자의 선택에 달렸지만, 지역방송은 또 다른 적을 만난 셈이다.

실제로 지난달 미국에선 AI로 작동하는 라디오 방송국 '라디오 GPT' 서비스가 출시됐다. 라디오 GPT는 방송에 필요한 정보 수집부터 교통정보나 일기예보 등을 AI가 웹에서 검색해 수집하고 이를 바탕으로 대본을 작성하는데 AI에 탑재된 음성 기술이 이를 읽는 식으로 방송한다. 페이스북이나 인스타그램을 포함해 25만 개가 넘는 사이트에서 지역 뉴스, 교통정보, 날씨 등을 검색할 수 있다니 지금의 지역방송이 따라갈 수 있을까 걱정이다. 하루가 다르게 진화하는 AI 기술은 방송 분야에서도 무한 확장할 가능성이 크다.

AI가 진행하는 라디오 방송! 아직도 "지금은 라디오 시대"라는 묵은 구호를 외치고 있는 지역방송의 운명은 과연 어떻게 될까? 실없는 기우에 그치기를.

나성羅城에 가면

라디오는 옛 추억을 선사해 주는 매력이 있다. 지난주, 나른한 점심을 끝내고 사무실로 복귀하면서 라디오를 들었다. 마침 새샘 트리오의 〈나성에 가면〉이란 노래가 나왔는데 리포터가 해설을 덧붙였다. 1978년 발표한 보사노바 스타일의 곡이라는 것과 나성羅城은 미국 LA(로스앤젤레스)를 음차한 것으로 원곡은 'LA에 가면'이었는데 당시 영어를 못 쓰게 하는 규정 때문에 가요심의에 걸려 고심 끝에 고쳤다고 한다.

'羅城'을 듣고 보니 그 흔하던 가차假借 국명들이 어느새 우리 곁에서 사라졌음을 느꼈다. 구닥다리가 되어 언어의 기능도 힘도 잃어버린 가차 국명, 신문이나 방송에서도 자취를 감춘 지 오래인데 여전히 익숙하게 기억하고 연상이 이어지니 나는 꼰대임이 틀림없다.

생전에 어머니는 월남치마 단벌로 지내셨고 월남에 파병 간 형님들은 라디오나 전축 하나씩 갖고 귀국했다. 아직도 목욕할 때 이태리 타올을 사용하고 獨逸 濠洲 奧地利 歐羅巴에 西班牙 和蘭 星港 그리고 桑港과 香港은 친숙한 국명이다. 墨西哥나 墨軍 臺灣 英蘭 新蘭 氷蘭 露西亞 俄羅斯도 입에 붙었다. 아직도 이런 말을 사용하거나 제 흥에 겨워 운치를 느끼면 구태이거나 글로벌 시대에 어울리지 않는다고 지적한다지만 별무상관이다. 라디오에서 옛 노래를 들으니, 가사를 따라 옛 기억이 스멀스멀 기어 나오는데 뭐 어쩔 것인가.

매운탕 재료가 된 'Maggie'

지금도 가끔 흥얼거리는 노래 중에 중학교 때 배운 노래가 있다. 미국 민요를 번안한 〈메기의 추억〉이다. 서울에서 온 음악 선생님은 미국 민요를 많이 가르쳤다. 〈깊어가는 가을밤에〉, 〈스와니강〉, 〈콜로라도의 달밤〉, 〈켄터키 옛집〉, 〈오 수재나〉 등을 한글 가사로 부르게 했는데 〈메기의 추억〉은 그때나 지금이나 '매기'가 아닌 '메기'로 적는다. 메기(a catfish)가 사람도 아닌데 무슨 추억이냐며 의아했는데 중학생의 의문이 맞았다. 알고 보니 메기가 아닌 매기(Maggie)였던 앵글로 색슨 여성은 음악 선생님 때문에 매운탕 재료가 되어 버렸다. 'When You and I Were Young, Maggie'를 어떻게 "옛날에 금잔디 동산에, 메기, 같이 앉아서 놀던 곳"이라고 번역했을까? 지금도 궁금하다. 정말 그것이 알고 싶다.

말 나온 김에 고착된 숫자 발음 몇 가지를 읽어보자. 숫자 발음은 누구나 끊어 읽기에 어려움이 없지만 굳이 말하자면 어감이 중요하고 편의성과 줄임 효과를 고려해 읽어야 한다. 코로나19는 2019년 발견한 바이러스라 해서 '십꾸'라고 읽지 않고 '일구'로 읽는다. 3·1절, 4·19혁명, 5·16쿠테타, 5·18, 8·15 광복절이나 10·26과

12·12 사태를 읽을 때도 숫자 의미보다 기호화해 끊어 읽어야 한다. 콘서트 7080이나 2030세대, 10학번 등도 마찬가지다. 물론 지금은 방송인들이 어떤지 모르지만, 혹시 하향 평준화처럼 대중에 영합하며 시류에 따라 읽지는 않는지 궁금하다.

586을 어찌할꼬

숫자 하면 떠오르는 단어가 또 있다. 최근 비난의 대상으로 집중되고 있는 '586'이다. 가끔 전후 베이비붐 세대를 만나 느낀 바는 거의 은퇴자가 되었는데도 '라떼' 습관을 버리지 못하고 있다. 정치권에 든 일부는 아예 공개적인 비난의 대상이 되고 있어 씁쓸하기도 하다. 민주화 그리고 저항의 세대, 희생을 많이 한 주인공들인 586에 대한 비난의 이유는 간단하다. 모든 희생을 자신들만 했다는 강변에 희생의 무게보다 너무 많은 혜택을 이미 가져갔으면서도 더 많은 열매를 따 먹으려고 하니 과욕이라는 욕을 듣는다. 욕심을 버리지 못해 버티는 586이라니 듣기만 해도 아프다. 전부 그른 것은 아니다.

1980년대 386이란 신조어가 등장했을 때 나는 이미 '375'였지만 시류에 따라 편입을 해버렸으니 586세대의 앞선 나이라 해도 틀리지 않는다.

1977년, 지성과 야성의 그 대학에 떨어지고 서대문 4·19 도서관을 떠나며 모든 책을 버렸다. 걸어서 단성사에 가 〈겨울 여자〉 장미희를 만난 뒤 낙향하니 주변은 온통 낭만 대신 낙망만이 가득했다.

낙심 끝에 후기 대학에 가도 마찬가지. 여전히 학도호국단이 건재했고 교련 수업을 받으라고 했다. 선배들은 수시로 집합을 불러 빠따를 쥐었고 그때마다 씩씩거리며 저항했다. 간혹 잔디밭에서 담배를 피우다 눈을 돌리면 백골단이 우르르 떴고 바로 옆에서 등사로 민 유인물들이 바람에 휘날렸다. 창비 월부 장사는 알고 보니 짭새거나 안기부 프락치들이었다. 어느 친구는 끌려가는데 그 뒤로 ROTC 제복들은 구호를 목청껏 외치면서 경례를 붙이고 줄지어 걸어갔다.

온 나라가 억압으로 숨이 막히던 시절, 타는 목마름으로 자유와 민주, 직선제를 갈망했고 《자본론》 등 불온서적을 몰래 탐독할수록 《죽음을 넘어 시대의 어둠을 넘어》, 《그곳에도 사람이 살고 있다》는 황석영 선생의 외침에 호응하는 강도는 높아갔다. 그만큼 우리는 동토의 한복판에 서 있었고 군대와 전방에 불려가 병영 집체훈련을 잘도 받았다. 길을 걸어도 버스를 타도 불심검문을 받았고 통행금지를 지키느라 밤 문화가 뭔지도 모르고 살았다. 그런 와중에도 해마다 망월동을 참배하고 거창하게 조국 통일을 도모하던 586세대들. 누가 감히 함부로 재단하랴마는 세상은 변했다. 십시일반 국민주 신문을 위해 쾌척하던 친구들도 많았고 그들은 자신의 신념을 버리지 않으면서 아직도 공동체와 연대의 가치를 높이 산다. 586세대들은 부모를 봉양하는 마지막 세대이자 처음으로 효를 없앤 세대로 그들만큼 청춘을 도둑맞은 세대는 없을 것이다. 그래도 3저 호황에 취직은 잘 됐다지만 버는 족족 가족 건사에 부모 봉양, 자식 교육을 위해 다 써버렸다.

586! 우리가 아니면 이 땅의 민주화가 없었다는 둥 계속 끝까지 가겠다는 자들도 있지만 이제는 버리고 전향한 이들이 더 많을 터. 이미 다른 길을 걸어가거나 돌변한 친구들도 부지기수지만 그래도 괜찮다. 여전히 "독재 타도"니 "민주주의여!" 하면서 80년대 상태에 고착돼 화석이 된 '열혈 586'들만 변하면 된다. 글쎄, 그들은 일종의 확신범들인데 가능할지는 모르겠다.

종이신문은 끝났는가?

지역신문에 시사 칼럼을 쓰는 변호사는 만날 때마다 이런 질문을 한다. 과연 종이신문의 시대는 끝났을까? 아니면 끝나가고 있는가?

이 질문에 대부분 yes라고 답하겠지만 AI 방송을 반신반의하고 있는 나는 가끔 no라고 답하고도 싶다. 지역신문은 지역방송과 함께 살려둬야 할 소중한 지방의 자산이다. 나는 아직도 지역신문을 유료로 구독 중인데 울산 최초의 일간지를 창간 때부터 열독하고 있다.

그런데 지금은 종이신문의 시대가 저물고 있지 않은가. 시대에 뒤처진 사람인가. 옛날의 그 많던 열혈 독자들을 가졌던 황금기에 비하면 종이신문은 이미 종말을 고했다고 해도 과언이 아니다. 거기다 신문은 우후죽순, 질은 떨어지고 독자는 줄고 기자들은 못 떠나 안달이다. 문제는 사이비들인데 넘치고 넘치는 자칭 언론이라는 어중이떠중이들을 이대로 방치할 것인지 우리 사회의 큰 숙제다. 유튜브를 비롯한 수많은 SNS와 온/ 오프라인의 매체라 하는 것들과 비교하면 그래도 신문은 정통과 정론을 전하고 있어 다행이다. 언론 자유가 잘못 전파되어 책임도 없고 수준 이하의 저질들이 모두 언필칭 언론이라 자처한다. 악화가 양화를 구축하는 법, 그래도 개중에 제대로 된 정론지를 표방하는 정통 종이신문이 지역마다 한두 개는 남아 있다. 그 정론지들은 품격부터 다르고 여론을 선도하는데 큰 가치가 있고 존재론적 현재적 의미가 있다. 기자는 기록자이고 시대의 증언자이니 사관史官과 다르지 않다. 역사의 기록자라는 면에서 신문은 없어서는 안 될 중요한 자산인데 종사자인 기자야 말해 무엇하겠는가. 지역신문 지역 방송의 기자들이여 사명감을 드높이고 돈과 권력 앞에 절대 기죽지 마시라.

앞의 변호사의 질문에 나의 답은 이렇다. 제대로 된 종이신문은 여전히 유효하며 미래에도 그 생명력이 유지될 것이다. 태어나면서 접하고 언제 어디서나 스마트폰에 눈 맞추고 온라인으로만 소통하는 MZ 세대 중에서도 종이신문을 읽어주는 이들이 있고 그 매체에 청춘을 바치려는 이들도 분명 존재할 것이다.

지난달 지역 언론은 대기업 자동차 회사의 생산직 모집 기사를 경쟁적으로 쏟아냈다. 그 기사를 보다가 제목마다 신조어가 있어 헷갈렸다. '킹 · 갓'의 남발이었는데 400명을 뽑는데 18만 명이 지원했다는 내용은 팩트이겠지만 요상한 유행어 제목은 나를 난독증 환자로 만들어버렸다. '킹 받는다, 어쩔티비, 할말하않' 이란 기상천외한 말들은 들어봤지만 킹산직이나 킹차갓산직은 처음 접했다. 세상은 이미 그렇게 변해 있었다. 대졸 사무직이 생산직보다 우수하다는 지난날의 우월 의식은 전설 속으로 사라지고 블루칼라 전성시대가 왔다. 노동시장의 양극화와 함께. 그러니 이제 자녀들에게 공부에 너무 매달리지 말도록 하자. 기술 배워서 대기업 생산직에 취업하면 훨씬 더 잘 살 수 있다잖은가.

누군가 말했다. “다시 시작한다, 봄이니까.”

나는 이 봄이 가기 전에 가물가물 잊힌 첫사랑이 보낸 편지 한 장이나 받았으면 좋겠다고 답했다. 4월이라서, 괜히 그런 기대를 해 보는 것이다. (2023.4)

다시 동해구東海口에서

일상이 심드렁할 때, 나는 신화의 소리를 들으러 바다로 간다. 봄비가 부슬부슬 내리던 날에도 허전한 마음을 달래려 집을 나섰다. 31번 국도를 달려 동해구에 닿았다. 만파식적과 신화의 소리를 들려주는 영험한 땅, 경주시 문무대왕면 봉길리 앞바다이다. 대종천을 건너 맞은편에 감포읍 대본리가 있다. 동해구는 '풍파가 올 때 바다 밑에서 신라 대종이 울린다.'라는 곳으로 신라에선 가장 신성한 장소였다. 우현 고유섭 선생은 생전에 "경주에 가거든 동해의 대왕암을 찾아 문무왕의 정신을 기려 보라."면서 '나의 잊히지 않는 바다, 동해구'라는 기념비를 남겼다.

만파식적 같은 방송

동해구에 가면 언제나 세 가지 소리를 들을 수 있다. 만파식적이라는 신비한 피리 소리와 신라 대종大鐘의 장중한 울림, 그리고 겸손하면서도 웅혼한 기상이 담긴 문무대왕의 유언이다. 때론 환청으로 때로는 상상 속에서 듣는 신화의 소리이다.

만파식적은 통일신라시대, 평화와 태평성대를 상징하는 소리였다. 죽창이 되어 적을 살육하던 대나무를 악기로 만들어 오랜 전쟁의 시대를 끝내고 평화의 세상을 선포했다. 소리로 '치국평천하'를 이루고자 했던 문무대왕의 염원이 동해 파도에 남겨졌고 그 유언은 1,400년이 지난 지금도 우리의 가슴을 울렁거리게 한다.

문무대왕은 우리나라 왕 중에서 유일하게 문文과 무武가 합쳐진 묘호를 가진 왕이고 한반도 최초의 통일국가를 이룩한 분이다. 평생을 호국과 전쟁에 몸 바쳤던 왕은 당나라를 활용하긴 했지만, 여제麗濟를 멸하고 삼한일통三韓一統을 이룬 전쟁 영웅이기도 하다.

대왕은 통일을 이룬 뒤 동화同化보다는 화해和解를 택했다. 같은 민족끼리 지배와 피지배는 의미가 없으니, 통치가 아닌 위민慰民의 정치를 펼쳤고 사후에도 만파식적을 전해 평화와 인화人和의 소리가 퍼지길 염원했다.

세상의 온갖 파란萬波을 없애고 평온息하게 만드는 피리笛는 지금 이 땅에도 필요하다. 우리는 지금 정치적 불안이나 국난에 지친 나머지 태평성대를 바라고 있지 않은가.

문무대왕의 유언은 겸손하고 각별하다. 선과 악, 삶과 죽음에 대한 깊은 사유를 담고 있는 명문이다. 메시지는 매우 구체적이고 한 줄 한 줄 읽으면 커다란 감명과 깊은 울림이 절로 인다. 왕은 자신에게 매우 엄격했다. 사치를 싫어해 검소와 절약을 강조한 대왕답게 화려하고 웅장한 '대왕의 능'을 배격했다.

문무대왕의 아들 신문왕은 아버지의 은혜에 보답하기 위해 감은사感恩寺를 세우고, 용이 전해준 대나무를 보았던 대본리 언덕에 이견대利見臺를 지었다. 감은사는 바다에서 멀지 않은 곳에 있다. 뒤로(북쪽)는 용당산, 앞으로(남쪽)는 대종천의 넓은 하상을 마주하는 장소다. 용이 된 문무대왕이 출입한 용당이 있고 절 뒤쪽 언덕엔 대나무가 무성하다.

이곳 사람들은 아직도 신라 대종이 동해구에 있다고 믿는다. 호란胡亂 때 약탈해 가던 오랑캐들이 대종천에 빠뜨렸는데 물결에 휩쓸려가 대왕암 바다에 묻혔고 태풍이나 파도가 심한 날에 웅웅거리는 대종의 소리가 아직도 들린다는 믿음이다. 사람들은 소리가 마치 가마솥에서 물이 끓을 때 나는 소리 같다고 증언한다. '온 바다가 쩔쩔 끓는다.'라는 그날엔 아무도 바다 일을 나가지 않는다. 물고기들이 대종의 소리를 따라 맥놀이에 맞춰 춤추거나 저마다의 집에 들어가 움직이지 않으니, 사람도 쉬어줘야 한단다. 할喝! 관음문향觀音聞香이다. 청정한 소리는 눈으로 보고 맑은 향은 귀로 들으라는…. 비현실적이지만 그래도 바라기는 방송이 이 시대의 만파식적이라면 얼마나 좋을까. 세대와 이념, 진영과 지역 간에 갈가리 찢긴 이 땅의 피울음을 치유하는 관음문향의 도구가 된다면 말이다.

봄편지의 시인 서덕출

지금은 장미의 계절, 지역마다 장미축제를 열고 사람들이 몰린다. 고혹과 매혹이란 단어와 잘 어울리는 장미는 가시가 있어 여인의 성정에 비유하기도 하지만 아름다운 자태와 향기는 어떤 꽃과도 비교할 수 없다. 장미를 소재로 한 노래도 있다. 사랑과 평화는 '장미 한 송이'를 외쳤고 민해경은 〈그대 모습은 장미〉를 남겼다. 4월과 5월은 연인을 장미에 비유하며 '장미'라는 노래를 만들었다. 이 노래는 멜로디가 밝고 경쾌한 데다 가사도 순정하고 단순해 장미를 노래한 가요 중에 가장 친숙하다.

"당신에게선 꽃내음이 나고 싱그러운 모습에 가시까지 돋아 있으니, 당신을 장미라 부를래요."라는 가사를 읊조리면 차라리 사랑하는 이를 위한 찬사가 된다.

울산 사람들도 5월이면 온통 장미 향에 취한다. 364만 여㎡의 드넓은 울산대공원에 300만 송이의 장미가 피어나 경향 각지에서 온 사람들을 불러 모으고 장미를 보는 이들은 잠깐이나마 러브스토리를 꿈꾼다.

울산의 5월은 장미에 더해 동요가 울려 퍼진다. 울산MBC의 〈서덕출 동요제〉가 창작동요를 보급하고 울산신문사가 전국 문인을 대상으로 '서덕출 문학상'을 시상한다. 경영난과 각종 어려움에도 서덕출 동요와 문학을 기리는 축제를 한 해도 빠짐없이 17년째 계속하는 것은 팩트 자체만으로도 놀랍고 칭찬받을 일이다. 서덕출 문학정신의 전국화를 위해 애쓰는 지역방송과 지역신문이 있는 한 지역문화와 지역 인문학은 죽지 않는다.

지금은 초등학생들도 트로트 열풍에 가담하고 있지만 우리 어릴 때는 말 그대로 모두가 '놀 애'였고 동요만 불렀다. 노래의 소재도 고향과 구름, 바람과 물, 해와 달과 별, 산과 들이었고 시냇가와 꽃, 나무, 새들이었다. 지금 아이들은 "사랑은 눈물의 씨앗"이라거나 "항구의 남자"에게 고향이나 이름을 묻지 말라고 감정을 쥐어짠다. 이런 판에 동심을 되찾게 해야 한다며 창작동요제를 고집하는 지역방송에 박수를 보낸다.

서덕출은 일제강점기 시대, 장애를 딛고 아름다운 동요를 만든 뛰어난 아동문학가로 1925년 《어린이》 4월호에 동시 '봄편지'가 당선되면서 전국적인 관심을 받기 시작했다.

연못가에 새로 핀/ 버들이플 따서요/ 우표 한장 부처서/ 강남으로 보내면/ 작년에 갓던 제비가/ 푸른 편지 보구요/ 조선봄이 그리워/ 다시 차저 옵니다.

그 시대뿐 아니라 1970년대까지 많은 어린이와 어른들에게 꿈과 희망을 불어넣은 시로 평가받는 이 작품 하나로 서덕출은 일약 동요 문학의 스타가 되었고 사람들이 '봄편지의 시인'이라 불렀다.

서덕출은 1907년 2월 9일 경남 울산시 중구 교동에서 아버지 서형식과 어머니 박향초 사이에서 태어났다. 본명은 정출正出이고(호적엔 덕줄(悳茁)로 표기) 5남 4녀 중 둘째이자 장남으로 태어나 유복한 환경 속에서 자라다 여섯 살 때 집 대청마루에서 베개를 가지고 놀다가 미끄러지는 사고를 당했다. 이 일로 등이 굽고 하반신이 마비되는 장애의 몸이 되었다. 서울의 윤석중, 언양의 신고송 정인섭과 대구의 윤복진 등과 교류하며 격려하고 합동 작품을 만들기도 했다. 소파 방정환이 울산에 왔을 때 가르침을 받기도 했고 그의 작품 봄편지를 노랫말로 윤극영과 홍난파가 작곡해 동요로 남겼다.

이제 동요는 사라졌다. 언젠가부터 골목이나 놀이터는 물론 학교에서도 '놀 애'가 안보이고 '노래'가 들리지 않는다. 아이들은 동요보다 아이돌 가수의 노래를 듣고 트로트 경연대회에 참가하거나 휴대전화 게임과 SNS, 유튜브에 몰입한다. 누가 아이들에게서 놀이와 노래를 빼앗았을까. 지금 이 땅에는 5월임에도 우렁차고 청아한 동요를 들을 수가 없다. 동요가 없는 5월, 어쩐지 서글프지 않는가? 나만 그런가?

정명定名과 정명正名

> 내가 그의 이름을 불러주었을 때 그는 나에게로 와서 꽃이 되었다.
>
> (김춘수의 〈꽃〉 중)

우리는 서로서로 이름을 불러주고 기억해 줘야 한다. 그러려면 우선 제대로 된 이름이 있어야 하고 이름을 제대로 불러줘야 그 사람의 정체성이 제대로 드러나고 서로는 특별한 관계가 된다. 부부간에도 그렇고 방송 프로그램도 그러하고 역사적 사건도 바른 이름이 중요하고 제대로 부르는 일이 중요하다.

일테면 동학난이나 동학혁명이라는 이름보다 '동학농민운동'으로 불러야 격에 맞는다. 5·18 광주 민주항쟁도 마찬가지다. 30여 년 만에 제 이름을 찾긴 했지만 '5·18'이나'광주사태'로 불러선 안 된다. (사족, 1980년대 남성 3인조 댄스 팝 그룹으로 인기 절정이었던 소방차의 원래 이름은 '코스모스 위에 앉은 나비'였다고 한다. 올바르고 제대로 된 이름 짓기와 이름을 바르게 부르는 것이 얼마나 중요한가를 보여주는 사례이다.)

"봄철 프로그램 개편을 안내해 드리겠습니다."

4, 5월이면 늘 들었던 방송 안내 멘트이다. 간혹 개편을 '개판'으로 오독하는 아나운서도 있었다지만 어쨌든 4, 5월은 각 방송사의 봄철 개편 시기였다. 다채널과 미디어 홍수 속에 경쟁이 과열된 요즘이야

개편 시기가 따로 없지만 90년대까지만 해도 모든 방송사는 춘 하계와 추 동계 전면 개편을 의무로 받아들이고 반드시 실천해야만 했다. 시청자들에게 새로움을 선사하고, 시청률을 높이는 데 필요한 작업이라는 명분은 참으로 지엄했다.

개편 준비에서 가장 큰 고민은 타이틀이었다. 진행자 선정 이른바 캐스팅이 핵심이지만 타이틀은 새로 선보이는 프로그램의 문패이자 이름표 역할을 하는 얼굴이었으니 기획 의도와 내용, 방송 목적에 적합하고 직관적이어야 한다는 믿음이 PD들을 강하게 지배했다.

개편 한 두 달 전부터 아이디어를 모으고 저마다 기획안을 만들어 합숙하거나 파일럿 프로그램을 미리 제작해 애피타이저나 미끼로 선보이기도 했고 기억하기 쉽고 간단명료한 타이틀이 가장 좋다는 원칙과 대여섯 자 정도의 글자 수를 고집했던 것 같다. 재미와 의미, 흥미와 감동을 동시에 추구하면서 창의적인 타이틀을 요구하는 윗선 지시의 머리에 쥐가 나기도 했던 시절이었다.

PD들은 기획서의 제목만 보고도 히트할지 말지를 직감할 정도로 타이틀의 비중은 컸다. 지금은 성공한 남의 타이틀을 슬쩍 도용해 비틀어 쓰기도 하고 패러디와 모방, 수정과 개작이 판을 쳐도 재미에만 방점을 두니 그럭저럭 묻어가기도 하지만 '라떼'는 신선하면서도 관심을 끌 만한 타이틀을 찾는 노력을 끊임없이 해댔다.

유명한 주철환 PD는 늘 "방송이 재미만 추구하면 끝이 항상 허전하다."라고 말했다. 또 재미도 중요하지만, 거기에 더하여 감동이나 의미가 있어야 하고 재미의 끝에서 의미를 찾을 수 있어야 한다는 소신을 설파했다. 그냥 '오락'은 소비적인 장르지만 '예능'은 시청자들에게 함께 살아가는 인생이라는 걸 웃음으로 환기해 주는 장르라는 말처럼 좋은 예능프로그램은 볼 때 지루하지 않고, 보고 나서 뭔가 남는 것이 있어야 한다는 그의 주장에 많은 후배가 동조했다. 감동을 전해야 한다는 말과 감동의 사촌은 감사라는 그의 지론에 나도 격하게 동의했던 적이 있다. '미스터 트롯'을 보면서 고향의 부모님께 전화하게 된다는 젊은이들도 많다고 하지 않는가. 그런 방송이 인기 있고 오래가고 기억에 남는다.

아나운서는 친일파?

예나 지금이나 친일파를 욕하고 일본이란 단어에 본능적으로 흥분하며 침을 튀기는 이중적인 사람들이 의외로 많다. 편 가르기와 프레임 씌우기에 휩쓸리는 방송인들도 허다한데 가끔 아나운서들이 일본어를 방송에서 사용할 때가 있다. 그들이 친일파여서 그러는 게 아니라 혼동했거나 다소 무지하거나 습관적으로 언어를 사용하다가 실수하는 것이다. 그런 일본어 중에 '땡 땡'이나 '똔 똔'이란 단어가 있다. 오늘 아침에도 땡땡을 반복하는 아나운서의 방송을 들으며 출근했다.

울산의 아침 라디오 프로그램에서 (궁거랑) 벚꽃축제에 관한 퀴즈를 낸 아나운서가 힌트랍시고 "땡땡땡 벚꽃축제, 여기서 땡땡땡은 무엇일까요? 활처럼 휜 모습에서 따온 말입니다."란 말을 되풀이했다. 그러면서 "이곳의 벚꽃은 군항제로 유명한 진해의 벚꽃이나 거의 차이가 없어요. 그러니까 똔똔이란 말이죠."

강성곤 아나운서의 지적에 따르면 땡땡이나 똔똔은 방송 용어로 부적합한 일본말이다. 꼰대들이 가끔 오남용한다지만 우리말이 아니다. とんとん이란 일본어로 '엇비슷하다/ 어상반하다/ 팽팽하다'로 대체해야 옳다. 누구나 일상에서 쓰는 말이고 너무 자주 들어 우리말이라고 생각하기 쉽지만 아니란다.

영(0)이나 동그라미 아니면 둥근 빈칸을 보면 반사적으로 뗑뗑뗑/ 땡땡땡 하기도 한다. 방송에서도 열에 아홉은 이렇게 읽는다. 점點을 일본말로는 뗀/ 뗑(てん)인데 아나운서가 부지불식간에 또렷이 일본말을 쓰고 있었다. 무엇이 잘못인지도 모른 채….

하기야 예전에 공영방송의 아나운서가 방송 중에 일본어 '쿠사리(くさり)'를 표준어라고 주장했다가 뒤늦게 잘못을 인정하고 공식으로 사과한 일도 있는데 어쩌랴. 면박이나 핀잔, 꾸지람이 맞는다.

다시 강 아나운서의 훈계를 들어보자.

"OOO은 우리 식으로 하면 사람일 경우 아무개, 사물일 경우 무엇(세 글자/ 3음절)이 대안이다. 이도 저도 귀찮으면 그저 '공공공空'하면 된다. '땡땡이 무늬의 옷'이라고 하지 말고 '빗방울 무늬 원피스'나'점박이 블라우스'라 하면 그만이다.

반면에 '또이또이'는 분명한 우리말이다. 원래 '똑똑히'의 충청 방언이지만 비슷하다/ 똑같다/ 엇비슷하다는 뜻으로 많이 쓰인다. 표준국어대사전에는 오르지 못했지만 우리말샘(오픈 사전) 에서는 인정한다고 돼 있다."

방송언어! 아나운서는 우리말 지킴이의 최일선에 있어야 할 사람들이다. 그러나 지금의 아나운서들은 우리말 지킴이로 어울리지 않는 분들이 많다. 아나운서는 최고 수준의 말을 사용해야 하고 표준어로만 방송하거나 그리 못하면 최소한 국어를 오염시키진 말아야 한다. 영국의 표준어는 BBC 아나운서들이 구사하는 언어라고 한다. 일본의 표준어는 NHK 아나운서의 말이다. 그런데 한국의 표준어는 아나운서와 상관없다니 이래도 괜찮을까.

한글 맞춤법은 표준어를 소리대로 적되, 어법에 맞도록 함을 원칙으로 한다. 표준어는 "교양 있는 사람들이 두루 쓰는 현대 서울말"이다. 그런데 이런 사람을 찾기가 쉽지 않으니 KBS 아나운서의 말을 표준어로 가름하면 어떨까, 하는 주장이 있어 주목된다. 아나운서의 책무가 얼마나 중하고 귀한지를 강조하기 위한 말이지만 나는 한 표를 주겠다.

이스라엘 사람들이 그렇게 오랜 세월을 유랑하는 '유대인 디아스포라'를 견디어 내고 나라를 세울 수 있었던 것은 자신들의 말을 잃어버리지 않았기 때문이라고 하지 않는가. 로마제국의 박해를 피해 예루살렘을 떠나 세계 각지에 흩어지게 된 유대 민족의 이산離散, 디아스포라(Diaspora)의 기간은 무려 2000년이었다.

새내기 PD는 방송국 '시다'

방송과 완전히 작별하고 새 직장에 출근하는 날, 방송 새내기 시절의 웃픈 경험이 떠올랐다. PD가 뭔지도 모른 채 입사해서 겪은 일들이다. 입사하자마자 사장은 자취방 주인집 반상회에 참석해 보고서를 제출하라고 했고, 직장 예비군 중대장은 농번기 모심기나 벼 베기 일손에 참여하라고 지시하는 일이 허다했던 시절이었다. 가끔 공개방송이 있는 날에는 허드렛일에 무조건 투입됐다. 장비와 각종 비품을 들고 짊어지고 나르는 배달꾼이 주임무였다. 공연장의 기도 역할도 마다치 않았고 표 받기와 관객 정리, 호응을 유도하는 박수 몰이꾼 역할도 자주 맡았다.

정광태가 '독도는 우리 땅'이라고 외치고 혜은이의 '파란 나라', 들국화의 '행진'이 힘차게 울려 퍼지던 1985년 여름, 톡톡히 창피를 당했던 에피소드를 소환해 본다.

7월15일 오후 태화강 남쪽 둔치에서 '울산시 구제區制 실시' 축하 공연이 있었는데 입사 이후 현장에 첫발을 내디딘 행사였다. 내 역할은 관람객 의자를 둘러싼 줄을 보호하며 무단출입하는 사람들을 통제하는 일이었다. 뙤약볕에 정신없이 사방팔방 뛰어다니는데 그때 왜 그리 아는 사람과 자주 부딪치는지. 그중에 얼굴 마주친 분이 하필 재종 누님이었는데 친구들과 함께 연예인 보러 왔다는데 그냥 들어가고 말지, 새까만 얼굴에 꾀죄죄한 동생을 보더니 혀를 차며 하는 말, "야야! 니 방송국 취직했다 카디마는 여어서 시다하나?"

그나저나 축하 공연을 무사히 마치고 8월의 바캉스 시즌을 앞둔 어느 주말, 나는 또다시 창피한 경험을 했는데 한여름 백주대로에서 포니 차를 밀고 가던 일이다.

K모 차장이 가족들과 함께 경주 도투락 월드에 놀러 가는데 동행하자고 제안했다. 당시 토요일은 반공半空일이라 얼씨구, 하고 동승한 것까지는 좋았는데 회사를 출발한 지 10여 분 만에 잘도 달리던 포니가 강변도로에서 푸르릉 하며 퍼져버렸다. 우물쭈물하는 초짜 PD에게 차장께서 하는 말, "야, 뭐하나. 빨리 내려 뒤에서 밀어 봐." 엉덩이 높이 쳐들고 삼복염천에 찐득한 팥죽 같은 땀을 흘려대며 곤죽이 된 그날, 여행이고 나발이고 길 위의 원숭이가 된 기분에 "C bal! 당장 때려치워야지."를 다짐하고 결심했다. 진짜 집어치웠으면 지금 회상하며 웃을 일은 없었겠지만. 추억은 시간이 지워나간다. 방송일 보다 '노가다'부터 배우고 몸으로 때우던 시절, 1980년대였다.

물 맑은 5월, 동해구가 보이는 언덕에 피었던 벚꽃이 모두 지고 수박 향내 나는 은어들이 대종천으로 모천회귀 중이다. 은어들은 동해구를 거치면서 신화와 종소리를 자신의 몸 곳곳에 새겨 놓아 몸피가 많이 부푼 것 같다. 내 시선도 대종천에 머문다. 이때를 기다려 온 낚시꾼들이 하나둘 몰리더니 낚시에 열중한다. 대부분 살아 있는 은어를 미끼로 물속에 있는 은어와 싸움을 붙여 잡는 '씨은어 놀림낚시' 중이다. 친구를 꾀어 친구의 구역을 침범케 하고 둘이 다툴 때 잡는 방식이다. 은어는 자기 구역을 지키려고 서로 물고 뜯으며 싸운다. 먼바다까지 갔다가 회유한 천신만고의 노고를 보상하고 위안받기도 전에 지들끼리 골육상쟁하며 바늘에 꿰이니 사람은 그저 손맛을 즐기고 수확하기만 하면 된다. 어부지리가 따로 없다. (2023.5)

21세기형 '공업축제'

여름이 왔다. 주변의 풍경이 모두 달라졌다. 새싹이 내뿜는 기운과 꽃들을 보면서 처음 마주한 듯 신세계를 본 듯 환호했는데 그 시간은 짧았다. 이젠 싱그러운 잎과 물오른 가지, 한층 요염하고 더욱 풍만해진 꽃들과 마주한다. 접시꽃은 탱탱해졌고 능소화는 담 너머 얼굴을 내밀고 누구를 하염없이 기다린다. 때죽나무는 뎅그렁 종소리를 낼 것 같은 하얀 종들을 매달았다.

시간은 우리에게 끊임없는 변화를 가져다 준다. 모든 것이 변하는 것처럼, 우리의 일상도 변해야 한다. 봄이 가면 여름이 올 것이고 나는 또 '다음 계절'을 기다린다.

'공업축제' 부활하다

1998년 4월, 울산MBC 창사 30주년 특집 방송을 맡았다. 외지인 비율이 80%를 넘는 시기였던 만큼 울산의 속살을 알려주고 애향심을 강조하고 싶은 마음에 타이틀을 〈울산을 아십니까 – 100문 100답〉으로 정했다. 울산의 역사와 문화, 상징물을 소개하며 퀴즈를 내고 전문가와 관계자들이 설명하는 형식이었다. 가장 먼저 공업탑과 공업축제를 다뤘다. 취재 과정에서 울산의 상징인 '공업탑'을 설계한 조각가 박칠성 씨를 찾아내 인터뷰했다. 그때까지 누구도 관심을 두지 않았던 공업탑에 얽힌 사연과 의미를 전한 것은 큰 보람이었다. 나중에 박 씨는 언론의 집중조명을 받았고 울산시 명예시민이 되었다.

울산은 1962년 공업지구로 지정됐고 박 씨의 아이디어로 '울산공업센터 건립 기념탑'(공업탑)을 건립했다. 박 씨가 설계를 맡았다. 경제개발 5개년 계획과 인구 목표 50만 명을 뜻하는 5개의 철근 콘크리트 기둥이 세계평화를 상징하는 지구본을 떠받든 형태이다. 울산이 세계로 뻗어나가 공업 한국의 새 역사를 창조하고자 했던 시민의 염원을 반영한 작품이다.

박 씨는 함경북도 경성군 출신으로 1949년 평양 미술대학 조각학과를 졸업하고 월남 후 1953년 속초 수복 기념탑(모자상), 1962년 부산직할시 승격 기념탑, 1973년 면암 최익현 동상 등을 제작했다.

공업탑은 울산의 정신, 조국 근대화의 염원, 대한민국의 경제부흥을 위한 각오들이 담겨 있다. 1960년대 이러한 공업탑 정신을 구현하고자 마련한 것이 '공업축제'였다. 울산의 대표 축제였던 '공업축제'가 사라진 지 35년 만에 올 6월 부활했다. 공업축제는 1967년 4월 20일 시작해 이듬해부터 6월 1일 개최하다가 1980년대 들어 공업이란 단어가 공해를 연상시킨다며 1987년 20회를 끝으로 사라졌던 울산의 큰 잔치였다. 새로 선보인 화려한 드론 쇼 불꽃놀이와 시민들의 퍼레이드가 장관이었다. 산업도시 울산의 정체성을 숨기지 말고 외부 관광객 숫자에 연연하기보다 시민이 주인 되고 시민들이 즐기는 축제를 표방한 목표를 제대로 살렸다.

원래 공업축제는 울산만의 축제가 아니었다. 범국가적 성격의 축제였다. 제1회 공업축제의 취지문을 봐도 짐작할 수 있다.

"공업도시로서의 울산은 이미 하나의 청사진을 벗어나 발전하는 한국의 상징으로 등장하고 있습니다. 이러한 현실적 차원에서 보다 넓은 웅지와 용기를 가다듬어 다시 풍요한 민주사회의 건설이 약속된 제2단계의 자립경제 개발 작업을 성공리에 매듭짓기 위해 제1회 울산공업축제의 막을 올립니다."

다시 본 공업축제는 5060세대들의 향수를 불러일으켰고 20·30세대들을 위한 즐길 거리를 준비해 울산의 현재와 미래를 선보였다는 평가를 받았다. 4천여 명이 참여한 개막식과 퍼레이드가 하이라이트였다. 1천여 명의 시민들이 공업탑에서 출발해 시청을 지나 태화강 국가 정원까지 약 3㎞를 2시간 가량 행진했다. 행렬은 1㎞에 달했다. 노동계와 다문화, 팔각회, 78 연합회 등 다양한 계층이 행진에 참여했다. 첨단의 미래 자동차까지 등장해 시민들은 화려한 눈요기를 했다.

예나 지금이나 울산은 대한민국 산업 수도이다. 공업이나 산업도시란 표현을 부끄러워하지 않고 자긍심을 가져야 하는 도시다. 한때 급할 시라는 비아냥도 있었지만, 전 세계 압축성장의 모델인 대한민국을 상징하는 도시가 울산이다. 울산은 대한민국 경제 발전의 중요한 역할을 맡았다. 울산이 잘살아야 대한민국이 성장하고 울산의 부가 곧 한국의 경제 규모라 할 수 있다. 국세 징수 비율이나 항구별 수출 규모, 지역별 총생산량을 비교하면 금방 알 수 있는 사실이다.

부활한 울산 공업축제! 산업도시 울산을 재조명하고 도시브랜드를 강화하는 동기가 될 것으로 믿는다. 나아가 시민 화합과 관광상품이라는 두 마리 토끼를 잡는 성공적인 지역 축제로 계속 이어졌으면 한다.

내 이름은 경상도 울산 큰애기

'울산'이라면 대개 고래를 떠올리지만, 실제 마스코트는 따로 있다. '울산 큰애기'라는 여성이다. 큰애기란 말은 시집 안 간 시누이를 올케가 부를 때 쓰는 울산 방언이다. '처녀' '아(애)기씨'라고도 한다. '울산 큰애기'는 통통한 볼에 단발머리, 빨간 원피스에 커다란 머리핀을 꽂고 있다. 나이는 20대. 성별은 여성으로 성격은 유쾌 발랄하다. 직업은 울산 중구청 공무원으로 최근 8급에서 7급으로 승진했다. 요즘 말로 '공주공주'한 인테리어를 한 번듯한 집도 가졌다. 간식인 '쫀드기'를 무척 좋아한다고 알려져 있다. 팬 사인회까지 할 정도로 '팬덤'을 지닌 스타이다.

'보여주기 식'으로 만든 흔한 캐릭터가 아니라 일본 구마모토(熊本)현 구마몬처럼 제대로 입소문 나며 인기를 끌고 있는 울산의 대표 상징이다. 1965년 가수 김상희가 발표한 노래 〈울산 큰애기〉에서 착안해 2017년에 만들었다. 다른 지역은 수달 · 고양이 · 용 등 동물이나 특산물을 형상화하지만, 울산은 '사람'을 내세워 차별화했다.

울산 큰애기의 고향인 중구 반구동은 쌀농사, 과일 농사가 잘돼 궁핍하던 시절에도 상대적으로 경제 형편이 좋았다. 이곳 처녀들은 유난히 피부가 곱고 성품이 상냥해 당시 울총들(울산 총각, 홀로 객지 생활하던 기업체 남성 근무자들)이 많은 호감을 표했다.

왕의 곤충–비단벌레

1990년에 개봉된 영화 〈미이라〉에는 곤충이 무서운 무기가 되는 장면이 나온다. 처음에는 벽에 박힌 보석처럼 찬란하고 아름다운 곤충이었는데 갑자기 살아나 악당의 살을 파먹는다. 수천, 수만 마리가 떼를 지어 덤비니 '최종병기–곤충'이라 할 만하다. 이집트를 배경으로 한 이 영화에 나오는 상상의 곤충은 지금도 살아 있다. 딱정벌레의 일종으로 화려한 색의 날개를 지닌 비단벌레다. 마치 단청을 보는 듯 영롱한 빛을 내는 날개를 가졌다. 비단벌레의 날개는 신비로운 금녹색의 껍질과 적색의 세로줄로 된 살아있는 보석이다. 이 곤충의 날개로 값진 보물을 장식했던 문화는 1600년 전 우리나라 역사에 이미 있었다.

황남대총은 경주 왕릉 중에서 가장 큰 고분이다. 1973년 이 황남대총을 발굴했을 때 화려한 금관보다 더 눈길을 끈 유물이 있었다. 바로 말안장 뒷가리개였다. 금빛과 녹색의 영롱한 빛깔을 띤 비단벌레 날개로 장식했다. 1600년의 세월을 견디고 본래의 색깔을 그대로 보여주었던 이 보물은 사진 몇 장만 남기고 바로 상자 속에 갇혀버렸다. 비단벌레 날개 빛의 변색을 막기 위해서 글리세린으로 처리한 뒤였다. 그 후 세상에 더이상 드러나지 않았고 사람들도 비단벌레의 존재를 잊고 지냈다.

박물관 상자 속에서 잠들고 있던 황남대총의 말안장 장식이 완벽하게 재현되어 세상에 나온 것은 지난 2006년 4월이었다. 울산 MBC(다큐 천년 불사(不死)의 꿈, 비단벌레)가 경주의 전통 금속 공예가인 최광웅 씨와 함께 복원했다. 장식에 필요한 비단벌레 1,000여 마리는 일본 시즈오카현에 사는 아시자와 씨가 기증했다. 우리나라에서는 멸종위기종이어서 채집할 수 없었지만 17년 동안 비단벌레 양식을 해 온 아시자와 씨가 유물 복원 소식을 듣고 무상으로 내놨다. 복원된 비단벌레 장식 마구는 경주를 비롯한 전국 순회 전시를 한 뒤 국립경주박물관에 기증했다.

비단벌레는 신라 등 고대 아시아 지역에서 '왕의 곤충'으로 대접받았다. 화려한 빛깔의 날개는 왕의 위엄과 권위를 상징하는 귀한 물건들을 장식하는 데 안성맞춤이었다. 금동 장식과 함께 비단벌레를 이용하여 영원히 죽지 않겠다는 불사不死의 염원을 나타내기도 했다. 수많은 알을 낳고 변태를 하는 생태를 빌려 왕의 환생을 기원한 일종의 곤충 토템이었다. 황남대총과 고구려 진파리고분의 유물과 왕비의 치마, 일본 호류사 옥충 주자가 모두 왕의 곤충으로 장식되었던 문화재들이다. 당시 사람들은 비단벌레가 사랑을 이루게 하는 일종의 미약媚藥으로 작용한다고 여겼는데 사실이라면 지금의 비아그라의 원조인 셈이다. 실제 비단벌레 날개에는 최음제 성분이 있다고 알려져 있다.

울산MBC의 전통문화재 복원은 문화재청이 2008년 비단벌레를 천연기념물 496호로 환경부 지정 멸종위기 II급 곤충으로 지정하는 데 결정적인 동기를 제공했다. 삼국시대, 이 땅에 지천으로 살았을 비단벌레가 비로소 체계적인 보호를 받게 된 것이다. 변산반도와 고창 선운사 등에서 집단 서식처를 확인하기도 했다. 과학적인 보호와 개체 번식이 성공한다면 찬란했던 신라 문화재가 부활할 날이 올 것이다.

비단벌레(Chrysochroa tulgidissima Scheoenderr)는 우리나라에 분포하는 곤충 중 가장 아름다운 딱정벌레의 일종이다. 금속성 광택이 강한 금녹색은 화려하고 영롱해 예로부터 옥충玉蟲, 길정吉丁 혹은 길정충吉丁蟲, 금화충金花蟲이라 불렀다.

이미 신라 상고시대에 의복이라든가, 마구馬具류 등에 장식물로 애용됐는데 전문가들은 뛰어난 장식성과 함께 종교적 의미를 내포했을 것으로 해석한다. 죽어도 죽지 않는다는 신라인들의 염원이 서려 있다는 것이다.

마무리

'노 시니어 존'(No Senior Zone · 노인 출입 금지). 64년 인생에 처음 듣는 말이다. 세상이 변해도 참 많이 변했다. 지난달 서울의 한 카페 출입문에 붙은 '60세 이상 어르신 출입제한' 문구를 두고 친구들도 갑론을박을 벌였다. 안내견은 환영이지만 노년층은 출입 금지하는 건데 가게 주인의 진짜 의도였을까. 진의가 잘못 전달됐고 노년층 고객들의 성희롱 발언이 발단이었음이 드러나 촌극으로 끝났지만, 뒷맛이 씁쓸했다.

최근엔 노인이란 말 대신 '어르신', '시니어', '실버', '연장자'로 바꿔 정서적 위로를 한다지만 그게 그거다. 노친네, 노땅, 영감탱이, 틀딱이라 하지 않으면 다행이다. 내가 봐도 그런 노인들이 보기 싫다. 대개 성격이 급하고 신경질과 짜증, 화를 잘 내고 지하철은 무임승차하고 산책길에서도 음악을 크게 틀고 휘젓고 다니는 사람들. 최소한의 공중도덕마저 아예 모른 체한다. 가히 막무가내 수준이다.

어느 날 버스에서 본 백발의 일행들이 그랬다. 모두 등산복 차림에 낮술로 불콰한 낯빛으로 "청춘을 돌려다오."라며 악을 써댔는데 눈총을 주니 '국민학교 동창회'에 갔다 오는데 봐달라고 변명했다. 老醜의 모습들이다. 老妄, 老欲, 老獪와 뭐가 다른가. (2023.6)

울산 서머 페스티벌의 추억

오뉴월 더위에 염소 뿔이 물러 빠진다더니 요즘이 딱 그렇다. 계절은 이미 여름의 한가운데에 들어 덥고 습하다. 이상기후 탓이겠지만 예전보다 태양이 훨씬 더 뜨거워졌다. 이러니 사람도 생물도 무기력하기만 하다. 그래도 7월은 수확의 달이다. 감자는 이미 수확했고 옥수수, 고추, 오이와 가지들이 풍성해 수확을 앞두고 있다.

큰 나무를 안으며

언제부턴지 모르지만 힘들고 막막할 때 큰 나무를 마주한다. 쳐다보고 말을 걸고 한 번 안으면 위로가 된다. 어릴 때 집 안팎과 동네 사방이 온통 나무였고 산과 들판이었으니 그런 환경에 길들여졌는지 모른다. 그러다 보니 지금도 잎이나 몸피, 껍질만 봐도 바로 나무 이름이 떠오른다. 웬만한 나무 이름은 알 만큼 다 안다. 소나무, 감나무야 뭐 누구나 아는 것이지만, 오리나무에 살구나무, 매화나무, 앵두나무, 등나무와 아까시나무, 대나무, 싸리나무, 때죽나무, 물포구와 버드나무, 느티나무 등 이름을 모르거나 기억이 안 나면 〈모야모〉라는 앱을 열면 알려준다. 그래도 나는 백 가지 정도의 나무 이름을 알 성싶다.

고향의 당수 나무는 200세이고 중학교 뒤 활만송의 나이는 619년이나 된다는 사실도 익히 안다. 붉은빛이 도는 수피와 울퉁불퉁 근육질을 자랑하는 활만송은 승천하려는 붉은 용을 닮았다. 울산 김씨의 입향조인 김비金秘가 1404년 이곳에 마을을 세우면서 당산나무로 정했다고 해서 '세전송世傳松'으로 불리다 '활만송活萬松'으로 바뀠다.

고향집 뒷산은 온통 참나무 숲이었다. 여름 내내 도토리가 달려 다람쥐 놀이터였고 땅에 떨어진 가지가 수북할 때도 있었다. 바람에 꺾인 게 아니라 절단면이 예리해 사람이 톱으로 잘라낸 것 같았다. 길이가 1cm도 안 되는 조그만 도토리거위벌레가 장본인이란 것을 40대가 되어서야 처음 알았다.

도톨도톨해서 도토리인지 돝(돼지)이 먹는 밤이라서 '도토리'란 이름이 됐는지는 모르지만, 알고 보니 도토리는 도토리나무에서 열리는 게 아니었다. 사전을 찾아보니 도토리나무는 참나뭇과에 속한 낙엽 활엽 교목으로 '상수리나무'를 일상적으로 이르는 말이라 한다. 그리고 도토리는 상수리나무 굴참나무 졸참나무 갈참나무 신갈나무 떡

갈나무 가시나무 등 참나무류의 열매를 통틀어 부르는 이름이다. 어릴 때는 전부 참나무, 꿀밤나무라는 한 가지로 통칭했다. 알고 보니 참나무라는 이름을 가진 나무는 따로 없다. 내가 아는 지식이 참으로 허망하다. 들국화란 이름을 가진 꽃이 없듯이.

참나무류 6종류는 잎과 잎자루, 도토리가 저마다 다르고 쓰임새도 제각각이다. 상수리나무는 동네 산에 흔하고 굴참나무는 나무껍질로 굴피집을 짓는다. 졸참나무는 무리 중 잎이 가장 작고 도토리는 긴 타원형이다. 깍정이는 열매를 겨우 싸고 있어 도토리가 익으면 쉽게 분리된다. 갈참나무는 10월쯤 황갈색 단풍을 멋지게 만들고 깍정이는 열매의 1/3을 덮는다. 잎사귀를 짚신 밑바닥에 넣어 깔창 대신 활용한다 해서 이름을 붙인 신갈나무도 있다.

참나무류의 '참'은 긍정적인 의미의 접두어일 것이다. 참된 참한 참새 참꽃 참개구리 참샘 참숯 등 '참–'이란 접두어는 늘 정통파이고 옳고 바른 대상에게 붙였다. 그러면 참나무는 인간에게 유익한 쓰임새가 많았던 나무였을 게다. 지금이야 술통으로 일부 쓰이는 것 외에 대부분 땔감이나 숯 만들 때만 쓰이지만 옛날에는 질 좋은 가구재로 사용되었거나 건축재로도 활용되었을 것이다.

Glo–Cal한 페스티벌

울산의 7월은 '울산서머페스티벌'의 달이다. 2003년 지역방송이 젊은이들과 한류 팬들을 위해 기획한 K–POP 잔치가 이어지고 있다. 젊은이들이 울산에서 여름을 즐기며 청춘의 시간을 만끽하는 여름 축제의 백미다.

지금도 그러하지만 예전엔 지역방송 사장은 거의 서울에서 온 낙하산 인사들이 차지했다. 지역방송인들은 2, 3년 그분을 총독으로 모셨다. '총독'들은 대부분 지역에서 '탱자탱자하거나 놀멘놀멘'하다가 임기 끝나는 하루 전날 바로 지역을 떠났다.

2003년부터 2년여 함께 일한 신 사장은 달랐다. 예능PD 출신으로 지역 MBC 사장을 거쳐 부사장에 오른 특이한 경력을 가진 분이다. 독특한 캐릭터에 좀 튀는 개성파, 자칭타칭 'Ddol-I PD'라고도 했다. 첫 대면부터 사장이 아닌 PD 선배로 일하겠다고 해 천생 PD로 받아들였고 직원들의 호응도 좋았다. 나와도 나름대로 합이 맞았다. "지역방송이라고 촌스러운 기획이나 하고 무조건 로컬리티에만 매몰되어선 안 된다."라는 훈시도 듣기 좋았다. 나는 즉시 화답했다. "발은 지역에 두고 머리와 가슴은 세계로 향하는 글로컬리즘의 콘텐츠만이 살아남습니다."

신 PD는 토토즐, 쇼 2000 등을 제작한 여의도 연예 쇼 대표 PD이자 집념의 연출가였다. 연예 오락 PD의 거장다운 면모를 보이며 조용필 나훈아 쇼를 기획해 소화하는 등 울산에서도 쉬지 않고 '쟁이기질'을 발휘했다. 어느 날 전국적인 축제를 만들어 보라고 지시했다. '울산서머페스티벌'의 출발이었다. 매일 1억 원 정도의 예산을 투입해 7일 동안 매일 쇼를 하자는 제안에 다들 어이가 없었다. 10억 규모의 협찬을 동원할 자신도 없었고 지방에서 무슨 그런 대형 쇼를 한다고? 간부들은 저마다 눈치를 보며 머뭇거렸다. 그는 "전국의 젊은 이들을 울산에 데리고 와 여름을 즐기게 하자, 관람료나 참가비 없으면 해외에서도 오고 홍보 효과도 좋을 것이다."라며 K-POP의 불씨를 지필 수 있다고 역설했다. 사장이란 자가 "한번 해보고 안 되면 때려치우면 된다."라는 협박 아닌 협박까지 했다. 어찌어찌 시작된 울산서머페스티벌은 그로부터 2013년에 누적 관객 수 100만 명을 넘었고, 출연한 음악인도 1천 명이 넘었다. 축제는 날마다 트로트, 댄스, 발라드, 록, 힙합, 포크 등 한 장르로 특화해 1주일 동안 공연했다.

우선 울산 시민들이 여름을 즐기고 문화를 향유하고 가족, 친구, 연인과 함께 즐길 수 있는 축제로 발전했다. 일본과 중국, 베트남에서도 팬들이 몰려와 촌 PD들과 울산시가 즐거운 비명을 질렀던 기억이 생생하다. 모험에 가까운 도전과 창발, 그 후에도 신 PD는 사장이기보다 아이디어, 기획, 섭외를 도맡으며 마구잡이 지원을 했다. 연출은 후배 PD들의 몫이었고 성공과 실패에 연연하지 않았다.

세월이 달라졌지만 예능프로그램의 노하우를 한마디로 정의하기란 쉽지 않다. 신종인 PD를 지켜보고 일을 배운 처지에서 볼 때 그의 연출 노하우는 우선 불광불급不狂不及, 그대로였다. "PD는 밤새워 편집기 앞에서 작업하다 새벽에 담배 한 대 물고 퇴근하는 낭만적인 직업"이라며 특이한 자부심을 드러내던 그는 "방송은 매일 매일이 달라야 하고 뭔가 다르게 만들어야 한다."는 something new 파였다. 어제 한 내 것과 오늘 만든 것이 달라야 한다는 신념을 끊임없이 주입했다. 그리고 세계의 모든 영상을 많이 보고 연예 오락은 틀이 없으니 정해진 메뉴얼이나 포맷을 무시하고 드라마, 다큐도 섞어보고 미국 일본 중국 유럽 방송을 흉내라도 내 보라는 주문을 반복했다. 하이브리드, 잡종이 강세라면서…. 때때로 "일 욕심은 많을수록 좋다. AD나 작가에게 다 맡기면 PD는 무얼 할 거냐?"라는 질책에 수많은 밤을 같이 샜던 워크홀릭의 시간이 문득 그립다.

예나 지금이나 결국 지역방송의 경쟁력은 콘텐츠다. 그리고 자기 일에 미쳐 마침내 목적지에 이르기 위한 관건은 PD로 종착된다. 그래서 지금도 'PD는 P 터지게 일하다 D지는 직업인'이란 유머는 통할지 모른다.

향토사를 왜곡하는 지역방송

지역마다 자 · 타칭 '향토사학자'들이 많이 있다. 논문이나 이론도 없어 학자는 아니지만 지역에선 향토사 박사라 하거나 향토사학자라 부른다. 대부분 지역방송이 부추기거나 생각 없이 그렇게 부르다 보니 자연스럽게 굳어졌다.

지역방송이 애향심을 고취하기 위해 지역사를 편성하는 일은 나무랄 일이 아니다. 하지만 향토사나 지역사도 역사이다. 역사는 문학과 다르다. 역사는 팩트를 기반으로 한 해석이 생명이다. 꾸며내거나 과장하다 보면 자신도 모르게 국수주의가 되고 국뽕에 빠진다. 무조건 우리 고장의 것, 우리 것이 좋은 것이고 최고라는 지역방송들. 무지로 인한 왜곡, 오류보다는 차라리 무관심이 나을지 모른다.

울산의 지역방송이 퍼뜨린 향토사 왜곡 사례도 많다. 백결이 울산 출신의 박제상 손자라 하고 기박산성에서 신흥사 승병들이 홍의장군보다 먼저 의병을 일으켰다고 자랑한다. 고려의 충무공이라는 김취려 장군 묘가 강화도에 있는데 언양에 있는 가묘를 진짜 묘라고 강변한다. 근거도 사료도 제시하지 않는다. 그냥 자기 주장을 내뱉는다. 예전 모 장관의 말마따나 "무슨 소설을 쓰는 것도 아니고…."

'오색팔중'이란 이름을 가진 동백을 일본 교토 지장원에서 가져와 시청 뜰에 심어놓은 것까지는 좋았는데 그 앞에 모여 절하고 헌다하는 사람들, 가요제를 열어 찬양하는 사람들, 가토 기요마사가 임란 때 학성전투를 벌이던 왜성에서 가져가 이미 연전에 죽고 없는 도요토미 히데요시에게 바쳤다는 오류도 무시하고 역사라고 강변한다. 꽃이 무슨 죄가 있냐마는 아닌 건 아니고 틀린 건 바로 잡는 게 맞는다.

모두가 애향심을 빙자한 지역방송의 억지에서 비롯됐다. 방어진 바다에 있는 바위海巖를 문무대왕 비를 장사 지낸 수중릉이라는 주장도 한다. 《삼국사기》나 유사에 화장 기록이 있고 문무대왕을 비롯한 누군지 이름까지 나오는데 경주 대왕암이 있으면 우리도 있다는 식의 억지춘향? 문화와 역사의 열등감을 왜곡으로 포장해 버리니 안타깝다. 대개 근거가 희박하고 개인의 사소한 글이나 족보 등 객관성이 부족한 야사에 기댄 결과다. 출처가 불명하고 검증도 하지 않은 채 전설, 설화를 사실史實이라 하면 안된다. 지역방송은 더욱 분명해야 한다.

애향심은 긍정적인 감정이지만 국수주의나 국뽕은 과도한 애착일 뿐 자부심이 아니다. 광기에 불과해 자칫 분노와 편견, 차별로 이어질 수 있다. 지역방송의 과도한 의욕에서 비롯된 잘못된 애향심은 경계해야 한다. 역사는 객관적이고 사실적인 방식으로 이야기를 전달하는 '차가운 과학의 영역'이다.

장단음 구분 못 하는 아나운서

매일 출근길에 KBS1 라디오를 듣는다. 아침 8시 29분쯤이면 여자 아나운서가 다음 프로를 예고한다. 그 아나운서는 매일 "일부 지역국에서는 해:당 지역방송을 들으시겠습니다."라고 한다. 해당該當을 해당害黨으로 잘못 발음하고 있다.

페이스북을 통해 강성곤 아나운서에게 물었다. 장음인가? 단음인가? 바로 답이 왔다. "단음입니다. 많이 틀리는 단어입니다."

한국어는 장단이 있는 언어다. 억양과 강세가 도드라지는 서양어와 결이 다르다. 문맥상 의미를 알 수 있는데 장단음 구별이 굳이 필요하냐는 물음도 있지만 강 아나운서는 "읽기와 연설, 그 격과 멋을 높이는 결정적 기제가 장단의 존중과 구현이다."라고 강조했다.

예전의 아나운서들은 방송의 꽃이었고 우리말의 교과서였다. 거기에다 기름지고 매끈한 음색으로 뉴스나 스포츠 중계를 하면 귀에 쏙쏙 들어왔고 혼잡하고 시끄러운 버스 안에서도 정확한 발음은 빛을 발했다. 라떼는 아나운서가 장단음을 틀리게 발음하면 즉시 전화를 걸어 항의하며 훈계하는 분들이 많았고 일간신문 독자투고란에는 "아나운서라는 자가 그것도 제대로 발음 못 하느냐?"는 비판의 글이 게재되기도 했다. 하지만 지금은 21세기. 장단음 구분? 꼰대나 한다고? 예를 들어, 뉴스가 끝내면서 앵커들마저도 '감사합니다.'와 '고맙습니다'를 규범 발음인 '감:사합니다', '고:맙습니다'라고 말하지 않는다.

우리 세대는 국어 시간에 밤, 눈, 말, 굴과 같이 한 글자 음성에 대한 장단음 구분을 얼마나 많이 연습했는지 모른다. 부자, 사과, 감정 등 2음절 한자어나 걷다, 갈다, 그리다 등의 첫음절 장음 구별 훈련도 마찬가지다.

좋은 발음의 첫걸음은 모음의 정확한 음가 내기에서 나온다고 한다. 한국어의 단모음 10개와 이중 모음 11개, 총 21개의 다양한 모음을 제대로만 소리 내도 근사한 발음을 할 수 있다.

재미를 붙여 자꾸 찾고 익혀야 한다. 입에 붙어야 발음이 제대로 나온다. 더이상 '해당'을 '해:당'이라고 하는 발음을 듣고 싶지 않다. 외워야 할 것은 외우고 지켜야 할 것은 지키자. 그래야 아나운서다.

〈아득가〉를 부르며

6·10 민주항쟁 기념일에 영남알프스를 올랐다. 간월재 공룡능선 초입에서 홍류폭포를 마주하며 힘찬 물의 낙하를 응시했다. 강력한 자기磁氣를 뿜어내 에너지를 충만하게 해 주니 상쾌하기 그지없어 속세의 찌든 때가 다 씻겨져 나갔다. 남들이 들을까 봐 목소리를 폭포 소리에 묻어 혼자 산 노래를 불렀다.

아득히 솟아오른 저 산정에
구름도 못다 오른 저 산정에
사랑하는 정 미워하는 정
속세에 묻어두고 오르세

'혁명도 있는 집 자식이나 한다.'라는 말을 기억한다. 그 시절 자주 되뇌던 말이다. 오직 취업만 바라던 어머니는 허리가 휘도록 낮과 밤을 구분하지 않고 흙 속에 묻혀 살았다. 죽을 때까지 오직 일만 했던 것 같다. 그래도 가난을 떨치지 못한 이유를 끝내 모르고 떠났다. 그러니 아들은 감히 중심부에 들어갈 수가 없었다. 주변에 머물며 참여하는 시늉만 냈다. "민주화를 누가 싫어하나. 뒤에서 지원만 할게."라면서…. 그나마 기록은 충실히 하는 것으로 자괴감을 감췄다.

가난하다는 이유로 사랑을 잃었거나 빼앗겨 보았고 그리고 눈물 젖은 빵을 먹어 본 사람은 안다. 그 경험이 소중한지 억울한지 차치하고 내 청춘도 그랬다. 가던 길을 바꾸고 때론 장벽에 부딪혀 튕겨 나온 적도 있었다. 실망과 좌절에 몰리며 자책의 시간도 있었다. 다 지난 일이지만 어머니 홀로, 나를 먹이고 입히고 공부시켜야 했던 시절이었으니 '행동하지 않은 죄'를 환경 탓으로 돌린다 한들 나무랄 사람 없으리라.

6・10 항쟁 일에 도시를 피해 산에 오르다 폭포 앞에서 가슴을 편다. 비류직하! 물보라를 마주한다. 기억은 희미하고 추억은 파편으로 남아 허공에 흩어져 간다. (2023.7)

yesterday once more

강가에서 부는 바람은 언제나 시원하고 좋다. 고마운 바람이다. 여름날 비 온 뒤 강변을 걸으면 물비린내와 함께 풀 내음에 젖은 내 몸도 마음도 가벼워진다. 걸음마다 고향 마을 풍경이 되살아나고 아련한 향수에 젖어 콧노래 흥얼거리니 들꽃들도 살랑살랑 춤추며 반긴다. 머릿속에 가득했던 온갖 잡동사니 걱정이 사라지고 밀려오는 건 행복감이다. 누가 저 들꽃을 꺾어다 내게 다발을 안겨주면 더욱 좋으련만….

아내가 제주도로 떠난 날 아침, 반려견 몽이와 함께 모처럼의 자유를 만끽했다. 하루 두 끼 마련하는 게 뭐 그리 어렵나. 사흘 정도의 혼자 살기야 아무렇지도 않다. 20년의 자취생활로 터득한 경험치가 상당한 영향을 준 것 같다. 냉장고를 열어 청소와 정리를 하다가 냉동고에 묵혀 있는 '도오 감' 홍시가 눈에 띄었다. 지난해 고향 친구가 보내 준 것이다. 여름에 먹는 언 홍시는 세상 어느 아이스크림보다 시원하고 맛있다. 홍시는 언제나 고향의 맛이다. 두 개를 다 먹을 때까지 계속 고향의 친구와 감나무가 떠올랐다. 그저 기분 좋은 아침이었다.

고향집에는 아직도 감나무가 여남은 그루 남아 있다. 어릴 때 심었던 참감나무와 두 아들이 태어날 때마다 밭에다 단감나무 20여 그루를 기념식수로 심었던 것 중에서 살아남은 것들이다. 가장 귀한 대접을 받는 건 장독간 옆에 있는 오래된 참감나무이다. 한 손에 잡히는 감이 가지가 휘도록 달렸던 나무다. 꽃목걸이도 만들고 홍시가 되기 전 소금물에 넣어 먹기도 했다. 잘 익은 감은 과육이 단단하고 단물이 배어 나와 세상 어떤 과일보다 맛있고 귀한 것이었다.

이 나무는 1971년 중학생이던 형이 심었다. 집집마다 감나무가 한두 그루 다 있는데 유독 우리 집에는 감나무가 없었다. 새벽마다 감꽃이나 풋감을 주우러 다니는 어린 동생을 보다 못한 형이 산에 나무하러 간 김에 돌감나무를 캐와 이웃집 감나무 가지를 꺾어 접붙이기했다.

이제는 부모님 모두 내 곁을 떠났고 어쩌다 들르는 집은 황량하기만 하다. 반백 년이 넘은 나이를 먹은 그때 그 감나무만이 '지꿈이(지킴이)'가 되어 고향집을 홀로 지키고 있다. 사람이 살지 않는 집의 감나무는 홀로 외롭다. 감꽃이 대롱대롱 등불을 켜도 붉은 감이 열려도

가을이 오기 전에 거의 다 떨어진다. 까치밥을 남기거나 감을 따려고 고개 젖히고 간짓대를 휘저을 일도 없어졌다. 봄날이면 돋아나던 앙증맞은 새순도, 향기라곤 없는 작은 왕관 모양의 감꽃도, 배꼽같이 귀여운 아기 감도 봐주는 이가 없다. 언제 또 고향집에 간다고 해도 그냥 나무 아래에서 홀로 서성이다 향수랑 추억을 줍다가 감나무랑 쓸쓸한 이야기나 나누고 올 것 같다.

꼬리가 길면

도마뱀은 위험 상황에서 꼬리를 끊어 도망치는 습성이 있다. 꼬리가 길면 잡힌다는 것을 잘 알기 때문이다. 잘려진 꼬리는 다시 생겨난다.

신문도 그렇지만 방송 기사는 긴 문장보다 짧은 문장을 쓰기가 더 어렵다. 물론 디지털 공간에서야 길게 쓴다고 크게 문제 될 건 없겠지만 기사를 읽는 독자의 처지를 생각하면 문장은 무조건 짧은 게 좋다. 기사가 길다고 독자가 오래 보지도 않고, 짧다고 금방 지나치는 것도 아니다. 미국의 한 언론인이 말했듯이 '우리가 하나의 글이나 정보를 읽는 데 들이는 시간은 26초'라고 한다.

지역방송의 로컬뉴스의 꼬리가 너무 길다는 것을 지적하려다 서두가 길어졌다. 우리의 공중파 방송은 매일 메인뉴스를 편성하고 중앙뉴스라고 하는 전국 뉴스를 먼저 방송한 뒤에 남는 자투리 시간, 전체 뉴스의 말미에 5~10분 정도의 지역 뉴스를 내보낸다. 그런데 지역 뉴스의 꼬리가 너무 길다. 지역 뉴스가 끝나고 스포츠 뉴스로 넘어갈 때 화면 전환용 영상을 공통 사인으로 방송하는데 이를 쿠션 또는 브릿지라고 한다. 그런데 수십 년이 지나도 변화가 없다. 지역의 여러 풍경이나 명소를 무심하게 내보낸다. 하루하루 번갈아 보내는 일이 많은데 참으로 지루하고 무가치하다. 방송은 시간이 돈인데 1분을 넘기는 날도 자주 있다. 그러면 실제 지역 뉴스는 5분을 못 채운다는 말이다. 차라리 전국 뉴스를 끝까지 그대로 전하는 편이 낫다. 짧은 시간에도 시작하면서 로컬 사인이나 주요 뉴스 화면을 또 앞세운다. 촌스럽고 밋밋하다는 비판이 많다. 채널을 빨리 돌리라는 암시처럼 보이니 지역에 있는 시청자들만 불쌍하다. 촌각을 다투고 하나의 뉴스라도 더 전하려 애쓰고 한 컷의 영상에 메시지를 함축해 전달하는 뉴스를 보고 싶다.

'현장'이 답이다

방송에서 현장이 사라지고 있다는 한탄이 많다. 출퇴근 시간에 듣는 지역 라디오도 마찬가지다. 지역 프로그램이 워낙 적기도 하지만 대부분 연성 아이템을 다루거나 전화 연결이나 전문가 패널들이 스튜디오에 나와 해설하는 것으로 시간을 보낸다. 사실 '현장취재'는 성가시고 힘든 일이고 해설이나 토크 프로는 상대적으로 편하고 가성비가 높다.

88올림픽 후에 편성한 'MBC 울산패트롤'은 50분 내내 철저한 현장 리포트 위주로 방송했다. 2011년까지 방송했으니 꽤 장수한 프로였는데 그때의 성문聲紋을 기억하는 택시 기사들과 아직도 조우할 때가 있다. 가끔 요금을 안 받겠다는 분도 있어 실랑이한다. 패트롤이란 말 그대로 매시간, 발로 뛰는 현장취재를 원칙으로 리포터와 PD들을 동원해 생생한 그날의 '울산'을 정리했다. 방송뉴스는 단신이 30초를 넘지 않고 리포트라 해봐야 겨우 1분 30초 분량이다. 그래서 전문 시사 보도 프로그램이 필요했다. 뉴스가 감당하기 어려운 시간, 분량, 심층보도, 현장성을 담아 갈증을 해소했다. 지역 여론의 집합이나 공론장의 역할도 컸다.

지역소멸을 걱정하는 시대, 지역과 지역방송에 내린 공통된 위협 요소는 '무관심'이라고 한다. 맞는 말이다. 지역에 사는 사람들조차 지역과 지역 이슈에 무관심하고 지역방송을 외면하기 일쑤다. 서울 중심의 연예 오락 스포츠 프로가 얼마나 많은가. 온통 수도권에 집중된 이슈와 얼굴, 거대 담론과 대중에게 어필하는 대형 이슈들이 넘쳐나는데 지역 의제나 지역성을 선호하겠냐마는 그래도 지역방송은 지역 현장에서 지역민의 이야기를 발굴하고 방송해야 한다. 그것이 지역방송의 존재가치와 정체성을 확보하는 길임을 알아야 한다. 이제 재미없는 방송은 설 자리가 없다. 흥미가 없는 프로그램을 만들어 놓고는 지역민이니까 애향심으로 들어 달라, 봐달라고 하는 것은 억지다. 지역 이슈와 현장성이 대안이다. 지역방송과 종사자들에게 묻고 싶다. 왜 현장에 가지 않는가? 현장을 왜 꺼리는가? 이해하기 어렵다.

방송인은 표준어의 교사다

'갱상도' 어느 지방에선 '강강객'을 더 많이 유치하려는 정책을 내놓고 '여야 햅치'는 구두선에 그치고 있다고 한다. 서부 경남의 방송에서 나오는 '방송 말'이었다.

과거 동료 기자 중에 '사건'을 유별나게 발음하는 기자가 있었다. 그는 '사건事件'을 꼭 '사·건'이라며 강조해 읽었다. 실제 현실적인 사건의 발음은 '사:껀'이라고 지적해도 막무가내였다. '담임'은 '다밈'으로 발음하라 해도 '다님'이나 '단님'으로 발음하는 기자도 있었다. 불법不法은 '불뻡'이고 불법佛法은 '불법'이라고 읽어야 맞다. 공인중개사들이 '물껀'을 확보하기 위해 많은 노력을 하는데 사물을 가리키는 물건物件은 그냥 '물건'이지만, 부동산 거래의 대상인 '물건'은 '물껀'이라 소리 내는게 현실에 맞는다. 경상도에서 흔히 쓰는 '단도리'를 방송에서 말할 때 헷갈린다. 일본말이니 순우리말이니 하는 논쟁이 많았는데 채비나 단속을 속되게 하는 말로 쓰면 문제가 없을 것 같다. '단단히'의 방언인 '단디'도 마찬가지다.

방송 기자의 읽기 능력은 아주 중요하다. 타고나지 않아도 연습하고 또 자신만의 캐릭터를 만들어야 한다. 자신의 목소리를 방송으로 내보내야 하기 때문이다. 올바른 호흡과 발성, 정확한 표기와 함께 잘 읽어야 하는 것은 기본 중의 기본이다.

방송은 지역을 불문하고 철저하게 표준어만 사용한다. 간혹 지역 소멸과 함께 지역어가 사라지고 있다는 문제의식을 기사에 담기도 하지만 언론이라는 공적인 공간에서 '사투리'로 기사를 작성하지는 않는다.

적어도 마이크를 잡는 방송인이라면 우리말을 제대로 구사했는지, 하고 있는지 시시콜콜 따져야 한다. 시청자들은 방송을 표준어 교사라고 믿는다. '바르게 쓰고 정확하게 말하기'는 방송과 방송인의 기본 자질이자 의무다. 자기 일터를 '말 공장'이라고 자처하는 지역방송과 방송인들이 잘못된 말 때문에 돌을 맞아선 아니 되지 않는가.

여기에 요즘 방송의 존댓말 오남용도 문제다. 직급이나 나이에 상관없이 서로 존댓말을 쓰자는 데에 반대하는 것이 아니라 사물 존칭 같은 이상한 존댓말을 말이나 자막으로 남발하니 그런 방송을 보면 절로 속이 거북하다. "~값이 2만 원 되시고요." "옷의 디자인이 너무 예쁘십니다."라거나 "냉장고 문이 세 개 있으셔서 편리하다."는 말은 듣기에 이상하지 않은가. 또 친구분, 팬 분, 선수분 등 웬 지체 높은 '분들'이 그리 많은지. 돌아보고 바루자.

그 사람 이름은 잊었지만

오랜만에 서울을 다녀왔다. 춘추관을 나와 삼청동을 걸었다. 화랑에 들러 미술작품을 감상하고 칼국수에 어울리지 않는 커피를 마셨다. 춘추관을 드나들던 2017년부터 2019년까지 매일 점심 후 반복하던 코스였다. 가끔 총리공관 뒷골목으로 들어가 작은 공원 같은 곳에서 무성한 마로니에를 마주하며 옛 노래를 떠올리기도 했다.

처음엔 골목길에 떨어진 밤 같은 열매에 혹해 몇 개 주웠다. 지나던 신사가 마로니에 열매는 다람쥐도 안 먹는다면서 버리라고 충고했다. 낭만적인 이름으로만 알던 마로니에 열매가 독과라니, 꿈을 깨는 순간이었다.

그래도 마로니에는 여전히 낭만의 단어로 기억되고 쓸쓸한 휘파람과 가사는 옛날을 생각할 때마다 절로 소환된다.

"그 사람 이름은 잊었지만 지금도 마로니에는 피고 있겠지. 눈물 속에 봄비가 흘러내리듯 임자 잃은 술잔에 어리는 그 얼굴. 아! 청춘도 사랑도 다 마셔버렸네. 그 길에 마로니에 잎이 지던 날~."

가을에나 어울릴 법한 이 노래가 떠오른 것은 이 PD 때문이다. 그는 불어를 전공했다고 자랑했고 결혼식도 파리에서 했다. 마로니에란 단어가 불어여서 그런지 몰라도 그는 회식 자리에서 늘 이 노래를 불렀다. 당시 우리는 모이기만 하면 "나 이제 가노라 저 거친 광야로"를 외치고 "찢기는 가슴 안고" 살아야 한다고 절규하거나 "솔아 솔아 푸르른 솔아"를 비장하게 불렀다. 한쪽에선 〈밤비 내리는 영동교〉를 지나 〈신사동 그 사람〉을 만나러 가거나 "별빛이 흐르는 다리를 건너 바람 부는 갈대숲을 지나 언제나 나를 기다리는 너의 아파트"의 초인종을 누르는 사람들도 있었다. 이 PD도 후자에 속했다. 그는 늘 "그 사람 이름은 잊었지만"을 반복했다. 그래도 동료들은 휘파람을 불어 제치며 호응해 줬다. 사실 음치에다 박치에 가까운 그의 노래는 들으나 마나였지만 그가 민망하지 않도록 환호하는 척해 준 것이었다. 억압의 분위기에 강제 유보된 언론자유와 그런 환경에 질식하던 시절, 낭만 대신 낙망을 가득 안고 살던 시기에 어쩌면 같은 추억, 비슷한 경험을 가진 자들만의 공감대였을 수도 있었겠다. 그는 약간 말을 더듬었는데 대화 중에 좀 아는 불어 단어를 자랑삼아 동원하는가 하면 샹송을 방송에서 틀 때면 스스로 자문역을 맡기도 했다. 성격도 섬세하고 취향도 당시로선 상당히 여성적이어서 다도를 배우다가 민화를 배우더니 여성들과 함께 몇 번의 전시를 한 적도 있다.

마로니에 나무 아래 서서 이 PD의 노래를 생각한다. 그때 그 PD와 기자들은 모두 어디서 무얼 하며 늙어갈까, 아련한 방송국 시절이 그립다. '사랑은 가고 옛날은 남는 것, 지금 그 사람 이름은 잊었지만, 그 눈동자 입술은 내 가슴에 있네….' 라는 가사가 자꾸 떠오른다. 저 강물이 어제의 그 물이 아니듯이 이미 흘러간 세월은 되돌아오지 않는다. 저마다 다시 생업을 찾아 또 지겨운 밥벌이에 매달리면서 살아남으려 애쓰는 사람도 있을 것이고 쉬며 놀며 여유롭게 살아가는 이도 있을 것이다. 낭만 가객 최백호 형이 노래했듯이 궂은 비 내리는 밤 그야말로 옛날식 다방에 앉았거나 밤늦은 항구에서 그야말로 연락선 선창가에서 돌아올 사람은 없을지라도 첫사랑 그 소녀를 생각하며 가버린 세월을 서글퍼하고 있는 사람도 있을지 모르겠다. 장대비를 동반한 '궂은비'를 바라 보며 잠시 상념에 젖다 보니 불현듯 그 시절로 돌아가고 싶은 마음도 생긴다.

Yesterday Once More. 행복했던 시절, 다시 한번 옛날로 돌아갈 수 있다면….

지역신문 취재기자로 재취업한 후배가 취재차 사무실에 들렀다. 지역신문의 노령화를 걱정하며 수신료 분리 징수에 대해 각자의 의견을 나눴다. 나는 후배에게 "더 겸손, 더 꼼꼼하기"를 주문했다. 나중에 "그때 내가 틀렸을 수도 있었겠다."라고 후회할 수도 있으니 이제 더욱 그러해야 한다고 당부했다. 방송에 젊은 기자가 오만방자한 태도로 전문가들과 대거리를 하고 시책이나 정부 정책을 제대로 아는지 모르는지 횡설수설 리포트하는 기자도 보인다. 예전에 나도 그랬을 수 있다. 요즘은 '기자'란 호칭보다 '기레기'란 호칭이 더 자주 들린다. 인정하기 싫지만 현실이라는 충고도 덧붙였다.

미국의 Peter Jennings의 마지막 방송 다음 날, 〈뉴욕타임즈〉는 "방송에서 그는 쏘아붙이는 것 같은 약간 거만한 느낌도 주었지만 그의 진행은 항상 매끄러웠고 침착하고, 그리고 무엇보다도, 감상적이지 않았다. 급박한 상황에서도 그는 항상 평정을 유지했다. 그는 공손했지만 냉정하고 공정했다."라고 보도했다.

언론인은 어딜 가나 누굴 만나도 언제나 당당해야 한다. 언론인에게는 당당함과 자신감, 진실을 추구하는 치열한 자세가 필수적이다. 그러나 지나치면 오만함으로 비치기 때문에 항상 경계해야 한다. (2023.8)

어디로 갈 것인가?

집착하지 마!
대지와 하늘, 그밖에 영원한 것은 아무것도 없어
모든 건 사라져 갈 뿐 전 재산으로도 시간을 살 수는 없어
우리는 모두 바람 속 먼지에 불과하니까

나는 미국 Kansas 주는 가 보지 않아도 캔자스시티 로열스 야구팀은 안다. 미국 중앙에 있는지 동북이나 남동에 있는지 모르지만, 미국의 록그룹 Kansas가 1977년에 부른 〈Dust in the Wind〉는 알고 있다. 1980년대 자주 부르거나 들었던 애창곡이다. 세상에 영원한 것은 없고 우리는 바람결에 날리는 티끌에 불과하다는 가사가 그때는 참 멋있고 다분히 철학적이라고 믿었다. 성경에서 영감을 받아

작사했다지만 어딘지 불교적이고 허무주의 또는 염세주의를 떠올리기도 했다. 그땐 뭐 세계관 자체가 부정적이었던 시기였지만…. 일부러 멜랑꼴리(Melancholy)한 표정을 선망하던 청춘 시절이었다. LP를 틀 때마다 심오한 뜻을 혼자만 안다는 듯이, 깊은 생각에 빠진 척하면서 고뇌에 찬 표정과 자세로 은근히 치기를 부리게 하던 곡이다.

인간이 욕망하는 부와 명예 그리고 권력의 무상함을 은유적으로 표현할 때 동원하던 단어, 먼지! 그때는 세상을 향해 그런 야유라도 퍼붓고 싶었다. 지금 다시 불러보니 나도 젊음을 잃었고 꿈은 바래졌다. 몇 번 들어도 조금은 슬프거나 쓸쓸한 감정이 번진다.

다시 가을이다. 녹음은 사라지고 풀이 마른다. 밤도 콩꼬투리도 절로 벌어지고 있다. 벼들이 고개를 숙일수록 탄성력이 커져 메뚜기들이 더 높이 뛰어다닌다. 나락은 바람이 불지 않아도 절로 춤춘다.

아직도 살아 있는 계도지

저녁 6시만 되면 시내버스에 내 목소리가 울려 퍼지던 때가 있었다. 1990년대 10년은 'MBC 울산 패트롤'이 탄력을 받으며 인지도를 높이던 때이다. 모든 조간을 다 훑고 종일 마이크를 들고 돌아다니며 녹음하고 편집하고 원고 쓰고 석간을 살펴 방송하며 'PD 저널리즘'을 만개하던 때로 나름대로는 언론자유를 만끽하던 시절이었다. 노사분규를 쫓아 밤샘하고 골리앗 크레인이나 수십만 톤의 원유 운반선에 올라가 현장 인터뷰를 즐거이 했다. 호사다마라고 했던가, 열혈 청춘의 시간은 그리 오래가지 못했다. 의욕이 넘친 과잉 취재였는지, 천둥벌거숭이처럼 날뛰었는지는 모르나 시청 기자실의 비리를 방송한 다음 날 입사 후 처음으로 사표를 냈다.

사건의 실마리는 후배 PD의 제안이었다. 시청에 갔다가 기자실에 들렀는데 "기자들이 화투판을 벌이고 있더라."라면서 성역 없는 고발 아이템으로 적격이라고 했다. 나도 대략 알고 있던 사실이었다. 당시 기자실은 철저히 폐쇄적 공간이었다. 공무원도 시민도 임의대로 출입할 수 없었던 성역이었고 철옹성이자 요새였다. 이튿날 현장에 가 몰래 마이크를 사용했다. 복도에는 공중전화가 설치되어 있었는데 안에는 낮잠 자는 사람, 모포를 펴고 동양화 놀이에 열중하고 있는 몇몇이 보였다. 간부 공무원도 함께 비위(?)를 맞추느라 입발림하고 있었고 사무실 한 귀퉁이에는 여직원 한 명이 지루한 표정을 지으며 껌을 씹고 있었다. 여직원은 항상 라디오를 켜 놓고 모니터를 했는데 12시 시보와 함께 종이에 받아쓰기하고 있었던 게 특이했다. 방송의 정오 뉴스를 녹음해 타자한 뒤 오후에 신문기자들에게 원고를 복사해 전한다고 했는데 월급은 누가 주나 물으니 시청 임시직 공무원이라던가 뭐라면서 기분 나쁘단 반응을 보였던 것 같다. 그러면 기자들은? 이리저리 알아보니 기업체 홍보팀이나 대관 전담 인력을 만나 흥정(?)하거나 고스톱 삼매경을 즐기며 점심은 어디서 누구와 무엇을 먹을까 고민하는 기자들이 많다는 것을 확인했다. 판돈은? 높은 공무원이 가져와 분배하고 기사로 이른바 조지려는 낌새가 보이는 특정 기자에게 잃어주는 척 몰아주는 '짜고 치는 고스톱'을 운영하고 있었다. 직접 본 현장이고 들었으니 패트롤 방송으로는 안성맞춤이었다. 후배와 함께 방송했는데 여진과 후폭풍이 밀려와 곤욕을 치렀다.

중앙지의 울산 주재 기자들의 힘은 막강했다. 사장과 상무실에 쳐들어가 항의하고 프로그램을 폐지하라고 요구했다. 간사란 분은 "그놈을 잡아 오라."면서 사죄하지 않으면 돌아가지 않겠다고 말했다. 곧바로 임원실에 불려 가니 호된 질책이 돌아왔다. 동업자 운운에 "네가 뭔데 그곳에 함부로 들어갔느냐?" 등으로 혼을 낸 뒤 흔한 말로 조인트 세게 까였다. 결론은 시청 기자실에 가서 중인환시리衆人環視裡에 공식 사과할 것을 명령했다. 입을 닫고 있다가 '쪽팔림이 극에 달해' 사표를 쓰고 퇴근해 버렸다. 지금 생각하면 어이없는 일이지만 당시 상황은 차장급 일개 PD가 혼자 감당하기엔 호락호락하지 않았다. 더 자세한 후일담은 다음으로 미룬다.

퇴근 무렵에 시청에 들렀다. 한 사무실에 들어가자 가장 먼저 눈에 띈 건 가지런히 정돈된 신문이었다. 수십 장의 신문이 손도 대지 않은 채 책상에 놓여있었다. 가져가도 되냐고 물으니, 방문객들이 혹시 볼지 몰라 일괄 구독하는데 아무도 손을 대지 않는다고 했다. 내일 다 버릴 것이라며 가져가도 좋다고 했다.

계도지가 아직도 살아있다. 참 생명력 하나 끈질기다. 계도지는 유신시대의 잔재다. 통·반장(이장)이 볼 신문 구독료를 지자체가 대납하는 관언유착 관행이다. 박정희 정권 시절 국민을 계도하기 위해 시작됐다. 무지몽매한 국민이 신문을 읽고 계도와 계몽이 되어야 한다는 거창한 사명감, 그런 신조에서 시작된 것으로 알려졌다. 신문으로 교양을 쌓으라는 것은 당시로선 매력적인 말이었을 것이다.

2천년대 들어 울산을 비롯한 전국 지자체에서 공무원 노조를 중심으로 기자실과 계도지 폐지 운동이 크게 일었다. 민선 자치 시대이니 계도지를 폐지하고 기자실은 개방형 프레스센터로 전환하라는 요구였다.

첫 시작은 울산 북구청의 젊은 구청장이었다. 1998년 울산 북구는 진보 정치 1번지로 불렸다. 무소속으로 출마해 민주노총의 지지하에 초대 울산 북구청장에 당선된 조승수 구청장은 당시 전국 최연소 구청장이었다. 그는 여러 개혁 정책을 펼쳤는데 행정의 효율성을 높이기 위해 전자결재를 과감히 도입하고 관행이었던 계도지 구독을 전격 중단했다. 지방지의 대대적인 공격과 PD수첩 등 서울의 방송 신문에 기사들이 쏟아졌지만, 그는 계도지 구독 예산지원을 없애고 대신 실직자와 서민들의 생활 지원에 사용했다.

기자실이 개방형 프레스룸으로 바뀐 지 오래지만 지금도 올바른 개방형 운영이 안 되는 모양이다. 계도지 성격의 신문이 쌓여 있고 기자실 또는 프레스룸엔 선택적 취재, 마음먹은 대로 쓰는 기사를 위해 한 뒤 명의 기자만 참석한다는 지적이 많다. 최근 울산의 한 언론

단체가 공개 저격한 것을 보니 20여 년 전으로 되돌아가는 느낌이 들 정도다. 그동안 너무 무관심했나 보다.

정보가 기자실에 모인 기자들에게만 제공되는 이른바 특혜가 되는 관성을 깨뜨려야 한다는 주장은 지자체의 기자실을 완전히 개방하라는 요구였다. 지역 언론이 지자체와 공생관계를 이어온 관성이 아직도 있다면 견제와 감시보다 지방정부를 대변하거나 홍보하는 역할에 익숙해질 수밖에 없다는 비판은 올바르다. 기자실이 오랫동안 폐쇄적으로 운영되면서 그들만의 기득권으로 이어져 왔다는 주장도 맞는다. 기자실에 가 보면 공중파 방송사와 특정 지역신문 기자만 출입할 수 있고 지정석이 있다. 신생 언론이나 인터넷 언론사는 진입장벽이 높아 감히 들어가지도 못한다. 바로 제지당한다. 정당한 취재권 박탈이라 항변해도 할말이 없을 것이다.

이러한 부분 개방, 폐쇄적 기자실 운영은 그 자체로 특권과 특혜의 상징이며, 공식 출입 기자와 비공식 출입 기자를 나누는 차별이기도 하다. 대부분의 회견에 방송사 카메라만 오고 정작 프레스센터 기자석엔 단 한 명의 기자도 앉아 있지 않은 게 현실이다.

기자실은 누구나 공유하는 시설이 돼야 한다. 점점 커지는 1인 미디어의 역할과 비중을 생각한다면 기존의 기자실은 완전히 개방하는 게 맞는다고 본다. 기자들에게만 공개해야 할 정보란 이제 없을 것이다. 공개할 수 있는 정보는 모두 동시에 공개하고, 기자실에 있는 기자들에게 제공되는 자료는 동시에 온라인에 공개하면 된다.

언론의 권력은 시청자와 독자로부터 나온다고 하지 않는가. 그러나 아직도 지역 언론의 권력은 독자에게서 나오지 않는 모양이다. 기사에 돈을 내는 이들이 독자가 아니라 주로 자본 권력이거나 정치·행정 권력이라는 현실은 타파되어야 할 악습이다.

어쩌면 내 주제에 '실데없는 일'이지만 오늘도 고민을 계속한다. 지역방송은 과연 존재가치가 있는가? 존재 이유를 어디서 찾아야 하는가? 왜 지역민들이 지역방송을 외면할까?

듣도 보도 못한 서울의 인터넷 언론 기자나 서울에 있는 언론사의 기자를 전화 연결해 전문가인 양 시사평론을 하고 경제분석이나 세계 정세를 정리해 주는 지역방송. 지역 부동산 경기를 외면하고 서울 기자가 전하는 부동산 정보, 정치 분석을 하면서 여의도 이야기 중에 지역 정치 의제는 5초 정도로 끼워 넣는다.

웬만한 사람들은 다 알고 있는 내용이다. 인터넷에 널렸고 아침에 읽은 신문 기사를 반복하기 일쑤다. 10만 원 출연료를 서울 사람에게 헌납하기 위해서라고 볼 수밖에 없다. 구청 시청이 주민 대상 교양강좌니 뭐를 하면서 전국 순회하며 용돈 챙겨가는 연예인이나 직업강연자를 불러 목돈 안기고 교통비까지 덤터기로 부담하는 경우와 같다. 로컬 프로 진행자도 서울에서 오고 고정 게스트도 서울 사는 사람이고 내용도 전국이나 세계적인 거대 담론이다. 그 시간에 지역 문화센터나 학원들은 손가락을 빨고 지역전문가나 강연자들은 풀이 죽어 한숨을 쉰다.

그래 놓고 지역 KBS 없애면 안 된다며 정치권에 구애를 보내고 시민단체를 동원해 성명서를 내고 시위하는 것을 본다. 지역방송국을 없애면 과연 지역 자치가 사라질까? 지역방송이 있는 지역엔 사람이 없고 전문가가 없을까? 이해 불가다. 그래 놓고 생사여탈 문제가 제기되면 지방자치니, 지역문화 수호를 외친다. 내로남불도 유분수다. 평소에 지역민을 외면하는 지역방송이 어찌 지역 밀착형 언론이라고 주장하는지 낯부끄럽다. 괜한 소리인지 아니면 나만 그런가? 지역방송이 제발 방향을 잡고 어디로 갈 것인지를 명확히 정체성을 밝히는 커밍아웃이라도 해 줬으면 좋겠다.

관종보다 카메오에게 배운다

현대인들은 모두 관종 기질을 갖고 있다. 관심병, 관심 받고 싶어 하는 증세 말이다.정도의 차이는 있겠지만 사람은 누구나 타인의 관심을 받으려 하고 주위로부터 인정받고 싶은 욕구가 있다. 대부분 사람은 누군가로부터 사랑받기를 원한다. 그것이 사람의 본능인지 모른다. 요즘 사람들은 그런 성향이 더 도드라진다. 모두 디지털의 노예가 되어 손바닥에서 눈을 떼지 못한다. 외부의 시선을 지나치게 의식하는 '관심에 목매는 사람'으로 예외가 없다는 말이다.

성경에 나오는 자캐오와 당나귀들은 관종과는 거리가 멀다. 자캐오 또는 삭개오라는 사람은 신약성서의 누가복음에 나온다. 예리고에서 동족을 수탈하는 세관장이었는데, 예수를 만난 뒤에 회심한 주인공이다.

자캐오는 당시 가장 멸시당하던 세리였고 무려 그 무리의 책임자인 세관장이었다. 세리는 로마제국이 통행세, 조세, 관세를 거두기 위해 직접 고용한 유대인들이었는데 세관장은 횡령을 일삼는 자라 이스라엘 공동체에서 천민으로 취급받았다. 극심한 천대와 증오의 대상이기도 했다. 허가받은 도둑놈에다 부자였으니 말이다.

> **예수께서 예리고에 이르러 거리를 지나가고 계셨다. 거기에 자캐오라는 돈 많은 세관장이 있었는데, 예수가 어떤 분인지 보려고 애썼으나 키가 작아서 군중에 가려 볼 수가 없었다. 그래서 예수께서 지나가시는 길을 앞질러 달려가서 길가에 있는 돌무화과나무 위에 올라갔다. 예수께서 그곳을 지나시다가 그를 쳐다보시며 "자캐오야, 어서 내려오너라. 오늘은 내가 네 집에 머물러야 하겠다."라고 말씀하셨다. 자캐오는 이 말씀을 듣고 얼른 나무에서 내려와 기쁜 마음으로 예수를 자기 집에 모셨다.**

예수께서 자캐오의 이름을 직접 불렀다. 키가 작은 자캐오는 나무 위에 올라 자기 눈으로 예수님을 직접 확인하고 싶었고 예수님은 그런 자캐오의 집에 머무르겠다고 선언한다. 자캐오는 마음을 열고 회개했다. 재산의 절반을 가난한 자들에게 나누고 부당하게 취한 재산은 4배나 보상하겠다는 결단까지 했다. (자캐오란 이름은 '순결한', '무죄한'이라는 히브리어 '작카이'(zakai)에서 유래했다. '깨끗한 자', '의로운 자'라는 뜻이다.)

자캐오는 이름대로 살아야 했는데 그렇게 살지를 못했던 것 같다. 그런 그가 세관장이라는 지위와 체면에도 불구하고 나무 위에 올라갔고, 예수님이 자기 이름을 불러주자 기쁘게 영접하고 회개와 결단을 했다. 같은 민족과 이웃들은 자신을 경멸하는데 예수님은 죄인들의 벗이 되어 주고, 병을 고칠 뿐 아니라 죄를 사해주는 권세도 있다는 소문이 돌아 BTS를 보고파 하는 아미처럼 어떻게 하든 예수님을 만나 직접 확인하고 싶었던 자케오. 부정 축재로 재산은 많았지만, 마음은 늘 외롭고 수치스러웠고 그런 상황에 부닥친 자신도 구원받을 수 있을까 하는 열망 또한 있었나 보다. 키 작은 게 콤플렉스였으니 수많은 군중보다 앞서 달려가 나무에 올랐다. 회개와 재산 분배의 결단을 실천한 것은 말 그대로 행동하는 믿음이다. 입으로 하는 믿음이 아닌 행동하는 믿음, 실천적 신앙이다.

"열매가 맺기 전에 반드시 꽃이 핀다. 선한 행함이 있기 전에 믿음이 있고 믿음은 행함으로 증명할 수 있다."

성경에는 수많은 동물과 식물이 나온다. 그중에도 자주 나오는 동물이 당나귀다. 성경 속의 당나귀는 관종도 주인공도 아니다. 그저 Cameo로 깜짝 등장하는 단역이다. 하지만 보잘것없는 나귀들이 내겐 친밀한 대상이다.

평화의 왕으로 이 땅을 구원하실 메시아인 예수님은 당나귀를 타고 예루살렘 성에 입성한다. 아브라함은 제물로 바칠 아들을 나귀에 태워 갔고 애굽으로 되돌아가던 모세의 가족도 나귀를 타고 갔다. 무지한 예언자인 발람이라는 주인을 보고 사람의 말로 책망하는 동물도 나귀다. 사울이 그토록 찾던 짐승도 나귀였다. 사울은 나귀를 찾아 이곳저곳을 헤매다가 사무엘을 만나 왕으로 기름 부음을 받았다. 욥이 빼앗긴 수많은 소유물 중에도 나귀가 있었고 이스라엘 사사로 22년 동안 다스린 길르앗 사람 야일의 아들 30명은 모두 나귀를 타고 다녔다.

선한 사마리아인은 강도를 당한 사람을 자기 나귀에 태워 여관을 찾아갔다. 선한 사마리아인 옆에 당나귀가 함께 있었다. 역시 카메오 또는 조연이나 휙 지나가는 단역에 불과하다.

어느 유대인 상인이 예리고로 가는 길에 강도를 만나 옷이 벗겨지고 폭행당해 거반 죽은 상태로 버려져 있었다. 지나가던 사제는 이를 외면하고 피해서 갔다. 뒤따라 지나던 레위인도 역시 무시하고 지나가 버렸다. 반면 유대인들이 멸시해 마지않던 사마리아인은 달랐다. 사마리아인은 그를 보고는 가여운 마음에 가까이 가서 상처에 기름과 포도주를 붓고 싸매어 주고는 자기 짐승(나귀)에 태워 여관으로 데려가 지극하게 간호했다. 다음날 자기 주머니에서 돈 두

데나리온을 꺼내어 여관 주인에게 주면서 "저 사람을 잘 돌보아 주시오. 비용이 더 들면 돌아오는 길에 갚아드리겠소." 하며 부탁하고 떠났다.

말(馬, Equus)은 전쟁이나 개선장군, 승리를 상징하지만, 나귀는 평화를 상징한다. 관종이나 남들보다 자신을 높이려는 자가 아니라 착한 봉사자의 대명사이다. 등에 진 짐은 무겁고 크지만, 나귀는 기쁨과 온유, 겸손한 성품을 나타낸다. 키가 작으나 무릎이 억세고 충성스러운 모습과 표정을 가졌다. 그래서 나귀는 명예로운 이름의 대명사가 되었다.

이제 나도 선택할 참이다. 계속 관종을 쫓을 것인가 카메오에 만족할 것인가.

어디로 갈 것인가?

방송국에 처음 간 어느 분이 낯선 환경에 당황해 경비 아저씨에게 좀 물어보려고 다가가자, 경비가 먼저 질문을 하는 데 습관적으로 던지는 말이 "어디서 왔어요?"였다. 퇴직하고 소속이 없어진 그 분은 당황한 나머지 "집에서 왔는데요."라고 대답했다고 말해 많이 웃었다.

어느 대학교수도 똑같은 경험을 했지만 어디서 왔느냐는 질문에 이렇게 호통을 쳤다.

"여보시오. 어디서 왔느냐고 묻지 말고, 어디로 갈 것인지를 물어보시오. 방송국에서 나와 달라고 해서 왔소."

왕년에 어디서 무얼 했으며 얼마나 많은 돈을 벌었는지, 아무도 궁금해하지 않는다. 그러니 어디서 왔는지는 더이상 중요하지도 않다. 이미 지나왔고 다 가 버렸다.

지역 방송국에게 다시 묻는다. 아직도 과거의 영화가 그리운가. 어깨 힘은 좀 뺐는지 그때 그 시절을 못 잊고 여전히 라떼를 자랑하며 지역 맹주 역할에 만족하고 있는지. 그럼, 앞으로 어디로 갈 것인가? 그것이 궁금하다. (2023.9)

수신료의 가치

지난여름 최고의 유행어는 '극한極限'이란 두 글자였다. 극한의 사전적 의미는 '어떤 사물이나 일 따위가 궁극적으로 도달할 수 있는 한계'를 뜻한다. 평소 좀처럼 사용하지 않던 이 말이 올여름 언론이나 일상대화에서 흔하게 등장했다. 더위도 그냥 더운 게 아니고 혹서에 극한 폭염이었고 역대급 태풍에 기록적인 홍수와 장마 그리고 게릴라성에서 도깨비 호우로 바뀌기도 했다. 극한은 이미 뉴-노멀이 됐고 온열, 열대야, 늦장마, 늦더위, 가을 홍수 등 말의 강도가 점점 상승했다. 이 정도면 지구온난화의 시대는 끝났다. 이젠 지구 열대화가 맞는다. 그러니 가을비 우산 속의 낭만은 잊은 지 오래다.

도시에 살면서 사계절이 어떻게 오고 가는지 민감하게 느끼지 못했다. 나도 모르게 무관심했거나 무감각해졌다. 도시의 외곽, 강변으로 이사하고 나서야 서서히 사계를 다시 음미하고 있다. 강과 들, 산과 밭 등 주변의 환경이 자연 친화적이다. 가을비 그치면 그동안 뜸했던 '베리끝' 갱빈길이나 걸어야겠다. 가을비가 멎으면 추위가 온다는 신호다. 곧 겨울이 오고 더 몸을 사리게 된다. 강변 주민에게 그나마 사계의 변화를 느끼게 해 준 가을비, 가을비 우산 속에는 나 혼자이지만 좀 힘 있게 더 빠르게 자박자박 걸어야겠다.

에라, 가을이 가기 전에 하모니카나 불어 보자는 심사로 트레몰로 24홀 복음 C조 두 개를 샀다. 풍성한 소리를 내며 반주와 멜로디를 동시에 연주할 수 있는 휴대용 악기다. 매미 소리 사라지고 귀뚜라미 소리를 들으니 내게도 갑자기 '지름신'이 내렸다.

귀뚜라미는 60여 년 내게 친숙한 존재다. 누구는 노래다 소리다 하고 누구는 운다고 하지만 나는 때로 연주로 듣는다. 귀뚜라미는 풀잎 속에서만 노래하는 게 아니다. 차가운 아스팔트 보도에서도 울음을 토하거나 풀잎도 없고 이슬 한 방울 내리지 않는 아파트 콘크리트 벽에서도 주차장 바닥에서도 홀로 노래 부른다.

시장실의 귀뚜라미

울산시청을 방문하는 시민들은 청사에서 들리는 청아한 귀뚜라미 소리를 들었다. 시장실을 비롯해 시청 본관 각층 복도에 꾸며놓은 작은 화단에 귀뚜라미가 서식했다. 화단 한 귀퉁이에 작은 숲을 만들어 그 가운데에 작은 집을 지어 귀뚜라미를 사육한 것이다. 가을만 되면 시청에선 바이올린을 켜듯 양 날개를 비비면서 귀뚜라미들의 아름다운 연주가 울려 퍼졌다. 아무도 불평하지 않았던 아련한 추억이다.

귀뚜라미가 시청에 자리 잡은 것은 2005년 3월부터였다. 시장이 한 교수에게 선물 받아 시장실에서 애지중지 키우다 청사 5개 층에 3쌍씩 모두 15쌍을 분양해 청사 전체로 늘렸다. 당시 시장이 귀뚜라미를 좋아하기도 했지만, 울산시는 태화강 르네상스를 외치며 산업수도에서 생태도시로 탈바꿈하고자 안간힘을 쓰던 때였다. 환경과 산업이 공존하는 친환경 생태도시 조성 의지를 다지기 위해 상징적으로 시장이 직접 키웠으니 칭찬할 만한 일이었다.

어느 시인은 돌계단 앞에 떨어진 오동잎을 보고 가을을 감지한다지만 산골, 해안, 시골과 농촌에서 살다가 도시에 살고 있는 나는 거의 해마다 귀뚜라미 소리로 가을을 느낀다. 다만 귀뚜라미 같은 미물도 자연 이치에 따라 절로 감응해 나에게 계절의 변화를 알려주는데 하물며 인간인 나는 감응은커녕 시계나 달력, TV에 의존해 가을을 안다. 자연에 대한 본능과 감응은 귀뚜라미가 나보다 나은 것이다. 그들은 무슨 할말이 저리 많은지 사랑의 노래를 밤새 그치지 않는다. 구애나 유혹을 위한 몸부림에서 나오는 소리라고 이해는 한다만 밤새 귀뚤귀뚤 우니 무슨 사연이 있는지 궁금하다. 불면을 호소하는 사람도 있지만 나는 밤새 들어도 싫지 않고 듣기에 좋다.

어린 시절, 가을의 전령사들인 풀벌레 소리가 들리고 하늘이 청명해지면 어머님은 어김없이 문을 씻고 새로운 종이를 발랐다. 구멍 난 창호지와 문풍지를 물을 적셔가며 뜯어내는 일은 내가 도왔다. 그런 밤에는 달빛이 영창에 가득하고 새로 붙인 창호지를 통해 대나무 그림자 어슬렁거리고 풀벌레들이 저마다 음유시인이 되어 노랫소리를 읊었다. 한밤에 울어 예는 그들의 마음이 나와 같다고 느낀 날들이 얼마나 많았던가. 그중에 가장 친숙한 시인이 귀뚜라미였다. 입으로 시를 읊지 않고 날개를 서로 비벼 사랑의 시를 읊어 대지만 한꺼번에 소리 내다 뚝 그치는 요란한 매미와 달리 언제나 홀로 연주했다. 고독한 solist. 베짱이나 쓰르라미처럼 실실거리지도 않고 개구리처럼 관악기 불듯이 왕왕거리지 않아 좋았다.

수신료의 대가

소녀들에겐 꿈이 있었다. 너무나 간절해서 더 소중했던 꿈이 있었다.

그날 시청한 다큐멘터리의 첫 화면은 '소녀의 꿈'이라는 내레이션으로 시작됐다. 시간이 갈수록 화면이 흐릿하게 보였다. 어느새 내가 그 냉정하고 무미건조한 TV 앞에서 눈물을 흘리고 있었던 모양이다. 가난한 시골의 고향과 15세 어린 나이에 공장으로 가 야간 중고등학교에 다닌 누나와 초등 졸업 후 김해로 마산으로 공장에 간 동네 가시내들이 떠올라 어쩔 수 없었다. 그날의 KBS는 수신료의 가치를 충분히 증명했다.

우리 현대사에서 빼놓을 수 없는 특수한 성격의 노동자였던 '여공'들. KBS 청주 방송이 만든 〈양백의 소녀들〉(이달의 PD상, 2023 방송통신위원회 방송 대상작)은 다소 무겁거나 어두운 색깔 또는 뭐 뻔할 것 같은 '여공'을 소재로 잔잔하고 세심한 연출로 풀어냈다는 평을 받았다. 그때 그 시절의 진솔한 얘기가 출연자들의 담담한 인터뷰에 잘 녹아났다. 자료 화면도 적절히 버무려져 감동과 위로를 준 작품이었다는 평가에 동의했다. 시청하는 내내 나는 감정 과잉에 눈물을 찔끔거렸다. 소재 자체가 그랬지만 청주 KBS의 PD는 덤덤하게 인내하며 작품을 끌고 가는 세련된 연출력을 선보였다. 그들을 지금 시대에 정면으로 내세운 점만으로도 충분히 칭찬받아 마땅한 작품으로 지역방송의 수작이라 여긴다. 지역방송의 존재 이유와 참된 가치를 다시금 알려준 제작진에게 박수를 보낸다. 자발적 수신료 납부자로 남아야겠다.

새마을문고와 독서대학

1980년 중반쯤 울산에도 나일론 공장이나 화학공장마다 '부설 중학교'가 생겼다. 새마을 독서경진대회를 대비한 '독서대학'도 공장마다 부흥했다. 중학교와 대학의 학생은 대부분 '공순이'라 불리던 여공들이었다. 내게 여공들은 누이이자 친구이자 한 식구였고 산업역

군이었다. 대학 4년 내내 야학을 운영했거니와 손위 누나도 동네 여자애들도 모두 그 그룹에 속했으니까.

1990년대 초반까지 동양나일론을 비롯한 울산의 기업체들이 부설 중학교와 사내 독서대학을 만들면서 형설지공의 학구열과 독서 붐 경쟁에 열을 올렸다. 지역방송은 그들을 리포터로 활용해 퇴근길 공장 소식을 전했고 독서지도와 순회 공개방송을 제공했다. 리포터들은 출연료도 받고 책을 답례품으로 받아 갔다. 일요일마다 녹화 방송되는 노래자랑 공개방송의 제목도 당시엔 세련됐다고 한 것이 '일하며 노래하며'였다.

지역방송은 당시 한 도시의 문화전도사였고 기획가이자 첨단과 유행을 선도했다. 조용필 초청 공연으로 도서관 건립 기금을 쾌척하고 오지를 순회하는 이동도서관용 버스를 개조해 기증하면서 각 공장의 독서대학에 독서 붐과 책 읽기 분위기를 조성하고 독려했다. 울산MBC도 새마을운동의 일환인 독서문화 진작에 온 힘을 기울였다. 고전음악 동호회도 만들고 공대만 있는 도시에 음대와 미술대, 인문대와 법대를 유치했다. 시립교향악단, 시립무용단, 문화예술회관 건립을 위해 최초 발의하고 여론 형성에 많은 힘을 보탰다. 봄가을엔 주부백일장, 여성 문예대학을 열고 소년소녀가장 지원활동에 나섰다. **(이제는 말할 수 있다. 방송사의 추진력과 의지도 한몫했지만, 당시의 시대 환경이 다소 무리해도 방송사가 한다고 해 쉽게 해결된 것도 사실이었다.)** 그러던 중에 마을문고의 발상지가 울산이라는 사실을 알게 된 것은 방송 소재로도 좋은 나름의 수확이었다.

울산 울주군 웅촌 출신인 간송澗松 엄대섭(嚴大燮, 1921~ 200)이 주인공으로 간송은 도서관 운동가로 농어촌 마을 '마을문고' 설치 운동과 공공도서관 운동을 이끌었던 우리나라 마을문고의 창시자이자 도서관 운동의 선구자였다. 70년 역사의 경주시립도서관 초대 관장이었던 그는 가난한 소작농의 장남으로 태어나, 8세 때 부모를 따라 일본으로 이주했다. 공사장 인부로 일하던 부친이 교통사고로 장애인이 되자 14세의 어린 나이에 동생들까지 책임지면서 두부 장수, 세탁소 점원, 방직공장 직공 등 험한 일을 하면서 고등학교를 마쳤다.

1950년 여름 부산의 고서점에서 〈도서관의 운영과 실제〉라는 일본 고서를 발견한 것이 그의 삶의 방향을 결정적으로 바꾸었다. 1951년에 자신이 갖고 있던 3천여 권의 책을 활용해 울산에 사립 무료 도서관을 열고 농민들에게 책 읽기를 권장했다. 당시 전쟁의 부산물인 탄환 상자를 이용해 50개의 순회문고를 만들었는데 이것이 우리 역사상 최초의 마을문고이자 시발점이라고 한다.

1961년 첫해에 전국 26개였던 마을문고가 1968년에 1만 개, 1971년에 2만 개를 넘었고, 1974년에 3만 개를 돌파하였다. 모두 엄대섭의 공이라 이런 성과를 바탕으로 1980년에 막사이사이상(공공봉사 부문)을 수상했다. 마을문고는 1981년 새마을운동 조직에 흡수되면서 새마을문고로 이름을 바꾸었고 후신인 새마을문고중앙회는 지금도 전국에 지부를 두는 등 활발하게 움직이고 있다.

지금 누가 책 읽기를 함부로 권유할까마는 모름지기 '생각하는 백성'이라면 그래도 책을 읽고 생각할 줄 알아야 한다고 나는 믿는다. '읽고 쓰고 듣고 말하는 것'이 국어교육의 목표 아닌가. 보고 듣는 시청각도 중요하지만 읽기가 최우선이고 가장 중요한 기능이다. 지금은 등화가친의 시기, 독서의 계절이다.

가곡과 아리아의 밤

"이럴 때도 있구나, 우리 방송에서 가곡이라니."

퇴근길 라디오에서 흘러나오는 가곡을 듣고 오만떼만 생각이 오갔다. 청아한 목소리의 성악가 이름은 생소했지만 1980년대 유행했던 '명곡 앨범' '정다운 가곡' 같은 FM 프로그램이나 '가곡과 아리아의 밤'이 떠올랐다. 당시엔 《객석》을 구독하고 엄정행이나 이규도 백남옥 정도는 알은척해야 문화인이니 교양인 흉내를 냈다. 은은한 클래식 선율이 초가을 밤을 아름답게 수놓으면 관객들은 바쁜 일상을 잠시 내려놓고 음악과 함께 행복한 시간을 보냈다. 전국을 돌며 수많은 시민을 문화인 교양인으로 만들어 준(?) '가곡과 아리아의 밤'이다. 낙엽에 가을꽃, 달밤에 그리움을 담아 부르던 주옥같은 노래를 들으며 얼마나 행복했던가.

엄정행, 신영조, 박인수는 '한국의 3대 테너'로 매년 전국 순회를 한 단골 출연자였다. 미성의 신영조와 카랑카랑한 목소리에 미남이었던 엄정행은 시원시원한 목소리를 자랑한 국민 테너였다. 박인수는 바리톤 쪽에 가까운 목소리를 냈던 것 같다. 가수 이동원과 함께 〈향수〉를 불러 불후의 명곡으로 남겼다. 1990년 초인가 〈향수〉를 녹음한 데모 테이프를 가져와 경주에서 한잔하며 감상과 평을 요구했다. "고칠 곳이 있나?"라고 물으며 미묘한 표정을 지었던 장면이 떠오른다. "우리 정서와 고향을 소재로 이 작품보다 더 나은 시는 없을 것"이라며 최고의 가곡이 될 것이라 부추겼다. 선생은 가곡이 아니고 김희갑 선생이 작곡한 대중가요라고 전했다.

〈향수〉는 1980~90년대를 겪은 이들이라면 누구나 한 번쯤 불렀던 명가곡이다. 그냥 읽어도 최고의 시 작품이다. 누가 향수란 정서를 이처럼 묘사할 것이며 느릿느릿 고향의 풍경과 추억, 계절별 한국의 미를 이보다 더 잘 표현하겠는가, 라는 찬사를 받았던 곡이다.

이런 가사, 이런 곡을 대중가요라 폄하하며 서울대가 문제 삼아 박 선생이 곤란을 겪기도 했는데 그래도 연 200회 공연에 개런티로 집을 샀다. 오페라단에서 제명당하는 등 파문도 컸지만, 결과적으로 전화위복이었고 시대를 앞서갔던 테너 박인수는 올해 미국에서 타계했다. 둘의 콜라보는 일종의 크로스오버였고 요즘 말로 케미가 찰떡이어서 그야말로 대박을 터뜨리며 공전의 빅히트를 기록했다.

미남으로도 유명했던 엄정행은 가곡 〈목련화〉가 자신의 브랜드였고 신영조는 시 노래 〈산노을〉을 애창했다. 바리톤 오현명은 전 국민에게 '명태'의 가치를 알게 해 준 주인공이다.

〈들국화〉를 비롯해 〈목련화〉, 〈그리운 금강산〉, 〈성불사〉, 〈선구자〉, 〈희망의 나라로〉, 〈봄이 오면〉, 〈동심초〉, 〈보리밭〉, 〈옛 동산에 올라〉, 〈비목〉, 〈내 마음은 호수〉 등이 국민 애창곡이었고 당시 가을 무대를 수놓았던 인기곡이었다.

그 후로 우리 가곡은 철저히 외면당했다. 다른 장르에 비해 음악적 가치가 뛰어나지만, 존재 자체가 너무 미미해졌다. 트로트로 국론 통일, 국민 총화와 단결을 이루려는 듯한 지금 세태에 젊은이들은 과연 가곡이란 단어를 알기나 할까.

트로트 천국, 오디션 남발…. 지역방송은 제발 그런 '흉내 내기' 유혹에 빠지지 말았으면 한다. 따라 해 봐야 일단 어설프고 인프라와 소프트웨어가 원작에 미치지 못한다. 낮은 수준의 프로그램은 보기에 민망할 뿐이다. 지역 전문가답게 자부심을 품고 지역 소재로 승부하는 것이 나을 것이다.

KBS 청주의 〈양백의 소녀들〉, MBC 경남의 〈어른 김장하〉, 안동 MBC의 라디오 드라마 〈존애원, 낙강에 뜬 달〉, 〈만인소〉…. 귀하고 귀한 지역방송을 만드는 지역 PD들이 많아졌다. 지역방송의 존재 이유와 가치를 돋보이게 하는 이들이다. 숨어 있는 지역 소재를 발굴해 콘텐츠로 만들면서 지상파 방송, 공영방송의 공익적 가치를 실현하고 대한민국 방송 산업을 견인해 갔으면 좋겠다. 이들 때문에 지금까지 지역방송이 살아남은 게 아닐까.

지역방송도 자기 PR을

최근 KBS가 달라졌다. 공세적이고 적극적으로 자기 PR을 하는 시간이 엄청나게 많아졌다. 프로그램마다 “여러분의 소중한 수신료로 만들었다.”라는 겸손의 말을 하고 수신료의 가치를 증명하겠다는 자막이 생강시럽다. 매일 9시 뉴스 직전에 수신료의 가치를 강조한다며 명품 다큐 방송을 예고하거나 공영방송의 가치를 강조하는 스파트를 자주 송출하며 자사 홍보를 수시로 한다. 수신료 분리 징수가 결정된 이후 보이는 변화된 모습이다. 꼴 보기 싫다거나 불편하다, 정도가 심하다는 불평도 있지만 나는 긍정적이다. **(공영방송이 포화상태라 구조조정이 필요하지만, KBS 하나는 존재해야 한다는 의견에 적극 동의한다.)**

방송가에도 공영방송 위기론이니 수신료 분리 징수 같은 충격요법을 가해야 시청자들 복지가 커진다는 생각이 들다가도 일요일마다 KBS UHD 명품관을 다시 방송하니 나로선 채널 고정이다. 역시 KBS답다.

〈슈퍼 피쉬〉, 〈바다의 제국〉, 〈이카로스의 꿈〉, 〈누들로드〉, 〈차마고도〉, 〈도자기〉 등 기존에 방송했던 HD 대형 명품 다큐 30편을 UHD 리마스터링해 준다니 앞으로 일요일 저녁이 심심하지는 않겠다. “웅장한 대화면의 감동과 선명한 색감을 통해 KBS의 명품 대형 다큐멘터리의 진정한 가치를 시청자에게 다시 한번 선사한다.”라는 홈페이지 프로그램 안내 문구가 명실상부해졌다.

20세기 방송사의 홍보 심의부서는 누구나 기피하는 자리였다. 그때 방송인들은 심의나 홍보에 관심이 없었고 그리 괘념치 않았다.

서울에서 온 김 사장은 달랐다. 21세기를 앞둔 시점에 나에게 홍보심의실장을 맡겼다. 난 아직 젊은데, 필드에 더 뛰어야 하는데…. 어이가 없어 불만을 나타내니 대외 홍보를 공세적으로 하고 전국의 신문 방송 잡지를 가리지 말고 프로그램, 행사, 기획물과 사업을 알리라는 미션을 던졌다. 심의는 규정에 따라 알아서 하라고 틈을 주었다.

우선 회사의 기획과 정책업무를 넘겨달라고 요구해 홍보업무와 함께 실장이 맡고 심의는 라디오와 TV를 나눠 두 부장에게 전권을 넘겼다. 우선 시청과 구군 기자실을 찾아 친밀감을 높이고 매달 또는 무시로 출입하겠다며 스킨십을 강화했다. 지역 문화부 기자들도 같은 방식으로 접근해 시시때때로 보도자료를 전했다. KTX 열차와 매거진에 광고와 기사를 게재하고 영상광고까지 시도했다. 매달 한번씩 서울에 가 메이저신문 문화부를 들락거렸다.

신년에 선보일 캠페인 주제와 10대 기획을 선정하라고 전 사원을 독려했다. 이 부서 저 국에서 월권 운운하며 반발도 있었지만, 선의와 한 번도 가 보지 않은 길을 함께 가자고 설득해 잘 무마했다. 홈페이지도 완전히 리모델링하고 지역신문에 창사 기념 광고나 특집물 광고를 게재하니 신문 사주가 고마워했다. 대표 행사나 이벤트는 자체 스파트로 충분하다는 자만심을 버리고 사옥의 외벽 사방에 대형 걸개그림을 걸고 육교나 빌딩의 광고판, 공항과 터미널에 TV 모니터를 기증해 설치해 주며 MBC PR을 강요하기도 했다.

울산 서머페스티벌, 천년 불사의 꿈 비단벌레, 국토종단-천사 릴레이 희망 마라톤, 간절곶에 해가 떠야 한반도에 아침이 온다, 21세기를 쏘다 등의 기획은 그렇게 탄생했고 전국에 홍보했다.

홈페이지도 시청자들에게 개방했다. 당시 인터넷이 그렇게 위력이 없었지만, 전문가들에게 맘대로 놀도록 하는 코너를 주고 아나운서나 피디, 기자들의 개인 블로그를 개설해 개인 홍보나 팬들과 마음껏 조잘거리라고 떠맡겼다. 비방송 분야 직원들도 원하면 끼와 특기를 자랑하라고 멍석을 깔아주니 고래와 야생화를 특화한 기술국 직원의 블로그가 폭발적이었다. 지금 웬만한 연예인 팬덤 못지않게 엄청난 인기를 끌었다. 나도 향토사 현장을 소개하고 함께 답사하고 오류를 수정해 주는 코칭 스타일의 블로그 '나무와 숲'을 운영해 지역민과 소통했다.

조회 수와 방문자를 매일 체크하고 사내에 공개해 긴장감을 높이고 시청자게시판도 매일 점검해 무플에 대해선 담당 PD나 책임자들을 경고하는 악역은 사장이 맡았다. 시청자는 왕이니 궁금하다거나 질문을 하면 즉시 답변하도록 분위기를 바꿔 미지근하거나 어정쩡하지 말고 방송사가 뭔가 좀 뜨겁거나 차갑거나 하길 바랐다. 캠페인도 시민 대상으로 공모해 동참 열기를 끌어냈는데 반드시 당근을 동원했다. 시청자미디어센터도 건립해 시민들 미디어 교육을 맡았다. 지역방송의 자기 PR은 이 정도는 해야 한다고 믿었고 실행했다. 지금은 누구나 다 하는 일이고 개인도 이보다는 더 잘하지만 그땐 그랬다.

아직도 그런 경향이 좀 있는데 지역 언론은 스스로 자랑하는 걸 꺼린다. 겸손인지 아니면 홍보나 PR이 필요 없다는 자만인지 그리 적극적으로 나서지 않는다. 이건 착각이다. 시청취자와 독자와의 커뮤니케이션에 왜 그리 인색한지 모르겠다. 자기 내부의 이야기를 공개하거나 드러내는 것을 대단히 꺼린다. 지역방송 홈페이지는 교과서적인 인사 정도만 있고 어떠한 자사 소식이나 정보도 알 수 없다. '알립니다' 코너나 시청자게시판 또는 자유게시판은 연간 내내 개점휴업 상태로 문패가 썩어가도 관심이 있는 사람이 없다. 주인이 그러한데 나그네나 손님이 발길을 들일 리 만무하다. 겨우 행사 공지나 신규 프로그램 홍보 정도로 운영되고 프로그램별 방문 흔적이 거의 없어도 오불관언이다. 안타깝다. (2023.10)

보리에게 안부를 전하다

11월은 산책하기에 알맞은 달이고 수확을 마무리하는 달이다. 기러기는 북방 길로 떠나가고 떼까마귀는 북쪽에서 날아와 십리대밭에 깃든다. 중부 이북 어딘가엔 첫눈이 내렸다지만 그래도 전부 사라지는 것이 아니다. 11월은 그런 달이다. 어스름이 짙어지는 저녁 무렵이나 해가 떠오르기 전, 희뭄한 풍경에 다름 아니다. '개와 늑대의 시간'일 수도 있고 가을과 겨울이 섞이는 모호한 시기라 하겠다. 누구는 가난하고 쓸쓸한 한 달을 보내거나, 누구는 산문보다 시가 한결 어울린다며 따신 구들목에 배를 깔고 시집을 읽고 있을지 모른다.

시골길에 나서면 벼를 베고 난 자리에 파종한 보리가 막 싹을 틔우려 하니 또 다른 생명의 달이고 반곡지의 새벽 물안개가 몽환의 분위기를 만드는 시기이다. 수백 년 물속에 뿌리를 내리고 있는 부동의 수양버들은 다시 잎을 떨구고 동화의 세계를 펼친다.

공영방송은 동네북

공영방송이 동네북이다. 공영방송은 방송의 목적을 영리에 두지 않고, 시청자로부터 징수하는 수신료 등을 주요 재원으로 하며 오직 공공의 복지를 위해서 행하는 방송을 말한다. 이윤을 목적으로 하는 상업방송이나 민영방송과는 달라야 한다는 암묵적 함의를 담고 있다. 우리나라 공영방송은 KBS(한국방송공사), MBC(문화방송), EBS(교육 방송)가 대표적이다. 수신료를 별도로 받는 방송은 KBS와 EBS고 MBC는 소유와 운영 주체가 방송문화진흥회라는 특수법인이다. MBC는 공영방송이면서, 광고 수익으로 운영하니 사실상 상업방송이나 마찬가지다. 매우 특수한 위치다 보니 정체성에 대한 비판과 시비가 끊이지 않았다. 지금도 그렇다. 가짜뉴스와의 전쟁이니 불공정의 대명사니 편파방송, 특정 진영 나팔수라는 손가락질까지 당하고 있다.

언론은 기본적으로 권력기관에 대한 비판, 감시, 견제 기능을 갖춰야 한다. 숙명이다. 그러나 거짓 정보나 왜곡된 정보, 선전 · 선동을 목적으로 정보를 조작해 전달하면 언론이 아니고 기관지라 부른다. 사실 전달, 팩트에 충실하면 그만이다.

'언론자유는 신성하다.'라는 명제는 지지하지만 언론 종사자들이 스스로 자신의 영역을 신성불가침으로 여겨서는 안 된다. MBC는 성지가 결코 아니다.

우리나라만큼 공영방송이 많은 나라는 전 세계적으로도 드물다고 한다. 우리는 유난스레 공(公, public)을 선호한다. 짊어져야 할 의무는 귀찮아하면서 공공이나 공립이란 두 글자에 집착한다. 자유 경쟁이나 시장경제는 자신에게 득이 되지 않는 한 혐오하는 성향이 방송에도 그대로 나타난다. 태어나면 공공 산후조리원을 이용하고 걷기 시작하면 가는 어린이집이나 유아원도 국공립에 몰린다. 공립 유치원과 공립 초중고를 다니다 대학도 국립이나 공립을 선호한다. 직업도 전부 공무원이나 공사 등 공직에 목말라하고 공공기관에 매달린다. 방송도 공영방송이어야 한다니 특이한 현상이다.

미국은 거의 민영방송 체제이고 유럽은 공영방송의 전통이 강하다. 우리는 하드웨어는 미국을 흉내 내면서 정체성이나 콘텐츠는 유럽형을 선호하니 하이브리드 형태다. 방송은 아직도 공공재라는 개념이 강하고 시장경제에 내몰아서는 안 된다는 공영방송 고수론자들의 목소리도 상대적으로 높다. 남을 비판하고 비난할 때는 촘촘한 그물을 들이대고 자신에게는 성긴 눈금의 잣대를 대니 전형적인 내로남불(naeronambul)이다.

공영방송 수도 많고 수신료 부담에 광고까지 봐야 하니 시청자들이 저항하게 됐고 공정 보도에 목말라하다가 '공영방송 무용론'을 제기하기에 이르렀다. 이미 BBC도 넷플릭스에 선두를 내주고 유튜브에 추격당하는 신세로 전락했고 특히 젊은층이 BBC를 거의 보지 않는다고 한다. 영국에서도 수신료 폐지론이 힘을 얻고 있고 NHK도 수신료에 대한 거부감이 커지자, 수신료 인하와 구조조정 계획을 내놓으며 여론의 동향을 살피고 있다지 않은가.

미디어 환경은 급변했다. 경쟁자들은 곳곳에 포진해 있다. 수입은 적은데 지출은 그대로거나 늘어났다. 콘텐츠도 그냥 그런 1/n에 지나지 않는다. 이제 곧 공중파나 공영방송이란 단어가 사어가 될지도 모른다. 공영방송 무용론이나 민영화, 수신료 거부 주장이 마구 쏟아지는데 방어 논리가 자연스럽지 않고 오래된 녹음기처럼 설득력이 많이 떨어진다. 구차한 변명이라는 지적도 있다.

유튜브나 넷플릭스에는 흥미로운 콘텐츠가 넘쳐나고 누구나 원하는 메시지를 손쉽게 생산하고 유포할 수 있는 유튜브는 수없이 많아졌다. 미디어 포화 시대—이런 환경 속에서 저널리즘이 설 자리가 있을까.

종편이나 상업방송과 이전투구식 경쟁을 벌이는 것도 우리 공영방송의 고질적인 문제점이다. 지난달 아시안 게임에서도 보았듯이 축구와 야구 등 인기종목에 전 방송이 집착한다. 늘 반복되는 '겹치기 중계(중복편성)' 비난에 휘말렸다. 주요 프로그램은 결방됐고 비인기 종목은 찾기 어려웠다.

금메달을 획득한 근대 5종, 펜싱 여자 에페, 태권도 품새 등은 지상파 3사와 종편이 모두 외면했다. 말은 메달 색깔이 중요하지 않다는 등의 염불을 외운다. 비인기 종목의 선수들은 얼마나 아쉬웠을까.

그들의 설움이나 시청권 침해를 알기나 할까. 방송통신위원회가 국제 스포츠 행사마다 순차편성을 권고했지만 겹치기 편성 논란은 반복되었다. 방송사가 중계권을 구매하면서 큰 비용을 지출했으니 광고 수입을 무시하기 어렵겠지만 공영방송마저 그 경쟁에 휘말려서는 안 되는 일이었다. '공영'은 '착한 적자'를 감당해야 하는 영역이다.

채널마다 트로트 일색인 것도 빨리 고쳐야 할 악습이다. 다른 방송사 아이디어나 포맷을 베끼는 사이비 프로가 판치는 것도 마찬가지다. 지금 방송을 틀어보라. 전부 트로트에 국내외 여행 프로, 관광 체험이나 연예인 리얼 카메라, 돌싱이니 고딩 엄빠니 하는 미혼모와 이혼 소재, 내 금쪽이만 소중하다는 상담 프로와 오디션들이 성황이다. 우리가 왜 연예인의 일거수일투족을 전지적 참견 시점으로 봐야 하는지. 공영방송이 제 갈 길을 잃고 비틀거리면서도 싫으면 보지 말라는 배짱을 부린다.

지난 추석 특집 방송은 어땠나. 실험적이고 다채로운 파일럿 프로그램은 없고 오직 트로트 쇼만 보도록 강제했다. 채널 선택권? 시청자 주권? 글쎄다.

'그레이트(GREAT) 김호중', '김연자 · 진성 한가위 빅쇼–만월만복', '송가인 더 드라마' 등. 정말 식상하지 않은가. 시청률 때문이란다. 당의정이나 탕후루 같은 달콤함으로 유혹하는 것은 상업방송의 영역이다. 공영방송은 그저 '집밥' 같은 건강한 밥을 제공하고 시청률이 저조하더라도 민영/ 상업방송이 외면하여도 소중한 소재와 내용, 기획 의도를 가지고 수신료 가치가 있는 역할을 해야 한다. 보기에 좋은데 맛 좋고 먹기 좋고 영양까지 좋다면야 대환영이지만 산도 좋고 물도 좋은데 정자까지 좋을 수가 없다고 했다.

최근 KBS 홈페이지를 확인해 보니 '수신료'라는 코너가 눈에 띈다. 국민의 방송이란 타이틀은 받아들인다 해도 "수신료의 가치를 실현합니다. 여러분의 KBS 수신료, 이렇게 쓰입니다."라는 표어와 대문 이름이 지금 튀어나온 이유가 무얼까. 관련 게시판 내용도 수신료 가치에 공감한다는 시청자 의견들을 첫머리에 공개해 놓았다. 일테면 인간극장의 의견란에 "공익적인 방송으로 시청자들에게 어려운 이웃을 도울 기회를 마련해 주어 감사하다."라는 등의 칭찬이 걸린 것이 대표적이다.

진정 우리의 대표 공영방송이 수신료의 가치를 실현하고 그 가치를 빛내고 있을까. 공익 프로그램 제작에 흔들림이 없고 시청자와의 소통을 원만하게 하고 있는가. 수많은 비정규직을 사내에 두고선 차별 대우를 하는 그들이 밖으로 사회적 약자 문제에 귀를 기울이고 있다고 말한다. 아무리 수신료 가치를 강조하면 무엇하나. KBS 내부의 '모순'도 해결하지 못하면서 수신료 가치를 알아달라고 한다. 억대 연봉이 몇 명인데 작가 기획료는 몇 만 원 수준이라고 하니 놀랍다.

왜 많은 시청자가 공영방송을 외면하고 평가와 지지에 인색할까. 전문가들은 공영방송이 상업방송과의 차별성이 없기 때문이라는 진단을 한다. KBS 2는 MBC나 SBS와 시청층이 겹치고 KBS 1은 50세

이상 비중이 70% 이상이다. KBS가 특별한 존재감을 만들지 못했다는 비판에 주목했으면 한다.

수신료도 지방의 것은 해당 지방에 돌려줘야 한다. 전체 가구 수의 55%를 차지하는 지역시청자들이 '조공'만 납부하는 꼴이라는 분석이 있었는데 오래전 나의 주장과 같아 주목했다. 수신료가 시민들에게 '준조세'로 인식된다지만 공영방송의 공공성을 높이기 위해선 필수 불가결한 지출을 해야 한다고 믿는다마는.

지역 KBS의 역할이나 인력 · 장비 등을 보면 예산 규모를 짐작할 수 있는데 해당 지역에서 징수하는 수신료 액수에 미치는 수준일까. 지역별로 수신료를 징수해 일정 비율 서울과 해당 지역별로 할당하는 것은 불가능한 일인가. 국세 교부금처럼 말이다. 공영방송의 지방자치제라고 표현하는 이도 있지 않은가. 또 독일은 수신료 징수 · 관리위원회를 별도로 설치해 필요한 수신료 결정 · 징수 · 관리 · 배분을 전담하고 오스트리아는 수신료 관련 업무를 각 지역단위로 분권화하고 있다는데 우리가 못 할 일이 뭔가. 독일은 주 단위로 공영방송을 운영한다. 오스트리아는 지역별로 수신료를 따로 징수해 배분하고, 금액도 지역에 따라 다르게 정한다고 한다. 이렇게 되면 고향사랑, 애향심에 불타오르는 많은 국민이 자발적 수신료 납부 운동을 하지 않을까.

지역의 공영방송 특히 지역 KBS가 과연 공적 책무에 충실히 하고 있는지 의문이지만 국민의 방송이란 구호에 걸맞은 공영방송이 되길 바라는 나는 수신료 인상도 찬성했고 죽을 때까지 자진 납부를 할 것이다.

지역 공영방송의 심각한 문제는 또 있다. 시청자위원회 운영이다. 각 방송사의 홈페이지에는 시청자위원회에 대한 정보가 공개돼 있다. 이 법적 기구를 지역시청자들은 외면하거나 관심이 낮아 잘 알지 못한다. 이러다 보니 방송사 입맛대로 위원을 구성해 형식적으로 운영한다. 마지못해하는 구색 갖추기 정도이다.

울산의 지상파 3사의 시청자 위원회는 유독 기업인 비중이 높다. 또 노동자 대표, 학부모나 청소년, 청년 대표는 보이지 않고 거의 변호사 의사 교수 단체대표 기업체 임원들로 구성돼 있다. 지역방송을 차례로 순례하는 단골 위원도 흔하다. 매달 위원회에 출석하든 말든 시청자 대표로서 의견을 내든 말든 해촉이나 제재하지 않는 것도 공통점이다. 지역시청자의 의견을 수렴하기 위해 만든 시청자위원회가 제 역할을 못 하긴 지역의 공·민영방송이 차이가 없다. 지역 인사들의 친목회나 동네 권력기구화란 비판이 나오는 이유다.

시청자위원회는 방송에 시청자 의견 반영을 위해 만든 기구로 방송편성에 관한 의견제시 또는 시정 요구, 시청자 권익 보호와 침해 구제 등의 업무를 맡는다고 방송법에 명시돼 있다. 방송사는 매달 시청자위원회를 열고 결과를 방통위에 보고해야 한다. 시청자위원회 운영은 방송사 재허가 심사에도 반영한다.

특히 공영방송은 시청자를 위해 더 많은 발언의 기회를 주어야 하고 시청자의 요구를 뉴스와 프로그램에 반영하면서 시청자가 믿고 선택할 수 있는 미디어로 존재해야 함이 마땅하다. 제발 지역 공영 방송은 '내 탓이오.'와 '나부터 바뀌겠다.'라는 자성과 내부 수리를 시급히 하기 바란다. 그러고 나서 무슨 지원을 요구하든지 수신료 인상을 주장하든지 고용 보장을 해 달라고 읍소하는 게 옳은 순서이지 않을까 싶다.

대놓고 하는 국민 MC, 국민 가수라니

우리 방송은 유행어도 잘 만들고 언어 인플레이션을 주도한다. 툭하면 레전드란 말을 남발하고 국민 MC에 국민 가수라 갖다 붙이고 국민 배우나 국민 여동생, 국민 오빠, 국민 걸그룹이라는 말을 쉽게 내뱉고 무한 반복한다. 방송언어의 퇴보다. 언제부터 국민이란 말이 그리 가벼웠던가. 국민의 과반이 '국민 MC'를 선출했나. 언어유희에 가까운 작명이고 잘못된 조어이며 지극히 배타적인 의도를 안고 있어 듣기 불편하다. '국민OO'이라 선점해 버리면 같은 분야의 나머지는 모두 영원한 2등이거나 하류란 말인가? 우리 사회가 아직도 1등만 기억하는 더러운 세상인가. 이런 지독한 '승자 독식'이 어디 있나. '기라성'이나 '혜성과 같이 등장한 신인' 등의 작명도 이제는 사용하지 않는다. 그저 트로트 황태자, 가왕, 명 MC, 대타자, 명사라고 하면 된다.

기껏 1~20년 활동한 연예인을 '살아 있는 전설'이라고 부르고 'OO

계의 황태자'나 '황제'라 마구 부르면 듣는 그이도 불편하지 않을까. 진정한 전설이나 진짜 국민 OO은 함부로 나대지 않는다. 방송이 제 흥에 겨워 언어유희를 하는 짓에 불과하다는 것을 알고 있다.

보리에게 안부를 전하며

오래전 교과서에서 읽었던 〈보리〉를 다시 읽었다.

> 보리. 너는 차가운 땅속에서 온 겨울을 자라왔다. 이미 한 해도 저물어 논과 밭에는 벼도 아무런 곡식도 남김없이 다 거두어들인 뒤에, 해도 짧은 늦은 가을날, 농부는 밭을 갈고 논을 잘 손질하여서, 너를 차디찬 땅속에 깊이 묻어 놓았다. 차가움이 엉긴 흙덩이들을 호미와 고무래로 낱낱이 부숴 가며, 농부는 너를 추위에 얼지 않도록 주의해서 굳고 차가운 땅속에 깊이 묻어 놓았었다.

낙목한천落木寒天에 보리를 본다. 태화강변 작은 공원 앞을 지나다 마주한 모퉁이 집 앞의 작은 화단에 푸르름이 가득하다. 붓끝만큼 자란 보리가 고개를 쑥 내밀고 있는, 그냥 '작은 보리밭'이다. 보기만 해도 겨울의 삭막함을 덜어 준다.

사람들은 보리밭을 만든 할머니를 꽃 할머니라 부른다. 할머니의 섬세한 손길은 사시사철 꽃을 피우고 계절마다 꽃들은 저마다 때맞춰 색다른 옷을 입고 저만의 향기로 자기 존재를 알린다. 담벼락 밑에서 복수초와 개나리가 봄을 알리면 수선화와 제비꽃 모란이나 할미꽃이 차례로 자태를 뽐내나 싶으면 오뉴월 더위가 오고, 좀 덥다 싶으면 덩굴장미가 붉은 자태로 남녀를 모두 유혹한다. 뒤이어 봉선화와 붓꽃, 라벤더 향이 골목 안을 나풀거리면 뜨거운 여름도 즐거워진다. 단추 국화들이 종종거리며 달리면 곧 서리가 내릴 절기를 예감하고 세상 모두가 꽁꽁 얼어붙은 지금은 꽃 대신 보리가 푸름을 자랑한다. 꽃 할머니는 일 년 내내 동네를 밝혀주는 색채의 마술사이다. 꽃씨를 나눠주며 자랑하는 얘기에 시간을 많이 뺏기는 게 흠이지만 꽃을 사랑하는 할머니와의 만남은 그 자체가 즐거운 일이다.

아직도 보리밭이 있다니, 도시의 한복판에서 보리를 만나다니…. 보리를 볼 때마다 고향의 향기 떠오르고 죽기보다 싫었던 꽁보리밥이 눈에 어른거린다. '밟아도 밟아도 되살아나는 희망'과 아직도 포기하지 않는 청춘이 되살아나고 보리피리 함께 불던 고향의 가시나도 보인다. 여름방학 곤충채집 여치집과 누나 머리 위에 얹힌 물동이를 받치려고 꼬고 기워 완성하던 따배이는 오롯이 보릿대로만 만들었다. 마지막 보릿고개 세대라 보리밭과 연상되는 추억이 이루 말할 수 없이 많다.

보리를 보면 먼저 아픈 기억부터 떠오른다. 몸에 달라붙어 떼지지 않는 까끄레기와 도리깨질과 탈곡하던 노동은 악몽으로 남았고 이슬바심을 마다치 않고 나서던 이삭줍기는 고난의 행군이었다. 그나마 자식들 먹이려 풋바심을 삶으며 기뻐하던 어머니의 표정과 둘레

판에 모여 고추장에 쓱쓱 비벼 상추쌈을 싸 먹던 고향집 풍경은 행복한 상상으로 남았다.

보리는 겨우내 싹을 틔우고 자라는 것만도 용하지만 입춘 후 밟고 또 밟아도 꺾이지도 죽지도 않고 쑥쑥 자라는 불굴의 정신과 배짱, 강인한 생명력은 정말로 경탄스럽다. 농부의 아이 키만큼 자라며 끝끝내 속을 비우니 익을수록 고개 숙이지 않고 빳빳하게 쳐든다. 그 당당함이 늘 나의 스승이었다.

'보리'라는 단어는 때로 고통이고 자존심 상하는 말이기도 하다. 아내는 심심하면 보리밥 뷔페 집을 권하지만, 그 말을 들을 때마다 속이 불편하고 얼굴이 찡그려진다. 실경에 얹어 놓은 삶은 보리를 안치던 일, 물에 말아 풋고추와 함께 씹던 한여름 소찬은 추레한 기억, 그 자체로 남았다. '벤또' 대신 사발에 담긴 꽁보리밥엔 마늘 쫑다리가 단골 반찬이었다. 사실 계란 후라이나 멸치볶음이 보리밥에 어울리기나 했겠나 만은 점심 먹을 때 무엇이 그리 부끄러웠는지 꼭 뚜껑을 반쯤 덮고 먹었다.

보리에 얽힌 추억은 뭐니뭐니 해도 보리밟기가 가장 선명하게 남아있다. 늦가을 보리갈이하는 날은 온 식구가 동원됐지만 색다른 재미도 있었다. 비얄에 누운 밭에서 소가 고랑을 갈아엎으면 동생과 나는 곰배나 고무래로 흙덩이를 잘게 부수며 뒤따랐다. 다시 소가 호시를 끌고 다니며 흙을 더 잘게 부술 때 우리는 호시 발판에 앉아 힘을 보탰다. 호시 타는 재미는 컬링의 스톤이 빙판 위에 미끄러져 가는 것과 같은 묘미가 있었다. 그렇게 만들어진 보리밭에 아버지가 씨앗을 흩뿌리면 갈이가 모두 끝난다. 곧 뾰족뾰족 서릿발이 일어서는 한 겨울이 오고 그런 중에 보리는 싹을 밀어 올리고 섣달에서 이월까지 아이들은 보리밭에서 뛰놀며 마구 밟아댄다. 2월 입춘이 지나면 학교에서도 전교생을 보리밟기에 내몰았다. 모두 어깨걸이를 하며 줄지어 여린 새싹을 잘근잘근 밟았다. 한 포기라도 놓칠세라 종종 참새걸음으로 조근조근 참 미미도 밟았다. 밟고 또 밟다 보면 지나온 자리가 철로처럼 나란히 화인으로 찍힌다. 중간중간에 약한 보리싹은 쑥물을 뱉으며 꺾이고 아이들은 남의 밭 맘껏 밟는 재미에 꾸욱-꾹 밟고 다녔다. 보리밟기는 겨우내 서릿발로 들뜬 땅을 밟아 보리싹이 뜨지 않고 땅속으로 뿌리가 잘 자라도록 하는 방편이다. 밟히면 죽을 것 같지만 보리는 밟아주면 이삭이 더욱 알차게 영근다. 알갱이 수도 그대로 두면 봄에 평균 100알쯤 열리지만 밟으면 더 강한 싹이 되고 400알쯤 열린다.

지나온 날을 돌아보면 가끔 인생의 고비가 보리밟기와 닮았다는 생각이 든다. 고등학교 입학 후 도시 아이들의 무시와 천대는 무척 낯설었다. 참고서 중요 부분을 몰래 찢어 학업을 방해한 친구도 있었고 아무 이유 없이 옥상에 끌려간 적도 있었다. 전기를 처음 보는 촌뜨기라 시내 놈들의 좋은 먹잇감이었나 보다. 스스로 장한 것은 무시든 야멸찬 냉대든 거기에 한 번도 꺾이지 않았다는 것이다. 굴욕은 나를 단련하는 힘이 되었다. 그렇게 믿고 쉽게 잊었다. 군대나 직장에서도 몇 번 밟힘을 당했지만, 늘상 촌놈 기질 하나로 버텼으니 이것이 나의 '굴욕을 대하는 태도'였다.

사는 게 힘들고 고달파도 그때마다 불편할 뿐 불행은 아니라고 자위하며 편안함이 곧 평안은 아니리라 믿었다. 그러다 보니 나름대로 고행(?)도 마다하지 않았다. 고3 내내 겨울에도 연탄 한 번 때지 않았고 등교 전 아침마다 얼음으로 세수했다. 주말에 귀향할 때도 옥동에서 무룡산 가운데 고개를 99번 굽이 돌며 두세 시간 걸어갔다. 속으로 '고난은 영혼의 보리밟기'라며 자신을 달랬다. 풍요 속에서 지식과 물질의 비료만 너무 많이 주면 웃자라고 결국 잘려 나가고 쉬이 무너진다.

골목길 꽃할머니의 집 앞은 오늘도 파도가 바람에 일렁이듯 보리 잎들이 잔물결을 이루고 있다. 도시에서 만난 작은 보리밭, 파릇한 보리싹들이 나를 고향집으로 데려다준다. 손잡고 즐겁게 다시 보리밭을 밟아 보고 싶다. 그래야 보리의 뿌리가 단단해진다. 겨울 보리밭은 밟을수록 좋다.

혼자 기획 취재하고 밤새 편집실 불을 밝히며 작가도 없이 원고 쓰고 조연출 없이 큐 사인을 날리는 지역방송인을 생각한다. 일인다역에 몸은 지쳐도 그리 알아주지도 않은 지역 파수꾼을 자처하는 지역방송인은 보리처럼 끈질긴 생명력과 인내를 발휘한다.

"보리, 너는 항상 순박하고 억세고 참을성 많은 농부와 함께 이 땅에서 영원히 사라지지 않을 것이다."

이때 '보리'를 '지역방송인'으로 바꿔 읽어도 조금도 어색하지 않다.

차가운 땅속에서 겨울 추위를 견디며 푸른 생명을 잇다가 마침내 봄을 맞아 결실을 맺으며 고개 숙이는 보리와 지역방송인. 어떠한 시련과 고난에도 굴하지 않는 생명력과 인내력을 예찬하지 않을 수 없다. (2023.11)

내년도 예년처럼

인간도처유청산人間到處有靑山이고 인생도처유상수人生到處有上手라. 내가 가는 곳이 어디든 다 지낼 만한 곳이 있으며 살다 보면 곳곳에 나를 뛰어넘는 고수들이 항상 있다. 그러니 삼인행필유아사三人行必有我師라고 했다. 잘난척하지 말고 남을 가르쳐 들지 말라고 한다. 아집과 자만을 버리면 아무리 어려운 때를 만나도 어디에서나 도와주는 사람이 나타나는 법이다.

새해가 한 달 앞으로 다가왔다. 약삭빠른 군상들이 일상에서 쓰지 않던 음력을 꺼내 10간 십이지에 오행 오상을 덧칠해 '청룡의 해'가 돌아온다고 벌써 호들갑이다. 보통 사람들은 거기에 몰두하지 않는다. 그냥 내년에도 올해처럼, 예년처럼 지냈으면 좋겠다는 생각뿐이다.

다시 한 해를 마무리하며 새해를 맞아야 하는 나도 그렇다. 지금까지 차마 떨쳐 보내지 못했던 세 반려-견(犬이나 見이나) 가운데 편견과 선입견이란 두 개의 '견'과는 정말 작별하고 싶다. 이제 반려견 몽이만 데리고 살 작정이다. 더이상 함께해서는 안 되는 두 반려 '견'은 잊어야겠다. 12월이라 더욱 그런 생각이 든다.

술이부작을 되새기며

저널리즘이 사라졌다고 한다. 저널리즘의 위기라고 한다. 말만 그런 게 아니라 실제로 그렇다. 우리 언론은 온통 정치 이슈에 매몰되어 정치인의 일거수일투족을 중계하듯 옮겨댄다. 개인 푸념이나 소소한 일상이 담긴 SNS를 보고 기사로 인용한다. 분석 기사나 논평을 봐도 허접하다. 비판을 위한 비판만이 넘쳐나고 저주와 악의적 비난, 비아냥이 주를 이룬다. 원인은 정치 편향성 때문이다. 마치 전쟁이 끝난 뒤 많아진 묘목眇目의 무리를 보는 것 같다. 개인 의견이 사실로 둔갑하고 공론으로 포장하기도 한다. 언론 스스로 감시자 대신 정치행위자가 되었고 정치권력을 쥐고 행사하는가 하면 정치적 영향력을 확대하려고 애쓴다. 자신과 맞는 특정 정파의 이념과 주장만 확산하고 그들의 아젠다 전파에 온 힘을 쏟으며 진영에 복무하는 걸 부끄러워하지 않는다. 그러니 많은 이들이 언론을 불신해 기레기라는 말을 서슴없이 하는가 보다.

기레기는 우리나라 저널리즘의 위기를 상징하는 말로 여전히 회자하고 있다. 환경감시 기능이나 권력 감시, watch dog이란 용어는 이미 무용지물이 되었고 무관의 제왕이라며 칭송받던 저널리스트, 언론인의 영광은 폐기됐다. 언론인, 기자도 그냥 하나의 직업인으로만 인정 받고 있다. 글 좀 쓰는 기술을 가진 단순 월급쟁이나 정보 유통상에 지나지 않는다는 말까지 있다. 언론의 공적 책임에 관한 기능을 기대할 수가 없게 됐으니, 사람들은 기레기 대신 AI 기자로 대체하는 것이 낫겠다고 말한다. 팩트에 더욱 충실하고 술이부작의 객관적 서술 정신을 복기해 봐야 할 때다.

최근 방송 신문마다 팩트 체크란 말이 유행이다. 서로가 진실게임을 벌이듯이 팩트란 단어에 경쟁하고 있다. 한데 말만 그렇지, 가짜뉴스는 더 기승을 부리고 피해자들이 늘어나고 있다. 오죽하면 정부차원에서 가짜뉴스 추방운동까지 벌이겠나?

언론 스스로가 불러온, 언론의 원죄, 자승자박이란 관점에서 원인을 찾는 게 옳겠다. 언필칭 언론인 또는 기자라는 자들이 너무 많아졌고 정식 언론조차 독립운동가나 혁명가를 자처하니 기사나 해설, 평론이 격정적이고 사생결단의 결기가 풍긴다. 그들에게 팩트는 중요하지 않다. 사감에 휘둘려 내보이는 기사에다 스스로 심판관이 되어 판결하고 결론 내리고 정의의 사자인 척 행세하니 시청자나 독자가 곧이곧대로 믿어 주겠는가.

사실인지 진실인지를 가리는 것은 오로지 미디어 수용자의 몫이라며 책임을 떠넘겼다. 하지만 수용자 역시 정파와 정치 성향에 따라 양극단으로 갈렸고 자신만의 시선에 갇혀 언론을 취사선택하니 내 편이 아니면 죽여야 하는 대상으로 깎아내려 버린다. 확증편향을 신념이라고 믿는 이들이 널리 퍼졌다. 믿고 싶은 정보에만 경도되어 진실을 의도적으로 외면하기도 한다. 결국 자신이 믿고 싶은 것만 믿는다. 저널리즘이 설 자리는 점점 좁아진다.

공자의 역사 기록 정신인 '述而不作'의 정신을 취재기자의 신조로 간직했으면 한다. 있는 그대로 사실을 보도하며 창작하지 않는다는 정신이다. 이를 역사서술의 측면에서 보면 '춘추필법春秋筆法'이다. 춘추필법은 사사로운 이해관계나 감정에 얽매이지 않고 객관적이고 공정하게 기술하되 공은 공대로 과는 과대로 정직하게 기록하는 방법이라고 배웠다.

춘추필법에는 세 가지 정신, 기사記事와 정명正名, 포폄褒貶이 포함된다.

기사는 팩트를 기록하는 일이다. 공자는 기사를 쓸 때 술이부작이란 원칙을 엄격하게 지켰다. 서술하되 없던 사실을 꾸며대거나 창작하고 비틀고 거짓으로 쓰지 않는다. 굳이 주석이나 해석을 달아서 주관을 버무린 기록을 하지 않았다는 뜻이다. 역사란 팩트이지 픽션(fiction)이 아니다. 픽션은 사실이 아닌 상상으로 쓰인 이야기나 소설이다. 실제에 근거를 두지 않고 만들거나 거짓으로 꾸며낸 것이다.

정명은 명분을 바로잡는 것이고 포폄은 옳고 그름을 가려내는 일이다. 올바른 명분에 따른 것은 칭찬하고 장려하며 높이 평가해 주고(褒) 옳지 못한 것은 꾸짖고 깎아내리며 냉정하게 비판한다(貶). 명분에 맞는 전쟁은 정벌征伐이라 해서 드높이고 그렇지 못한 전쟁은 침략侵略이라고 기록해야 한다.

기사의 가장 근본은 충실한 취재를 바탕으로 한 팩트 확인에서 출발한다. '팩트'라는 당연한 명제와 그 명제에 충실한 기사가 제대로 된 기사이다. 안타깝지만 우리는 지금 반저널리즘의 나라, 기사를 접하는 순간 내 스스로 팩트를 확인하기 위해 공부하고 애써야 하는 역설의 시대에 살고 있다.

오늘날 훌륭한 역사가는 언론인이라 해도 무방하겠다. 매일 기록하고 포폄하는 것을 업으로 삼으니 말이다. 언론에 의해 선택되고 기록되어 전하는 '오늘의 사건, 사고와 현장'은 내일엔 역사가 된다. 술이부작의 정신을 회복해야 하는 이유이다. 술述이라는 글자에 창작이나 왜곡을 뜻하는 내용이 들어 있지 않다. 다만 팩트에 충실하고 그것을 바탕으로 해석하고 설명하고 토를 달아 글로 적는다는 뜻이 있다. 젠장! 언론인이라면 자기가 잘 먹고 잘살기 위해 일해서는 안 된다. 세상이 조금 더 나아지고 한 발 더 진화하는 데 보탬이 되는 사람이어야 한다.

방송 블랙리스트

1985년 방송에 입문해 천방지축 뛰며 펜과 마이크를 사용한 지 38

년여가 지났다. 돌아보니 그리 대단한 성과도 큰 실수도 없어서 다행이라면 다행이다. 지난 온 길이 탄탄대로는 아니었으되 가시밭길도 아니었다. 유별난 특종 기자가 아니어도 그리 별스러운 낙종도 없어 살아남았고 흔한 방송 대상이나 지역방송인 상도 받지 못했다. PD와 기자, 데스크와 라디오 진행, 심의와 홍보, 정책기획과 시청자미디어센터를 돌고 돌면서도 매번 꼴찌는 면했어도 늘 선두에 서진 못했다. 나날이 세파를 헤치며 현상을 본다했지만 정작 속에 든 원인을 파악하고 대안을 제시하는 데는 서툴렀다. 하늘을 쳐다보며 위를 선망하는 꿈을 꾸면서도 바닷속이 어떻게 움직이는지 파악하지를 못했다. 언제나 파도를 보면서 바람을 보지 못한 것은 가장 큰 나의 약점이었다. 파도를 만드는 건 바람인데 말이다.

지역 문인의 출판 기념회에 갔다가 초면의 문인들을 만났다. 처음 본 두어 분과 인사하는데 목소리가 기억난다고 해 금세 친해졌다. 사람의 목소리는 사람마다 달라 제2의 자문이라고 한다더니 생면부지 상대와 나눈 첫인사에 바로 공통점을 찾았다. 소리의 무늬, 성문 덕분이다.

한 사람은 시사교양 방송과 지역 공헌, 뉴스 보도 등 인상적인 몇 부분을 환기해 줬고 한 분은 자신의 공모전 수상 소식을 전해 함께 축하하며 기뻐했다. 그러다가 지역 문단의 상금 나눠 먹기와 해마다 공모전에 등장하는 단골 문인들을 거명하기에 이르렀다. 다들 기성 문인들의 공모전 쇼핑이 민망하다는 비판에 가세했다. 그 자리에 어울리지 않는 지적이었지만 듣고 보니 틀린 말도 아니었다. 상금을 목적으로 하는지 이름을 알리기 위해선지 모르지만, 추태는 추태라는 의견에 맞장구를 쳤다. 이미 여러 매체를 통해 등단했거나 수상한 경력이 있는 기성 작가들. 그들은 신춘문예에 다시 응모하는 일도 있고 복수의 신춘문예 경력을 자랑스레 공개하기도 한다. 아무리 '지줌 잘난 맛에 사는 세상'이라지만 새내기 문인들에게 양보할 줄 모른다. 모두가 이기적이고 경쟁에서 살아남으려 애쓰는 세태라지만 문학판마저 죽기 살기로 다투는 건 미덕이 아니다.

방송 경력 중에 기억에 남는 여러 에피소드 중에 '꾼'을 막기 위한 '자체 블랙리스트'가 떠오른다. 유선 전화와 엽서로만 시 · 청취자와 소통하던 시절, PD나 작가는 전문 꾼들을 골라내는 데 애를 먹었다. 꾼은 주유권이나 가족 식사권 등 소소한 상품은 물론 연말쯤이면 TV나 냉장고, 전자레인지 등 대형 상품을 싹쓸이하는 장본인이다. 주소를 전국으로 변경하거나 필체를 달리하기도 했고 목소리를 변조해 가면서 전화 참여를 일착으로 한다. 온갖 주소와 이름들을 모두 동원하는 전문가였다.

처음엔 잘 몰랐지만 게스트 DB까지 만들었던 내가 가만있을 리 없어 나섰다. '상습범'을 가려내고 전 프로그램 제작진들에게 회람시켜 블랙리스트를 만들었다. 방송은 다양성이 중요하고 경품도 지역과 청취자들이 골고루 받아 가야 한다면서 설쳤던 것 같다.

아무리 뛰어난 전문가이고 엄지척인 게스트라도 타 방송에 출연하는 사람은 다시 쓰지 않고 새 인물을 발굴하거나 교육을 해서라도 A급으로 만들기 위해 애쓰라고 후배들을 닦달하기도 했던 것 같다. 요즘은 이곳저곳 겹치기에 한 사람이 오전 오후 방송국을 순례하는 등 독식하는 경향이 많아 보인다. 그래도 PD들은 아무런 문제의식이 없을까?

유모차가 아니라 유아차란다

한때 가장 빠른 연락 방식이었던 '전보'가 완전히 사라졌다. 138년 만이다. 고향집에 전화기를 놓기 전까지 가장 빠른 연락 수단이었다. 군대 간 아들이 소총 산다고 전보치고 포탄 잃어버렸다고 전보를 치던 시절도 있었다. 새 학기를 앞두고 등록금 빨리 보내라고 전보를 친 적도 있었다. 그러던 우리가 빛의 속도로 대화하고 모든 정보를 손바닥에서 찾는다. 자연스럽게 느린 것은 모두 사라져 간다. 속도전 시대엔 빠른 것만 살아남는다. 미디어도 그렇다. 언제나 뉴미디어가 있었지만, 지금은 유튜브가 가장 영향력 있는 매체로 자리매김했다. 이용자가 직접 콘텐츠를 만들어 판매까지 하니 '생비자 prosumer' 시대를 맞았다. TV/R가 올드 미디어로 밀려나 종언을 고할 판이다. 구체적인 숫자도 나왔다. 유튜브 이용자들의 하루 동영상 시청 시간이 5년 만에 10배 늘어 10억 시간을 기록했다고 월스트리트저널(WSJ)이 지난달에 보도했다. 시청률 조사기관 닐슨이 집계한 미국 국민의 하루 TV 시청 시간인 12억 5천만 시간에 육박하는 수치라 한다.

최근 시청한 유튜브 중에 '유아차乳兒車' 논란과 '반말이=반마리' 영상이 기억난다. 유아차는 5년 전 서울시여성가족재단이 '유모차乳母車' 대신 사용하라며 권장했다는데 나로선 처음 듣는 단어다. 유모차가 '엄마가 아이를 태우고 끌고 다니는 차'라는 의미라 부모의 역할을 한정 짓게 한다는 이유에서였다고 하는 데 아직 공감되지는 않는다.

발단은 한 유튜브 예능이었다. 유명 연예인 출연자가 유모차를 반복해 말하자 자막은 유아차로 수정돼 나왔다. 찬반 의견이 많아 조회수가 200만을 넘겼다는데 국립국어원은 "현재 표준국어대사전에는 유모차와 유아차가 모두 표준어로 등재되어 있으므로, 두 표현 모두 표준어로 볼 수는 있다."라고 했다.

마구 웃었던 또 다른 유튜브는 '반말'을 소재로 한 설정이었다. 어느 식당에 진상 손님이 왔다. 알바는 그의 반말에 같이 반말로 응대한다. 505만 회의 조회 수를 기록했다. 요즘 젊은이들은 꼰대의 반말에 이렇게 대꾸한다. "니가 반말하니까 나도 반말하지?" "이거 왜 반말이야? 아냐 이거 한 마리야~." "말이 짧다. 그래? 그럼 길게 할게."

우리 어릴 때는 말에 대해 참 많은 걸 배웠다. 말조심 입조심하고 말로써 말 많으니 말 말을까 하노라, 가는 말이 고와야 오는 말이 곱다, 같은 말이라도 '아' 다르고 '어' 다르다, 낮말은 새가 듣고 밤말은 쥐가 듣는다, 말로는 못 할 말이 없다, 말속에 뼈가 있다, 말이 씨가 된다, 입이 삐뚤어져도 말은 바로 해라, 세 번 생각한 다음에 말해라,

세 치 혀가 사람 잡는다, 말이가? 방구가? 등등.

그래서 군자는 되도록 말을 어눌하게 하려 애쓴다고 했나 보다. 어눌하게 말하라는 뜻이 아니라 이치에 맞는 말을 중시하라는 가르침인 것 같다.

이치에 맞는 말을 하려면 시비를 가리고 곡직曲直을 분별할 줄 알아야 그런 말을 할 수 있다는 것이다.

"말이 되는 소리를 하라." "말도 안 되는 소리다." 얼마나 자주 하고 들었던가. '말'과 '소리'가 다르니 차이를 알아야 한다. 말처럼 실행하지 못하면 부끄러워해야 하고 말에 책임을 지고 소리가 아닌 말을 해야 한다. 지금 우리 방송을 보면 그렇지 못한 자들이 많다. 특히 정치인들은 사람의 말과 동물의 소리를 제대로 구분하지 못하는 경우가 잦다. 소리만 냅다 지르면 그때만큼은 그는 사람이 아닌 짐승이 되는데도 방송은 그걸 뉴스라고 내보낸다. 소리는 결국 소음이 되어 나로 하여금 귀를 막게 만든다.

내년에도 예년처럼

세상에는 볕이 내리던 때도 많았고
그것도 노곤하게 흐르는 봄볕이었다가
여름날의 뜨거운 뙤약볕이었다가
하늘이 높은 서늘한 가을 날씨로까지

이어져 오던 것이

오늘은 어느덧 가슴에 스미듯이

옥타브도 낮게 흐르네!

— 박재삼의 〈가을비〉 중에서

해가 저문다. 나이 한 살 더 먹는 게 그리 달갑지는 않다. "해마다 추위와 더위 반복되니, 내년에도 지난해와 같겠지." 하던 옛사람의 글이 생각난다. 내년에도 예년처럼 지나길 기대한다.

지용 시인은 "넓은 벌 동쪽 끝으로 옛이야기 지즐대는 실개천이 휘돌아 나가고 얼룩백이 황소가 해설피 금빛 게으른 울음을 우는 곳, 그곳이 참하 꿈엔들 잊힐리야"라고 노래했다. 지용에게 그런 옥천이 있었다면 내 곁에는 언제나 가지산 동쪽으로 흘러 바다로 가는 태화강이 있다.

매달 원고를 보내고 책이 나오면 "은유가 많이 부족하고 문장을 더 다듬었으면 좋겠다."는 독자의 질책을 안고 연재를 마친다. (2023.12)

3부

울산 재발견

태화용의 승천을 기다리며

당시에는 주목받지 못했지만 시간이 흐르면서 뒤늦게 조명받는 인물이나 이미 알려진 일도 시대에 따라 변한다. 새해에 뜨는 해는 어제의 해, 작년의 해가 아니다. 새로운 해다. 그래서 우리는 새해엔 언제나 백마 타고 오는 초인을 기다린다. '왕생이들'을 걸으며 울산의 용, 태화의 용이 승천할 날을 기다리면서 언젠가 나라의 용이 되리라는 희망을 가져본다.

무룡산의 눈먼 용은 선녀와의 재미에 빠져 승천의 꿈을 접었을 것이고 자장의 태화사 창건과 함께한 태화지池 용은 용검소龍黔沼 아래 깊숙이 잠겨 아직은 나토지 않고 있다. 언젠가 위대한 울산을 넘어 나라의 상징이 될 수도 있겠다. 용은 왕을 상징한다. 왕생이들의 주인공도 용과 연관이 있다. 왕생이들은 풍수지리상 임금이 날 만한 곳이란 지명이니 말이다.

영취산이 동쪽으로 줄기를 뻗으면서 수많은 봉우리를 거느린다. 그 중에서 옥동 서쪽 삼호산과 신정동의 두리봉과 은월봉 등 잇달아 붙어 있는 열두 봉우리를 콕 찍어 남산 12봉, 은월 12봉이라 한다. 12봉 아래에 큰 명당이 있다는 믿음이 오래 전부터 전해진다. 왕생王生이 들과 한림정翰林亭 터, 은월 터가 그것이다. 조선 중엽 남사고라는 국풍이 문수산에 올라 사방을 두루 살핀 뒤에 발길을 동쪽으로 틀어 남산 12봉을 타고 은월봉까지 왔다가 산을 내려와 달동까지 갔다. 거기서 동쪽으로 3백보 가량 갈대를 헤치고 가다 멈춰 미리 준비한 쇠말을 박고 왕생혈이라 외쳤다. 다시 서쪽으로 돌아 무덤실 근처에 또 쇠말을 박으며 한림정혈이라 하고 팔등로에 이르러 원당 못을 가리키면서 은월혈이라 했다는 전설이 있다. 유레카!

조선시대 영남 3루 중 하나로 복원된 태화루 아래로 태화강이 굽어 흐르는 현재 모습과 1910년 전후로 추정되는 태화강과 나루터의 전경. 왜란으로 강 건너편에 있던 태화루는 사라지고 용검소(또는 용금소)를 품은 언덕 바위만 남아 있다.

울산에는 용과 관련된 지명이 12곳이나 있다. 10곳의 마을 이름과 하나의 산과 굴 이름에 용이 들어 있다. 용검소 또는 황룡연은 태화강의 기운이 가장 많이 몰려 있는 최고의 정점인 태화루 아래에 있다. 천전리 바위그림에도 용이 있고 무룡산과 용연, 용잠, 처용과 용방소, 당사의 용바우와 방어진 용왕사, 용굴 모두 용을 상징한다. 달골마을 물당

기기 노래와 지신밟기 사설에도 용이 등장한다. 태화사지 승탑에도 용이 새겨져 있고 용추암과 작동마을 애기장수 전설에도 용마가 등장하니 모두 용을 기리며 영웅을 기다리는 마음에서 지은 이름이다. 용의 해 울산의 용들이 저마다 용틀임을 했으면 한다.

올해는 용의 해 갑진년甲辰年이다. 용은 열두 띠 동물 중 유일한 상상 속 동물이다. 시간은 진시辰時로 오전 7~9시에 해당하고 달로는 음력 3월이 진월辰月이다. 정월대보름이나 새해 첫 용날인 상진날上辰日 새벽에 우물이나 샘에 가서 가장 먼저 물을 떠 오면 운수가 좋고 그 물로 밥을 해 먹으면 무병장수한다고 믿었다. 세시풍속인 '용알뜨기'가 그것이다.

갑진년의 갑이 푸른색을 뜻하니 올해는 청룡 띠의 해이다. 청룡은 네 방위 중 동쪽을 지키는 수호신이다. 그래서 고구려 고분이나 백제 고분의 〈사신도四神圖〉에는 동쪽 벽에 청룡을 그렸다.

울산은 한반도의 동남쪽에 위치하니 청룡의 땅이자 주작의 땅이라 할 수 있다. 푸른 생명의 기와 붉은 불기운이 생동하는 곳으로 늘 기운이 넘치는 땅이다. 울산은 중국 태화사지 용의 부탁으로 태화사를 짓고 태화강이란 이름을 만들어 삼국통일의 기운을 모아 국운을 융성시켰고 호국용과 처용을 상징하는 용이 여의주를 물고 힘차게 비상해 왔다.

울산광역시 남구 신정동 '공업탑 로터리'에서 산길로 울주군 청량읍 상남리로 쪽으로 향하다 보면 높은 고개가 하나 있는데 주민들은 이를 '화리고개'라 불렀다. 울산 토박이들은 '화로火爐'를 화리라고 소리낸다. 이 화리고개는 하늘에서 화로같이 생긴 큰 불덩이가 떨어진 곳이라 이름 지었다고도 하고 큰 구멍이 난 바위에 용이 살았다는 설도 있다. 용이 불을 뿜는 존재이니 큰 불덩이는 용을 상징한다.

역사는 말하는 사람의 몫이다. 영웅은 태어나는 것이 아니라 만들어진다. 시대의 필요에 의해서. 울산의 용, 태화 용이 나라의 용이 되기를 청룡의 해 아침에 기원하는 마음 간절하다.

고래를 부르는 돌피리

“1옥타브 이상의 고음은 치유의 음이자 신비한 소리, 영혼의 소리다.” “해녀들의 숨비소리와 유사하다. 높은 주파수에 가냘프며 신비한 소리는 곧 고래의 소리이고 해녀의 숨비소리이다.” 돌피리 소리를 처음 들은 사람들은 한결같이 신기하다는 반응과 공명을 얘기했다.

2015년 5월 27일. 울산대 고래문화 세미나장에 반구대암각화의 ‘피리 부는 사나이’가 나타났다. 암전된 객석 맨 끝에서 핀 조명을 받으며 ‘돌피리’를 부는 남자가 무대로 걸어 나갔다. 시카고에서 온 김성규 선생이다. 객석에선 또 한 사람이 돌피리 이중주를 선보였다. 수백만 년 전 화산재가 돌이 되고 속에 있던 작은 갑각류나 조개류의 사체가 탈각하면서 구멍을 내 만든 돌피리를 처음 선보인 순간이었다.

반구대암각화의 인물상에 관심을 쏟는 이들은 그리 많지 않다. 인물상은 서로 다른 자세를 취하고 손과 허리에 악기나 활, 무기 따위를 휴대하고 있다. 손을 이마에 대고 멀리 망을 보는 남자는 허리춤 중간이 불룩하게 돌출되어 있다. 단검 같은 무기나 남근을 과장한 것이라고 해석해 왔다. 김 선생은 "돌피리를 허리에 찬 모습"이라고 했다. 호주나 뉴질랜드, 미국 시애틀 올림픽마운틴 해안의 마카 인디안들은 지금도 돌피리 연주로 고래를 불러 모은다며 반구대인들도 돌피리 소리로 고래를 불렀을 것이라 설명했다.

2015년 2월, 김 선생과 함께 포항과 울주군 진하 바닷가에서 돌피리 탐사를 했다. 포항 해변은 돌피리 집산지였고 진하에선 두 개의 돌피리를 찾았다. 수집한 돌피리를 손질해 입술을 구멍에 대고 불었다. 손가락으로 구멍을 닫았다 열었다가 하는 순간 신비한 소리가 들렸다. 마치 어미 고래가 새끼를 부르는 소리인 듯하고 새끼들이 친구와 물장난을 치며 사람을 따라오는 느낌이 들었다. 인공이 전혀 가미되지 않은 원시 악기인 돌피리에서 반구대인들의 고래 부르는 소리가 재현되는 것이라 착각했다.

일본의 신사에선 지금도 신을 부르거나 신을 보낼 때 돌피리 연주를 한다. 공이나 계란형에 두서넛 구멍이 난 돌을 그들은 석적(石笛 또는 岩笛)이라 부르고 인터넷 판매도 활발하다. 전문 연주자도 있고 연주 교습 앱도 출시됐다. 교토나 와가산현 등 일부 신사의 제의 순서에 선인(仙人, 돌피리 연주자)의 연주가 들어있다. 우리가 돌피리를 잊고 있는 동안 일본은 이미 약 5,000년 전 조몬시대 유적에서 발굴한, 가장 오래된 돌피리를 보유하며 신과의 대화, 사람과 신을 연결하는 신성한 악기로 숭상해 온 것이다. 아메리카 인디언들도 'Stone Flute', 'Stone Whistle'이라는 피리가 있고 아스텍인들은 흙으로 만든 'clay whistle'을 자랑한다. 모두 오카리나의 기원이다. 우리나라의 가장 오래되고 유일한 돌피리는 김해에서 발굴한 5세기 가야시대의 것으로 현재 부산대 박물관이 소장하고 있다.

반구대암각화에는 약 300점의 그림이 새겨져 있다. 우리나라에서 가장 오래된 선사시대 암각화 유적이다. 매우 사실적인 고래 사냥 그림은 약 7000년 전 신석기시대의 작품으로 지구상에 현존하는 가장 오래된 인류 최초의 포경유적이다.

반구대암각화는 주제에 따라 사람의 전신이나 얼굴을 표현한 인물상, 바다와 육지 동물을 표현한 동물상, 배나 부구浮具와 같은 수렵이나 어로와 관련된 도구 상, 그림의 주제나 형태를 명확하게 파악하기 어려운 미상으로 구분한다. 인물상은 측면을 표현한 전신상이 많고 활로 동물을 사냥하거나 두 손을 치켜든 모습, 악기로 보이는 긴 막대기를 불고 있는 모습 등은 사냥과 종교적 행위를 연상시킨다. 측면 전신상의 대부분은 다소 과장된 남근男根을 표현하고 있으며, 사지를 벌리고 있는 정면상이나 가면처럼 얼굴을 표현한 그림도 있다. (한국민족문화대백과사전)

보이는 것만이 다가 아니다. 내가 아는 게 전부가 아니다. 다수가 고래와 동물상, 도구에 주목할 때 누구는 인물상에 더 집중한다. 인물은 남자이고 무당이나 포수, 영매靈媒로 추정한다. 악기는 돌피리나 딩각, 켈프-혼으로 보인다. 반구대 앞에 설 때마다 이들의 정체와 역할이 늘 궁금했다. 그들을 다시 깨우고픈 심정에 돌피리를 찾아 나섰고 첫 연주라는 넌버블 퍼포먼스를 진행했다.

남목 마성과 포니의 인연

1974년 7월, 우리 역사상 처음으로 '마이카 시대'가 열렸다. 이때 승용차 1대를 내건 약 5주간의 신문 공모전에서 최종적으로 선택된 이름이 '포니(pony)'다. 한국 최초의 독자 모델 포니는 1976년 2월 첫 출시를 시작으로 한국 산업사의 신화를 열었다.

"무슨 놈의 차가 꽁지 빠진 닭처럼 생겼어?" 정주영 회장은 썩 달가워하지 않았다고 한다. 이후 미국, 캐나다, 아프리카로의 수출은 날개를 달았고 1980년대 사회생활을 시작한 베이비붐 세대들은 생애 최초의 '애마'를 대부분 포니로 선택하고는 60개월 할부 대열에 겁없이 동참했다. 바로 다음 날부터 다들 '마이 리틀 포니'를 몰고 출퇴근하며 어깨를 펴며 자신의 '애마'를 자랑했다. 애마! 자동차는 곧 말, '네 발 달린 말'이었고 자가용은 전부 애마라고 불렀다. 첫 애마 – 포니는 우리를 어디든 데려다주었고 뒷자리에 탄 부모님은 흐뭇한 표정을 숨기지 않았다. 국산품 애용은 배반할 수 없는 우리의 철학이자 생활의 발견이었고 애국의 길이라는 자긍심이 가득했던 때였다.

포니는 조랑말이고 갤로퍼는 거침없이 질주하는 말을 상징한다. 에쿠스는 개선장군이 타는 말을 상징한다. 엠블렘을 보면 각각 갈기를 휘날리거나 하늘을 나는 천마였다. 조랑말은 당나귀와 같이 말의 세계에서도 조연이나 카메오에 불과하지만, 외양과 달리 착하고 순하고 단단한 말이다. 작지만 체질이 강건하고 근육질로 이뤄진 단단한 몸체에다 온순하고 지구력이 강한 것으로 유명하다. 첫 애마 '포니'가 딱 그랬으니, 명실상부라 하겠다.

차 이전의 운송수단은 말이었다. 울산에도 역참이 있었지만, 말을 생산한 인연은 방어진과 남목의 '마성(말 목장)'에서 시작된다. 동구 마성터널 위 봉대산이나 현대공고 뒷산, 마골산 일대에 옛 모습이 많이 남았다. 마성은 말이 도망가는 것을 막기 위해 목장 둘레를 돌로 막아 쌓은 담장 같은 성이다. 조선 시대에 중국에 공물로 바치거나 국가에 쓸 말을 기르기 위해 해안가와 섬 등에 200여 개의 목장을 설치했다. 남목도 그중 하나다. 경북 장기 목장의 남쪽에 있으니, 남목南牧이란 지명이 됐다.

옛 문헌을 보면 한때 방어진 목장의 둘레가 47리, 여기서 키운 말이 300필이었고 염포와 양정의 경계선을 따라 성골에서 강동 경계까지 마성이 있었다는 지도도 있다. 울산 최초의 읍지 《학성지》를 보면 1651년에 새 마성을 쌓았다. 오늘의 남목마성일 것이다. 높이는 1.5~2m 정도이고, 둘레는 1,930보步에 이른다고 기록돼 있다. 이 성은 울산과 언양이나 양산은 물론 멀리 문경, 청도, 밀양, 영천, 경주 등지에서 동원된 사람들이 쌓은 것으로 보인다. '淸道' '彦陽' '已上興海' '七邑更築' '淸道三百七十七步 順治八年辛卯三月日'라는 글이 새겨진 돌이나 암각이 발견됐는데 1651년(효종 2년) 7개 지역의 장정들이 성을 개축했다는 내용이다. 남목마성은 1897년(고종 34)에 폐지되었다.

실록을 보면 여말선초에는 매년 중국에 말을 공물로 바치느라 국가 경제가 휘청거렸다. 공민왕 때부터 세종 11년까지 55년 동안 약 9만 필을 중국에 보냈다. 연평균 1,636필이다. 공민왕 23년에서 공양왕 3년까지 약 3만 필, 조선 태조 원년에서 세종 11년까지 약 6만 필을 교역했다. 중국의 요구는 점점 많아졌고 오롯이 지방의 목장이나 백성들의 몫으로 감당했으니, 이로 인한 나라 경제의 피폐나 백성들의 고단한 삶이 어땠으랴.

예나 지금이나 울산은 국부의 모판 같은 곳이다. 울산이 잘살아야 우리나라가 잘산다는 말이 허투루 나온 게 아니다. 그때는 오직 왕실과 공물을 위한 목장이었던 울산이 지금은 자동차 제조와 수출로 나라 경제를 떠받치는 전진기지가 됐다. 목장과 말은 조선 시대 중요 국가 정책이었고 남목은 나라와 왕실의 외교 국방 교역과 역마 등을 위한 주요 말 공급처였다.

피와 땀, 눈물이 배인 마성馬城

일출의 가능성이 구름 속에 숨어버렸다. 07시 26분, 새해 첫 일출 시각에 맞춰 관일대에 올랐건만 구름에 가리워진 갑진년 첫해는 기어이 모습을 드러내지 않았다. 관일대는 천년고찰 동축사 뒤편에 있는 두꺼비 모양의 바위다. 많은 시인 묵객이 풍광과 일출의 감동을 시로 남겼고 감목관 원유영은 '부상효채扶桑曉彩' 네 글자를 새겨 최고의 해돋이 명소로 명명했다. 눈을 들어 동쪽을 보니 저 멀리 봉대산 너머 푸른 바다가 일망무제요 산허리엔 크고 작은 돌담이 줄지어 있다. 마성이다. 마성은 말이 도망가는 것을 막기 위해 목장 둘레를 돌로 쌓은 담장이다.

'포니'와 '에쿠스'는 울산에서 탄생한 명차다. 둘 다 말을 상징한다.

포니는 순둥이 조랑말이고 에쿠스는 전쟁에서 승리한 개선장군의 말이다. 오래전 말과 인연이 있었던 울산이 현대에 이르러 '네 발 달린 말'을 만들어 세계를 누비게 했다. 조선 시대 방어진과 남목에게 말목장과 마성을 만들면서 울산과 말의 본격적인 인연이 꽃피웠다. 마성은 지금도 봉대산과 마골산, 현대공고 뒷산에 남아 있고 양정동 심천골과 성골, 강동 경계에서도 돌담의 흔적을 볼 수 있다. 마성과 말의 길, 말을 노리던 호랑이와 포수(착호갑사), 목장과 관리들에 대한 기록과 비석이 울산에 여럿 전해진다.

곳곳에 크고 작은 돌이 차곡차곡 쌓여 비바람에도 흔들리지 않고 오랜 세월 그 자리를 지키고 있다. 세월의 무게를 견디다 못해 돌과 돌 사이는 틈이 벌어져 새들이 자유롭게 드나든다. 옹성이나 치성, 해자도 필요 없었고 총안銃眼도 만들지 않았다.

오랜만에 형님을 뵈니 미안하고 처절하기 그지없다. 명절 전 형제들이 모여 핏줄의 정을 나누는 자리에서다. 가장 애절한 건 칠순을 넘긴 중형의 건강이었다. 허리가 안 좋은 그대로 혼자 걸음 하기도 어렵다고 했다. 형님은 고려나 조선 시대에 태어났더라면 마성을 쌓느라 산만한 돌을 옮겼을 분이다. 스무 살도 전에 치도나 각종 부역, 새마을 길을 닦고 다리 건설에 가족을 위해 동원되었고 밀가루를 얻어왔다. 농사도 오롯이 홀로 감당했고 4H나 마을금고, 저수지 축조에 망깨를 놓았고 양남 나아의 원전이나 방어진 조선소에서 '노가다'

로 몸을 때운 세월이 10여 년이다. 동생들은 새벽마다 '벤또' 두 개를 리어커에 싣고 자갈길을 달리던 고단한 시간을 지켜만 봤다. 당시 노가다는 거의 '돈내기' 판이라 형은 죽을 둥 살 둥 노동에 힘을 쏟았다. 간조 날 엄마는 악질 부패한 면서기 부인이 계주인 '다라모시'에 돈을 다 넣고 산통깨지 않기를 빌며 순서를 기다렸다. 아련한 1960, 70년대 고향집 풍경과 가족을 위한 중형의 희생이 영화처럼 펼쳐진다.

고려 말부터 왕실은 말을 기르고 관리하는 데 모든 국력을 쏟았다. 중국에 공물貢馬로 바치거나 나라에 긴요하게 쓰기 위해서다. 이를 감당하기 위해 해안가와 섬 등에 목장을 설치했고 방어진과 남목에도 그랬다. 경북 장기 목장 남쪽이니 남목南牧이라고 했고, "방어진 목장 둘레가 47리, 키운 말이 300필" "1651년에 새로 쌓은 마성의 높이가 1.5~2m, 둘레는 1,930보步."라는 기록을 보면 당시의 목장 규모가 짐작된다.

고향집이 마성의 북쪽 끝 성골과 가까워 어릴 때부터 마성은 친숙했고 자주 갔던 장소다. 낙방 거사로 동축사를 오를 때나 1980년대 향토사연구회 봉수대 답사 때 마성을 지나며 돌의 만질 때마다 축성에 동원된 민초들을 떠올렸다. 힘없고 이름 없는 그들은 먼 타향에 끌려 와 오직 나라를 위해 고통을 감내했다. 빛과 그림자는 늘 함께 하는 법. 성은 축성과 용도, 승전의 전리품, 넓디넓고 드높은 성채와 관리들을 예찬하는 데 안성맞춤의 상징물이다. 성벽이 높을수록 그림자는 더 길다. 내 중형의 처지와 똑같았을 그때의 장정들, 그들도 돈내기에 내몰렸거나 고향을 그리며 날마다 눈물을 삼켰을지 모른다. 울산과 언양, 기장이나 양산의 장정들이 우선 힘을 보탰고 칠읍갱축七邑更築이란 돌의 명문이 말하듯이 문경과 청도, 밀양, 영천, 경주와 흥해에서 온 장정들이 부역의 주역이었다. 건축 실명제와 같이 책임 공사 구간을 표시한 것이지만 맨손으로 돌을 쌓아 성을 만들었다니 참으로 아찔한 장면들이다.

노동에 대한 보상은커녕 제대로 된 대접이나 받았겠는가. 혹여 돌에 찍히고 넘어져 부상이나 죽음을 맞아도 그저 아무개로 끝이었던 시대였다. 지아비를 기다리며 긴긴 밤을 잠 못 이루던 여인들의 심정은 또 어땠으랴.

마성은 민초들의 희생과 아픔으로 만들어졌다. 그들의 피와 고통이 밑돌에 짓눌려 있고 아픔은 윗돌에 얹혀 있다. 그래서 마성 어딘가에선 고통의 역사와 신음이 들릴지도 모른다. 고향으로 돌아갈 희망을 간직한 채 먼 산속 고향집과 넓은 들판이나 강가, 그리고 따뜻한 가족의 품을 그리워할수록 처자식의 모습이 더욱 아른거렸을 것이다. 어머니의 부드러운 손길과 아버지의 견고한 어깨, 형제자매와 함께 보냈던 따뜻한 시간은 또 얼마나 자주 떠올랐겠는가.

시가 그들의 고혼을 달래고 위로할 수 있을까마는 감목관 홍세태의 시에 기대어 피땀 흘린 이들의 넋을 위로하고 싶어진다. 홍세태는 평생 가난했고 불우한 가족사를 안고 산 불행한 시인이자 6급 관리였다. 감목관 3년을 울산에서 지내며 경승을 그린 시를 많이 남겼다. 이정한 선생의 연구에 따르면 어풍대와 남옥 목관, 동축사, 동대, 월봉암, 태풍, 염포, 정자진, 반구정, 진남루, 증성, 석남사, 망해사, 주홀정 등 그의 발길이 닿지 않은 곳이 없을 정도였다고 한다. 그러면서 관리의 횡포와 피폐한 농촌을 등지고 유리걸식하는 백성들의 참상을 고발하며 문학을 통해 백성의 고통을 외면하지 않으려 애썼다. 그의 시엔 애민과 여민동락, 공감(Sympathy)과 공명으로 함께 울던 심정이 고스란히 담겨 있다. 그는 "인간적 고통 앞에 중립이 없다." 라는 말을 실천한 진정한 '사람'이었지 않을까.

마골산을 내려 큰 돌 앞에 멈춘다. 세월이 가도, 돌은 여전히 그 자리에 있지만, 돌은 노래하지 않는다. 그저 저마다 안에 담고 있던 수많은 애화를 나에게 전하려 하나둘 보따리를 풀어내는 것 같았다.

언양의 회근록回巹錄

남녀가 일심동체가 되는 혼인은 음양의 합이자 완전함을 이루는 것이고 만복의 근원이다. 그 부부가 하나되는 것이 가화만사성의 시작이고 해로하는 것이 인생의 목표 중 하나이다.

"슬픔은 짧았고 기쁨은 길었네." "달 속의 항아가 다계 마을의 즐거움을 안다면 닷새 밤낮을 함께해도 좋으리" 2012년 11월 울산에서 처음 확인된 언양 '회근록'에 실린 축시 중 일부이다.

'回巹錄, 癸亥 二月 二十 七日' 언양 평리(괴말) 안동 권씨 집안에서 보관한 필사본 문집의 표지 제목이다. 혼인 60주년을 맞아 연 회혼식에서 낭독하고 남긴 축시(7언율시 108수)와 문장(5편)을 모아 엮었다. 회혼의 주인공은 증동몽교관조봉대부贈童蒙教官朝奉大夫 상문(尙文, 호는 茶隱) 공과 경주 최씨 부부이고 손자 치근致斤이 하객의 시와 문장을 받아 보관하다 직접 필사했다. 치근은 통훈대부 사헌부감찰通訓大夫 司憲府監察을 지낸 언양 유림으로 천사 송찬규의 글 등을 묶은 죽포집竹圃集을 남겼다.

이 가문은 북구남작北龜南酌이나 북권남신北權南辛에 모두 닿아 있었다. 언양의 경승은 북쪽의 반구대와 남쪽의 작괘천이 으뜸이고 괴말의 안동 권씨와 삼동 둔기의 영산 신씨가 언양의 대표 씨족이라는 표현에 걸맞은 집안으로 보인다.

후손인 향유 병옥이 1955년 여러 향림과 더불어 반구대의 반고서원 앞에 포은 선생 유허단을 세웠다가 1965년 댐 건설로 수몰을 우려해 강 건너로 옮겨 설치했다. 1983년 유사 종술(북권)은 도유사 신창호(남신)와 함께 서원 복원을 추진했다. 포은대 건너편 언덕에 옮겨진 지금의 서원은 반구서원으로 이름을 바꿨고 이 집안의 후손이 원장이다.

1885년 학산鶴山 필운(1843~1923)은 천사泉史 송찬규(1838~1910)와 함께 포은대 영모비문을 짓고 글을 썼다. 그리고 후손 포양은 1946년 3,200여 평의 부지를 희사해 반곡초등학교를 지었고 재선 국회의원을 지낸 기술이 그의 아들이다.

'회근록'은 울산에서 처음 확인된 것이라 161년 전의 언양 회혼례 모습이 궁금했다. 당시 언양 유림의 생활상이나 지역의 면모를 읽을 수 있겠다는 기대가 컸다. 전체 문장과 시를 더듬어 '1863년 음력 2월 27, 회혼례 식장'을 복원해 보았다. 완전한 원형은 아니지만 전체

얼개는 정리가 됐다.

1863년(고종 즉위년) 음력 2월 27일 사시巳時, 해가 중천에 가까워지고 있는 시각이다. 태화강이 시작되는 고헌산 동쪽 아래 언양읍 평리(괴말)마을의 안동 권씨 집안에 특별한 잔치가 열렸다. 신랑은 팔순의 권명의요 신부는 81살의 경주 최씨이다. 부부의 나이는 모두 161살이다. 둘은 1803년 이날 혼인했다. 펄럭이는 차양막 아래 12폭 병풍을 두르고 초례상을 차리니 '조선판 리마인드 웨딩' 그대로였다. 60년 전의 초례상이 재현된 것이다. 보자기에 싼 암탉과 수탉은 사이좋게 쌀을 쪼고 있고, 촛대와 소나무 대나무 사철나무를 꽂은 화병과 청실홍실, 대추 등을 상 위에 차렸다. 신랑은 사모관대와 전통 혼례복을 갖췄고 신부는 족두리를 쓰고 얼굴에 연지곤지를 찍어 발라 누가 봐도 새색시이다. 신랑 신부가 합근례를 행하고 또 다른 백 년을 다짐하는 서약을 하는 순간 회혼례(또는 回巹禮)는 절정을 맞았다. 이어서 5대 자손 50여 명이 신랑·신부 앞에 나래비를 서 헌수했다. 자자손손 모두 고운 색 옷을 차려입고 음악에 맞춰 춤추고 어리광을 부렸다. 동족과 친지, 선비들도 악사의 연주에 맞춰 저마다 축시를 낭송하고 무병장수를 축원했다. 잔치는 사흘 동안 내내 이어져 온 마을에 웃음이 끊이지 않았다.

언양 '회근록'은 한 가문의 회혼례 축시를 모은 것이지만 울산에서 처음 확인된 것이고 19세기 후반 언양의 회혼례 사례를 확인한 점과 시문을 통해 밀양, 경주 대구 등 영남 유림과의 교유를 단편적으로 파악할 수 있다는 점에서 가치가 있다. 이런 소소한 자료를 활용하는 것도 향토사 복원에는 도움이 될 것이라 본다.

울산향약, 언양향약

역사를 바르게 이해하기 위해서는 '세계사적 보편성과 지역적 특수성'을 균형 있게 파악해야만 한다. 모든 민족의 역사에는 보편성과 특수성이 함께 존재하기 때문이다. 울산역사도 마찬가지다. 한국사 속의 보편성과 울산만의 특수성을 동시에 살필 줄 알아야 한다. 아직도 성행하는 향토사에 대한 왜곡과 찬양, 과잉된 애향심 발로나 최초 최고 최상 유일이란 단어를 남발하고 자 · 타칭 '향토사학자' 내지 '역사 전문가'라는 사람들을 보면 정말이지 지긋지긋하다 못해 울산의 인문학 풍토가 적이 염려되기도 한다. '울산 지역사'는 소설이나 픽션이 아니다. 팩트만 있을 뿐이다.

17세기 울산에도 향약이 시행되었다. 〈울산향약〉과 〈언양향약〉이 그것이다. 울산향약은 울산부사 도신수의 《지암선생문집》에 '울산향약 8조'가 실려 있다. (한국국학진흥원 소장) 도신수는 성주가 본관인 조선 중기 문신으로 호는 지암止巖으로 인조 21년(1643)부터 26년(1648)까지 5년 가까이 울산부사로 지냈다. 당시로서는 비교적 장기간 재임이다.

언양향약은 조선 후기 언양 지역의 양반 가문들이 운영한 향촌 자치 규약으로 언양 출신 정언형의 문집 《남재일고》 '잡저雜著' 항목에 〈향약증보 갑인鄉約增補 甲寅〉이라는 제목으로 수록돼 있다. (언양 권종술 후손 소유) 정언형은 본관이 동래이고 자가 권보權甫, 호는 남재南齋인데 갑인년이면 21세 때이다.

언양향약은 현재까지 알려진 유일한 언양 지역 향약으로 언양 향토사 연구에 중요한 자료이다. 내용은 향약의 4대 강령인 덕업상권德業相勸, 과실상규過失相規, 예속상교禮俗相交, 환난상휼患難相恤의 여러 항목을 싣고 있다. 그리고 덕업상권과 과실상규의 방법을 말한 뒤 지역민이 행해야 할 선과 행하지 말아야 할 악을 나열해 놓고 규제하고 척결해야 할 악행 수십 가지도 함께 열거했다.

울산향약 8조는 내용이 독특하다. 향약 4대 덕목 중 유독 과실상규만 강조하고 있다. 일반적인 향약이 아닌 수령의 통치 방침을 주민들에게 일방적으로 전하는 일종의 선전포고문이나 계엄령처럼 보인다. 부사의 일방적인 훈계와 공포심을 유발할 정도의 규율과 통제 의지가 담긴 규정집이다. 당시 울산은 사림세력도 약하고 사마시 합격자 한 명도 못 내는 그런 촌이었으니 통치는 수령 마음대로 할 수 있었던 분위기였다. 그래도 음주 행패 삼진아웃 규정은 당시로선 파격으로 보일 만큼 귀여움이 묻어난다.

송수환 박사는 “두 문집에 나타난 울산 향약은 17, 8세기 울산 사회의 현실을 반영하는 것”이라고 해석하면서 “왜란이 끝난 지 세월이 많이 지났지만, 당시 울산은 여전히 피폐한 상태라 강력한 통치와 향촌 질서 확립이 필요했을 것이란 점에서 향토사 자료로 가치가 있다.”라고 설명했다.

울산향약의 단면만 보아도 이처럼 당시 울산 향촌의 사정을 파악할 수 있다. 모든 향약이 사회규범이나 교화를 위한 규약이나 약속, 자치 규범이라는 향촌 규약의 준말로 지방 사람들이 서로 도우며 살아가자는 약속이라고 말하지만, 원칙은 조선 시대 양반들의 향촌 자치와 이를 통해 하층민을 통제하기 위한 것이었다. 다른 한편으로는 숭유배불정책에 의하여 유교적 예절과 풍속을 향촌 사회에 보급하여 도덕적 질서를 확립하고 미풍양속을 진작시키며 각종 재난을 당했을 때 상부상조하기 위한 유교적 규약이라고 정의할 수도 있다.

지암 선생 문집과 남재일고 소개를 통해 한국사 속의 향약에 대한 보편성과 울산 향약의 지역적 특수성을 동시에 생각하는 기회가 됐으면 한다.

울산의 '실로암', 초정약수

김밥, 삶은 달걀 그리고 사이다. 유년 시절 '행복한 추억'으로 기억되는 단어들이다. 그중에 사이다는 단순히 음료를 넘어 특별한 날의 상징이었다. 단단한 뚜껑을 이로 악물어 따 마시는 순간, 톡 쏘는 탄산 맛에 정신이 번쩍 들었던 '오복사이다'였다. 병목 둘레에 파인 홈에 녹이 굳어 있었고 톡 쏘는 맛에 속은 시원했지만, 침전물이 바닥에 가라앉아 있던 모습이 아직도 선하다.

비단에 수를 놓은 듯 아름다운 산천, 삼천리금수강산에 물은 또 얼마나 좋았을까. 울산의 초정약수와 산전 샘, 오봉사나 지장 물탕 그리고 강원도 오색약수, 청송 달기 약수, 청주시 청원구 내수읍의 초수 영덕 초수골 등 유명 약수가 많다. 초정이란 지명도 흔하다. 세종시와 김해 청주 영천 아산 황해도 안악에 있고 인왕산 아래 인경궁

인근의 초정 온천은 인목대비가 자주 이용했다. 산초나 제피를 뜻하는 椒 자가 붙은 게 공통점이다.

웅촌 초정약수는 1970년대까지 아이들이 사카린을 타 사이다를 만들어 마셨고 부산, 양산, 경주, 언양, 울산에서 온 어머니들이 물을 받으려고 '나래비'를 섰다. 대부분 무명옷을 입던 시절이라 일대가 흰 천으로 뒤덮인 듯한 광경이었다. 칠석날엔 부산양산 경주청도 등에서 온 인파로 인산인해였다. 이날 초정약수를 마시면 모든 병이 낫고 인연이 맺어진다는 속설 때문이었다. 주민들은 지금도 중풍과 체증에 큰 효과가 있다고 믿는다.

초정약수는 여러 문헌과 시에 남겨져 있다. 조선 3대 가사 시인이었던 문관이자 무인 노계 박인로는 1621년 신유년 회갑에 한강 정구와 초정에서 목욕했다. 그때의 기분과 신비한 효험을 잊지 못해 〈한강과 함께 울산 초정에서 목욕하다〉란 단가 2수를 남겼다. 존경하던 정구와 자신을 논어의 공자와 증점의 사제 관계에 비유한 구절이 들어 있다.

1909년 7월 6일 황성신문은 "초정약수는 천연의 돌 상자에서 용솟음치는데 겨울엔 따뜻하고 여름엔 차다. 맵고 신 맛이 제피 맛이다. 목욕하면 풍이나 습진이 치료되는 효능이 있다."라고 소개했다. 18세기 여지도서 울산부읍지에도 똑같은 내용이 전한다. 권상일 부사는 청대 일기에 "한강 선생이 초정에 갈 때 반구서원을 지나며 머물렀다."라고 했고 학성지에는 "초정에 돌 샘이 있어 약수가 나는데 그 맛이 제피 맛이 나 초정이라 이름 지었다."라는 기록을 남겼다.

약수를 마시고 병이 나았다는 사람마다 효험을 민담이나 전설처럼 구전한다. "청주 초수를 능가하고 세계 3대 광천수"이며 "실로암이나 베데스다에 견줄만한 신의 물"이라고 확신하는 이도 있고 신비의 물이 틀림없다고 믿기도 한다. 개별 체험을 100% 신뢰하긴 어렵지만 "차갑고 톡 쏘는 맛이 일품이며 신진대사 및 위장 운동을 촉진하고 각종 피부질환에 효과 있다."라는 말은 맞는다. 물은 정화이자 치유이며 생명이라는 레토릭을 증명하기라도 하듯이 주민들의 믿음은 완고하고 민간신앙에 가까웠다.

노자는 '물처럼 사는 것이 가장 좋은 삶' 이라고 가르쳤다. 무위자연, 상선약수와 같은 말이다. 성경에도 우물, 샘, 연못, 생명수 등 영생이나 치료, 기적의 수단이나 매개로 물이 자주 등장한다. 예수께서 물로 세례를 받았고 가나 혼인 잔치에서 물을 포도주로 바꾸는 기적을 선보였다. 샘을 두고 다투는 부족 이야기도 있고 우물가 여인에게 영원히 목마르지 않는 생수를 권하고 실로암에서 눈을 씻은 시각장애인이 눈을 뜨기도 했다. 천사가 가끔 내려와 물을 움직이게 할 때 먼저 입수한 사람은 어떤 병이든 낫는다는 베데스다 연못에선 38년간 앓던 환자가 단번에 깨끗해진 기적을 체험했다.

수백 년 그 자리에서 용솟음치는 초정약수. 한 주민이 노계 시비와 문학관 건립을 조건으로 300평의 토지를 매입해 기부를 약속했다. 문학관이 들어서고 약수 축제를 곁들인다면 울산의 새 명소, 또 하나의 문화자원이 추가될 것이다. '울산의 실로암'이 될 날이 오리란 믿음에 옛 기록을 전한다.

정화와 벽사의 퍼포먼스, 울산 매귀악

1980년대 중반까지만 해도 울산엔 농경사회의 풍속과 유례들이 많이 남아 있었다. 그중에 음력 설날부터 2월 초하루까지의 세시풍속은 종류도 다양하고 보기에도 놀기에도 참 좋았다. 정월 대보름은 한해의 첫 보름달이 뜨는 날이고 보름달은 풍요와 부, 다산의 상징이었다. 이날 벌이는 세시풍속의 하이라이트는 지신밟기였다. '매구친다, 걸립논다'라고 불렀다. 포수를 앞세우고 다양한 오방색 종이꽃으로 치장한 걸립패가 온 동네 집집마다 구석구석 지신을 밟으면 주인은 복채와 술로 답례했다.

1988년 초 이유수 선생이 《학성지》 사본을 공개했다. 상주의 권상일 부사 후손이 보관 중인 초고본을 복사한 것으로 서문과 34개 항목으로 된 울산 최초의 읍지였다.(1749년 판) 울산읍지는 《경상도지리지》와《세종실록지리지》,《경상도속찬지리지》와《신증동국여지승람》의 울산군 부분, 울산부여지도신편읍지와 경상도읍지의 울산부읍지, 울산군읍지, 울산읍지, 흥려승람 등 16편 정도가 알려졌다.

특히 '풍속'조가 흥미로웠다. 보통 읍지의 풍속조는 고을 사람들의 성정 등을 간단히 평하는데《학성지》는 울산 기층민의 풍속과 놀이를 비교적 상세히 소개해 마치 황무지에서 보석을 발견한 기분이 들었다.

풍속조를 보면 매귀악(정월 대보름) 영등할매(2월초하루), 마두희와 씨름(단오)이 소개돼 있는데 내용이나 놀이의 절차가 잘 정리돼 있어 이해하기 쉬웠다. 옥편을 보며 간단하게 해석해 '매귀악과 마두희 주석'이란 제목으로《향토사보 창간호. 1988》에 실었다.

매귀악(매귀유)은 울산지방 특유의 지신밟기를 가리키는 이름이다. 일반적으로 밟는다는 埋나 도깨비 또는 홀린다는 魅를 쓰는데 반해 울산 매귀악은 특이하게 煤(그을음, 불태우다)로 표기했다.

내용은 "매귀악은 섣달부터 준비한다. 섣달에 마을의 한 사람에게 종이기 제작을 맡겨 그 집 마당 가운데에 기를 세운다. 이때 젊은이들이 무리 지어 노는데 달밤에 징과 북을 치며 둥글게 모여 풍악을 익힌다. 기두(魌頭, 두 눈이 달린 귀신 탈)와 오색 종이기, 종이꽃을 만들고 악귀나 전염병을 쫓기 위한 등걸이(떵거리, 생장작)를 태우며 노래를 주고받고 주술적인 7자의 가사를 외친다."라는 등인데 대부분 당시 처음 대하는 내용이라 유레카를 외쳤다.

놀이 구조를 보면 영신迎神과 오신娛神 송신送神 과정으로 구분되는데 영신은 서낭신을 맞이하는 것이고 서낭신을 위한 제사와 공동체의 대동놀이, 오색 종이기에 서낭신을 모시고 집집마다 지신밟기를 하는 것이 오신이다. 그리고 지신밟기를 마치고 사용했던 종이기와 등걸이를 불에 태우며 신을 보내드리는 송신送神으로 마무리한다.

울산 매귀악은 마을을 누비며 귀신을 내쫓고 집집마다 액을 물리치는 축원을 하고 마을과 각 가정의 재난이나 액을 말끔히 태우는 공동체 놀이로 마을 축제이자 퍼포먼스이며 새해맞이 축제였던 것 같다. 곧 농사 준비로 바쁘니 신명나게 한판 놀며 액과 고를 풀어보자는 의도에서 시작했으리라 본다.

울산 매귀악의 가장 고유하고 특이한 부분은 마지막 불에 태우는 과정이다. 등걸이가 다 탈 때까지 기다렸다가 모두 '등광궐아괘보살騰光厥兒掛菩薩' 7자를 외친다. 이는 어느 지방에서도 찾아볼 수 없는 고유한 가사라 믿는다. 이구동성으로 달집에 "불이야!"를 외치는 장면과 겹친다. 불은 모든 걸 태워 재로 만들어 원형을 없애버린다. 소멸과 변화, 창조를 상징하고 정화, 벽사를 의미한다. 성화나 달집 태우기 쥐불놀이 논두렁 태우기 영등할만네 소지도 모두 불을 매개로 한 퍼포먼스였다.

울산 매귀악은 준비 과정과 장식, 우수한 기량과 화려한 군무가 압권인 뛰어난 농악놀이다. 그만큼 본격 연구와 전승이 시급하다. 울산만의 독특하고 희귀한 매귀악의 의미나 정체성이 아직도 명확히 규정되지 못하고 여전히 생소한 '매귀악', 참 아까운 문화자원이다. 강변에서 기름불로 달집태우기를 하는 것도 좋지만 매귀악을 울산 무형문화재로 복원해 제2의 마두희로 만들어야 한다. 마을 주민 모두 주인공이자 관객이 돼 환호하며 단합하는 잔치, 그것이 진정한 대동제요 뉴노멀 문화행사다. 갑진년 첫 보름달을 보니 매귀악 풍물소리가 귀에 쟁쟁하다.

‘효심의 난’ 초전은 울산이다

역사를 뒤바꾼 사건이나 역사와 관련된 장소가 있다. 그런데 역사적 사건이나 내용, 주역 인물은 익히 알고 있는 사람도 역사적 장소에 대한 기억은 중히 여기지 않는 경우가 의외로 많다. 그렇게 잊힌 울산의 지명 중에 〈초전〉이 있다. 기록상으로 보면 울산의 저항정신은 초전의 효심의 난에서 시작된다. 1987년 6월 항쟁이나 노동자 대투쟁, 나아가 일제강점기 때 민족적 항쟁이나 1862년 또는 1875 을해민란 등의 뿌리라 할 수도 있겠다.

초전草田은 1193년 7월의 고려 무인 정권 시기 많은 민란 가운데 규모가 크고 세력이 막강했던 ‘김사미 · 효심의 난’의 근거지였고 지금의 울산 땅일 것이 주된 해석이다.

김사미는 운문산(청도)을 본거지로 불평분자들을 모아 난을 일으켰고, 효심은 초전(울산)을 근거로 망명자와 농민 군인들을 모아 약탈과 함께 실권자 이의민과 내통하며 힘을 길렀다. 반란군 수는 수만이었고 1년 뒤 정부군에 의해 평정될 당시 밀성(밀양) 싸움에서 반란군 7천 명이 베어졌다. 반란군의 규모가 어느 정도였는지 가히 짐작되는 부분이다.

초전은 울산이라는 정설에 반론이 제기되고 있다. 울산 대신 '밀양설'이 해당 지역을 중심으로 제기돼 울산 향토 사계의 관심과 분발이 필요하다. 인터넷 《한국민족문화대백과사전》과 국사편찬위원회 《우리 역사 넷》 등에는 '초전은 지금의 울산광역시'라는 주註가 있어 울산 설이 완전히 사라진 것은 아니다.

또 18세기 전국 읍지를 모아 만든 《여지도서輿地圖書》 역원 조에 초전원등 16개 원이 나오고 16세기 전국 지리지인 《신증동국여지승람》에 "초전원은 고을 서쪽 64리에 있다."라는 구체적인 기록이 확인돼 울산 설의 근거로 충분하다고 하겠다. 원院은 관리들이 출장 중에 숙박하는 곳인데 중앙 관리들이 오가면서 많은 물자를 요구하는 등 백성들을 수탈하는 경우가 많았고 지배층에 대한 불만이 많던 효심 등 피지배층이 김사미와 연계하여 봉기했을 것으로 해석할 수 있다. 그런데 이후 사료나 기록에는 초전이 보이지 않는다.

청도 설의 근거인 운문은 지금의 청도로 운문사의 영지였지만 김사미의 근거지였고 성주 설은 성주에 예로부터 초전면이 있었다고 하지만 청도와는 거리가 너무 멀다. 밀양 설은 근거가 여럿이다. 초전이란 마을이 아직 남아 있고 1936년 안병희의 《밀주징신록密州徵信錄》에 "초전은 밀주군(밀양) 무안면 화봉리에 있는데 명종 23년에 효심이 이곳에 웅거하여 반란을 일으켰다."라는 내용이 나온다.

《고려사》에도 "밀양 저전촌(楮田村, 밀양시 산내면 용전리 일대) 일대에서 정부군이 농민군 7,000여 명의 목을 베었다."라고 기록하고 밀주(무안면 화봉리 초전)에 통도사 국장생國長生이 있었으며 주변에 많은 천민 집단이 있었다는 주장도 있다.

2002년 판 《울산시사》 역사 편의 서술은 의아스럽다. '무인 집권기 울산지역의 농민 항쟁' 부분에 "… 초전(지금의 밀양)의 효심孝心의 봉기로 이어졌다."라며 초전을 밀양이라고 기술한다. 초전이 울산이라는 그동안 거의 굳어진 설을 울산시사가 부정하는 셈이다.

집필자의 주를 봐도 이 부분이 오류임을 알 수 있다. 주 28에는 《고려사》 세가 명종 23년 7월(1193년)조를 참조하라는 근거를 제시하지만, 《고려사》 해당 조에는 "… 효심孝心이 초전을 근거지로 삼아서"라고만 돼 있다. 초전이 어딘지 구체적인 언급이 없다는 말이다. 그런데 밀양이라고 단정 지었다.

'딱밭' '저전' '제전'이란 지명이 밀양에만 있는 게 아니다. 울산에도 일부 남아 있다. 초전과 비슷한 발음이라 밀양 저전이 초전이라 치부하기엔 견강부회 느낌이 든다. 밀주징신록 기사는 구전이라 신뢰성에 무리가 있고 국장생표는 울주 삼남면 상천리에도 있다. 여지도서와 신증동국여지승람 울산 편 '초전원'은 울산 설을 뒷받침하는 확실한 사료이다. 지형상으로 봐도 서부 울산은 영남알프스 산맥을 두고 청도와 지근거리이고 험준한 산악을 활용한 게릴라전이 용이한 곳이다.

또 이규보는 위령제를 청하며 "헌양(언양) 싸움에서 분투하다가 죽은 관군의 해골이 들판에 많이 널려 있으나 거두는 사람이 없다."라고 탄식했는데 당시 헌양현 농민군과 관군의 전투가 치열했고 헌양현 농민들이 경주 농민군에게 합세해 전장에 나섰음을 짐작할 수 있다.

일개 아마추어 향토사 애호가의 글이 어찌 역사학자나 사계 전문가를 뛰어넘을 수 있겠는가. 지역 향토 사계의 분발과 아울러 탐구의 계기가 되길 바랄 뿐이다. (과연 역사는 쓸모 있는 것인지 모르지만) 그래도 옥석구분玉石俱焚은 경계해야 한다.

코스모폴리탄을 자처한 무용가 박영인

울산 출신의 세계적 무용가. 독일 헝가리 등 유럽과 일본, 미국은 물론 브라질, 아르헨티나 등 남미에서 먼저 알아주고 세계 무용계의 찬사를 받았던 무용가. 근대신문이 유럽 무대를 휩쓴 무용가라며 "우리 민족의 자랑스러운 3대 거장(1939.1.4. 동아일보)"이라 소개한 그는 박영인이다.

박영인(朴永仁, 1908年~2007年)은 조국을 버리고 일본에 귀화했다. "나는 세계인, 코스모폴리탄이다."라며 본래 성姓과 이름을 버리고 '나라 방 자 邦'를 성으로 썼다. 예술에는 국경이 없다는 것을 증명하듯이 조선, 일본, 미국 국적과 세 개의 이름을 가졌다. 본명 외에 에하라 마사미(江原正美) 혹은 쿠니 마사미로 살았다. 그는 조선인임을 불편해했던 것 같다.

일본 유학 후 10년간 유럽에 체류했다. 1955년 이후 남미와 독일, 미국 대학에서 무용 지도자로 세계를 누비다 미국에서 99세로 사망했다. 이지적인 무용이라는 평을 받는 무용 이론가로도 유명했다. 그의 인생에서 화양연화였을 독일 유학은 그를 유럽 무용계의 별로 만들기도 했지만, 나중에 괴벨스의 나치 선전부 소속으로 일본 스파이란 오명을 얻었다.

그는 결혼도 가족도 국적도 고향도 포기한 채 오직 춤에만 몰두한 자유로운 예술혼의 소유자였다. 자기 고향은 "세계"이고 세계 어디든 예술을 하기 좋은 곳이 곧 고향이라고 했다. 14세기 팍스 몽골리카 아래서 '고려인과 세계인' 사이를 방황한 채 '원유자遠遊子' '동서남북인東西南北人'이라 자처한 가정 이곡과 겹치는 부분이다.

박영인은 1908년 울산 학산동 122번지에서 태어나 양사초등과 부산중학교를 나와 부친의 권유로 일본 마츠에(松江) 고등학교와 동경대 문학부 미술사학과, 독일 국립무용대학을 졸업한 철학박사다. 일본에서 '방정미 창작무용연구소'를 만들었는데 지금도 운영 중이다. (kuni-creativedance.jp)

13세에 영국인 선교사에게 처음 무용을 배우면서 서양무용에 심취했고 일본 유학 후 일본 신 무용 창시자 이시이 바꾸 문하생이 되었다. 우리 민족의 3대 거장이라던 최승희 조택원도 바꾸의 문하생이었다. 1933년 1월 18일 대학 2년생일 때 '無 음악 무도론'을 표방하며 동경 일본 청년관에서 무용가로 데뷔했다. 이후 1935년까지 새롭고 자유로운 무용표현을 시도하며 많은 창작 작품을 발표했는데 특히 전위적인 작품 창작에 혼신을 다하며 무 음악 무용 실험에 매진했다.

1937년 독일 베를린에 유학, 유럽에서 왕성한 활동을 하던 중 2차대전 종전과 함께 연합군에 잡혀 일본에 강제 송환됐다. 미국 전쟁정보국(OWI)은 그가 독일군 종군위문단의 일원으로 유럽 각지를 다니며 공연했고 중요한 일본 첩보원이라고 평했다.

그는 단 한 번 고향에 다녀간 뒤 고국과 완전히 인연을 끊고 일본인, 무용가로만 살았다. 독일에서 독일식 신흥무용을 배웠고 베를린 국립극장과 이탈리아, 헝가리 왕실 극장 등에서 24회 공연을 하며 발레와 서양무용은 물론 조선 무용의 미를 선보여 유럽인들의 부러움과 찬사를 받았다. 당시의 신문을 보면 그의 유럽 활동에 관한 기사가 많다. 배구자 악극의 무용을 보고 조선무용의 미와 가치에 대한 평을 한 평론(1936.4.10. 동아일보)부터 "일본 무용가 방정미 씨가 조선 농부의 춤을 가져서 특이한 무용을 해 백림시민의 호기심을 자극했다." "무용가 박영인 동양인 최초 베를린 국립극장 무대에" 등 수 없이 많다.

"History has failed us, but no matter! **(역사는 우리를 저버렸지만 그래도 뭐 상관없어)**" 소설 《파친코》의 첫 문장이다. 역사는 때로 사실이 왜곡돼 전해진다. 삭제되거나 묻히고 추방당한 역사는 또 얼마나 많은가.

무용계와 예술계, 향토사 제현께 묻고 싶다. 세계가 먼저 인정한 순수 예술인, 우리 무용가를 언제까지 낯설어하며 외면만 할 건가. 그의 예술성과 무용 이론가와 지도자로서의 가치와 업적을 재평가하자. 그러면 우리 예술사와 무용사가 더 풍요롭고 더 넓어지지 않을까.

신암리 비너스

유리 상자 안의 여인, 한 손에 쥐어도 될 작은 몸체지만 잘록한 허리와 풍성한 엉덩이 — 신석기 여인이다. 그날 국립중앙박물관 전시실에서 본 많은 유물 가운데 가장 반가운 대상이었다. 그 여인의 이름은 '신암리 여인상'이지만 흔히 신암리 비너스라고 부른다.

비너스는 로마 신화에 나오는 미와 사랑의 여신이다. 그리스 신화의 아프로디테, 태양계의 두 번째 행성인 금성을 일컫는 단어이기도 하다. 밀로의 비너스상 이래 서양의 미인을 통칭할 때는 언제나 비너스가 기준이었다. 세계에서 가장 오래된 비너스상은 독일 빌렌도르프에서 1908년 출토된 높이 11㎝의 여인 조각상이다. 2만 2000~2만 4000년 전의 돌로 조각했다. 기형적으로 큰 엉덩이와 가슴, 이목구비가 전혀 표현되지 않은 얼굴 때문에 여성, 풍요와 다산의 상징으로 해석한다.

신암리 비너스는 우리나라에서 출토된 비너스상 가운데 가장 오래되고 가장 대표적인 작품이다. 1974년 울산광역시 서생면 신암리 유적 제2지구(신암리 233 일대 서생초등학교 구내)에서 출토되었다. 흙으로 빚었고, 높이 3.6㎝의 크기로 신석기시대 중기(4500년 전) 것이라 한다. 얼굴과 다리 부분이 파손됐지만 무엇보다 '여성스럽고 사실적인' 모습이 돋보인다. 잘록한 허리, 어깨보다 조금 넓은 풍성한 엉덩이, 포근하고 봉긋하게 올라온 젖무덤으로 봐서 다산과 풍요를 기원하기 위해 만든 아름다운 여인의 몸이라고 학계는 추정한다. 함경북도 청진 농포동유적에서도 신석기시대 여인상이 출토된 적이 있다.

신암리 비너스는 사실 너무 작아 주의 깊게 들여다보지 않으면 정체를 알 수 없을 정도이다. 초라하다고 할 정도로 극치의 미는 아니다. 몸통만으로 된 흙 조각품이라 토르소(Torso)란 미완성 작품이나 그냥 인체 토우土偶라 해도 되겠다. 석기시대 사람들이 목걸이 펜던트(pendant)나 키링 장식용으로 만들었을 수도 있겠다. 상상은 자유다. 어쨌든 다산과 풍요, 순산을 기원하는 주술적 종교적 상징물에 가깝다는 해석이 지배적이다. 신석기시대 서생 바닷가 사람들은 왜 이런 여인상을 흙으로 만들었을까? 악플보다 못한 무플에 독자 제로인 논문이라도 있으면 좋으련만 발굴 보고서 외에는 이 여인상에 대한 특별히 깊이 있는 연구가 이루어지지 않은 듯하다. 이러한 미술품만을 체계적으로 연구해 온 전문가가 없는지 모르겠지만 아직도 전문적인 소개와 상세한 정리로 시민 동료들에게 봉사하는 선사 미술 자료집이 변변치 않은 것은 사실이다. 1974년 발굴 후 나온 보고서는 1988년의 〈신암리 I〉과 1989년의 〈신암리 II〉가 전부다. 내용이나 도판은 거의 빗살무늬토기(櫛文土器)에만 집중했고 비너스상은 '토제품' 부분에 간략히 몇 줄 서술해 놓은 게 전부다.

(도판 18-5) 작은 여성 좌상으로서 머리와 사지가 없고 몸체만 남아 있다. 현재 왼쪽 허벅지가 더 많이 파손되어 있지만 머리와 사지는 처음부터 없었던 것이 아닌가 추정된다. 석영 장석 입자가 혼입된 점토로써 조잡하게 만들었는데 유방을 표현하는 2개의 융기와 잘록한 허리가 여성의 특징을 잘 나타내어 주고 있다. 소성은 보통이며 앞면은 회갈색, 뒷면은 암회색을 띠고 있다. 현재 길이 3.6cm (국립중앙박물관 보고서, 신암리 II, 1989년)

유물은 존재했던 당시를 말한다. 유물은 자신의 존재 이유와 자신만의 스토리를 우리에게 전한다. 말없이 말한다. 유물을 만들었던 사람들과 유물을 지녔던 이들의 삶의 모습을 표현하기도 한다. 땅속에서 건진 출토품 속에 담긴 진실과 이야기들, 그리고 역사가 한줌의 흙에서부터 출발한다. 3.6cm의 신암리 비너스는 우리에게 무엇을 전하고 어떤 사연을 알리고 싶었을까? 상상을 더하고 새로운 장르의 예술작품을 다시 창작하는 일은 오롯이 보는 이와 후세 예술인들의 몫이다.

늙은 과부의 애국 헌금

뉴스가 역사다. 시사가 곧 역사가 된다. 그러니 매일 기사를 쓰는 기자는 왕조시대의 사관이나 《승정원일기》를 쓴 주서注書라는 정7품 국정 기록비서관과 다름이 없다. 《승정원일기》는 세계기록유산이자 국보 제303호이다. 조선왕조를 대표하는 기록유산이자 《조선왕조실록》과 함께 조선사 연구자들이 꼭 봐야 하는 기록물이다. 대략 2억 4천2백5십만 자라는 방대한 분량이다. 《조선왕조실록》 역시 1,893권 888책으로 조선 태조 때부터 철종 때까지 25대 427년간의 역사적 사실을 연대순으로 적은 역사책이다. 둘 다 유네스코 세계기록유산이니 인류 전체의 기록 문화재이다.

지난해 말 울산역사 연구소는 일제강점기 울산 근대사를 파악하기 위해 '신문 기사로 본 일제강점기 울산' 세미나를 열었다. 주제 발표

중 가장 많은 시선을 끈 것은 울산 병영의 '늙은 과부의 애국'이란 근대신문 기사였다. 울산에서도 국채보상운동이 활발했다는 사실과 참여 인원과 모금 규모, 화제의 주인공을 파악할 수 있는 귀중한 자료였다.

1907년부터 1908년 사이에 국권 회복을 위한 자발적인 국채보상운동이 전국에서 펼쳐졌다. IMF 금 모으기 운동보다 91년 전의 일어난 우리나라 최초의 구국 항일운동이었다. 울산도 애국 행렬에 적극적으로 참여했다. 신문을 보면 울산군 18개 면의 792명이 의연금 수천 원을 서울 총합소에 보냈음이 확인된다. 언양 양동을 시작으로 상부면의 성동 로서 우암 상서 로하, 내상면의 동동 서동, 강동면, 내현면의 소정 중리 곶지 신리 삼산리 월평 원당 와와리 격동 갈현 봉월, 동면의 동부 서부 상화잠 하화잠, 범서면의 삼호리 구영동, 농동면 신기리 차동리 화산리 송내리 덕동리, 하부면의 양정 주민들이 합심했다. 그러나 울산군의 국채보상 의연금은 배달사고가 나서 경성으로 전달이 되지 않았다.

화제의 주인공은 병영 서동에 사는 늙은 과부였다. 〈대한매일신보〉는 1907년 7월 28일 '늙은 과부의 애국(老寡愛國)'이란 제목의 기사를 보도했다. 김복득이라는 이 여인은 논 9두락을 팔아 200원을 납부해 주변 사람들이 모두 칭송했다고 기사는 전한다. (두락은 논밭 넓이의 단위를 이르는 말로 '마지기'의 이두식 한자어이다. 한 말의 씨앗을 뿌릴 만한 넓이를 말한다. 대개 논은 150~300평, 밭은 100평 정도에 해당하니 9두락이면 1,800평 내

외로 계산해도 당시 200원은 큰 돈이다.)

울산에서도 국채보상운동이 활발했음을 처음 알게 되었으니 근대 신문이 근현대사를 들여다보는 또 하나의 창이란 규정이 맞는다. 일제강점기 울산 지역사 연구는 근대신문이 중요한 사료로 활용된다. 근대신문의 울산 기사는 지역에 대한 기록이 다른 사료보다 풍부하고 현장감이 뛰어나다. 물론 전문가의 엄정한 검토와 비판적 연구가 뒤따라야 하지만 주재기자의 현장기록은 인정해야 한다. 역사 연구에 필요한 사료는 문서, 문헌, 유물과 건축, 조각, 비석이나 돌 따위로 어느 것 하나 소홀할 수 없다. 매일 지역사를 기록하는 현재의 지역신문도 마찬가지다. 신문기사가 곧 내일의 지역사가 되고 오늘날 역사가는 매일 기록하고 포폄하는 것을 업으로 삼는 언론인이기 때문이다. 언론에 의해 선택되고 기록되어 전하는 '오늘의 사건, 사고와 현장'이 바로 내일의 역사가 될 것이다.

음력 7월 3일의 시크릿 로맨스

울산에는 두개의 국보가 있다. 하나는 울주 천전리 각석(蔚州川前里刻石)이고 또 하나는 반구대 암각화이다. 모두 태화강의 지류인 반구천에 위치해 있다. (국보 147호 천전리 각석은 1970년 12월에 발견돼 1973년 5월 8일 국보로 지정되었다가 2024년 2월, 50년만에 울주 천전리 명문과 암각화라는 새 이름을 얻었다.)

천전리 각석은 가로 9.5m, 높이 2.7m의 인공적으로 다듬은 바위면에는 각종 문양과 그림, 글씨가 가득하다. 바위면은 크게 상부와 하부로 나누는데 그림과 글씨가 새겨진 시대가 서로 다르다.

한자로 새겨진 명문銘文은 약 800자 이상이라고 하는데 신라 법흥왕 때 새겨진 것으로 알려져 있다. 이 명문에는 화랑의 이름이나 당시의 관직 등 신라사 연구에 좋은 자료들이 많이 등장한다. 하지만 이

바위의 글자 해석에만 몰입하면 너무 건조하다. 상상력을 조금 확장하면 각별한 로맨스를 발견할 수 있다.

삼국통일의 기반을 다졌던 진흥왕의 아버지인 사부지 갈문왕의 슬픈 로맨스가 그것이다.

을사년乙巳年 어느 때(음력 7월 3일) 신라 사훼부沙喙部의 사부지 갈문왕葛文王이 이 계곡에 처음 놀러 왔다가 무엇인가 오래된 흔적이 있는 골짜기라는 것을 알고 서석곡書石谷이라는 이름을 붙였다. 자신이 왔다 간 사실을 적어 놓았는데, 이때 함께 온 사귀는 벗 같은 누이友妹가 있었으니 바로 어사추여랑於史鄒女娘이었다.

여기서 '우매友妹'라는 글자는 신라시대 왕족들의 근친혼과 연관 지을 수 있는 단어다. 갈문왕과 어사추여랑은 친척인데 서로 사랑하는 연인이었던 것으로 추측된다.

둘은 경주에서 가까운 이곳에 놀러 와 대곡大谷이란 말 그대로 풍광 좋은 골짜기에서 사랑의 서약을 하지 않았을까? 그러니 '書石'은 사랑의 맹세를 새겨 놓은 돌이라는 '誓石'이었을 가능성이 있다.

바위면의 또 다른 글을 보면 갈문왕의 로맨스는 해피엔딩으로 끝나지 않았던 모양이다. 사랑은 이루지 못한 사랑이라야 이야깃거리가 많고 더 오래 구전되는 법.

두 연인이 천전리 계곡을 찾아 사랑의 맹세를 나눈 지 14년이 지난 어느 날 사부지 갈문왕의 부인인 지몰시혜비只沒尸兮妃와 아들(훗날 진흥왕)이 천전리를 찾아왔다.

이미 갈문왕과 어사추여랑은 죽은 뒤였고, 갈문왕의 부인인 지몰시혜비 일행이 이곳을 찾아 먼저 간 남편을 그리워하며 그 흔적을 되새긴다는 내용이다. 지몰시혜비란 여성은 법흥왕의 딸이자 진흥왕의 어머니로 전해지고 있으니 삼촌과 결혼한 것이고 원래 글에 나온 어사추여랑을 물리치고 갈문왕과의 사랑을 쟁취했던 모양이다.

대곡천의 절경에 취해 돌처럼 변치 말자며 맹세 글을 새겼던 연인의 사랑은 어떤 연유에서인지 슬픈 로맨스로 끝나고 말았다. 이 '어떤 연유'를 캐내는 것은 오롯이 우리의 상상력이다.

세상에는 슬픈 사랑이 많다. 정말 슬픈 사랑은 사랑하는 이를 남의 품으로 보내는 일이고 그보다 더 슬픈 사랑은 사랑하는 이를 두고 먼저 죽는 일이다.

어사추여랑은 사랑의 맹세까지 하며 대곡천에 밀월여행을 함께했지만 갈문왕을 다른 사람의 품으로 떠나보냈고, 갈문왕은 아내 지몰시혜비라는 사랑을 두고 먼저 죽었다.

바위 면에는 선사시대 암각화를 비롯해 1,500년 전 신라인이 새겨놓은 흔적이 많다. 신라시대 왕족 · 관리 · 화랑 · 승려 등이 다녀갔다는 내용이 주를 이룬다. 그러니 왕실 가족이 방문해 바위에 흔적을 남긴 야외 방명록이다.

사람보다 더 나은 울산의 호랑이

산촌에서 살던 어릴 때 가끔 늑대를 마주치거나 갈가지, 삵을 만난 적도 있었지만 야생의 호랑이는 한 번도 보지 못했다. 다만 어른들의 다양한 체험담은 수없이 들었다. 기억을 더듬어 보면 "호랑이가 집까지 나를 태워주고 갔다." "무룡산에 범 불빛이 쉬익 지나가는 순간, 동네 개들이 한꺼번에 입을 다물더라." "우시장에서 돌아오던 이씨가 아흔아홉 고개에서 범을 만났는데 황소가 피투성이가 되도록 싸워 주인 목숨을 구했다."

호랑이 담배 피우던 시절의 이야기지만 1970년대까지 산촌에선 이런 대화들이 많았다. 그때는 호랑이가 공포의 대상이 아니라 산신령이나 산군山君으로 불릴 정도로 친근했고 그냥 토템의 대상이었다.

1930년대까지만 해도 울산에 호랑이가 많았다.

1933년판 《울산군 향토지》에 "강동 범서 두동 두서 언양 웅촌 상북 삼남 등 8개 면에 호랑이가 살았다."는 기록이 나온다. 이를 따르면 1921년 경주 대덕산 호랑이가 마지막이라는 기존 주장이 무색하지만 그때까지 무룡산과 동대산 신불산 고헌산 등에 호랑이가 살았던 것은 분명하리라 짐작한다.

반구대암각화에도 호랑이가 다양한 모습으로 그려져 있다. 암각화 제작 시기가 7천년 전 신석기시대니까 선조들이 남긴 우리나라 최초의 호랑이 그림이다. 대곡천에 호랑이가 있었다는 증거는 또 있다. 조선의 여행가 옥소 권섭(1671~1759)의 《남행일록》은 1731년(영조7) 3월 13일 반구대, 집청정 등을 둘러보고 장천사에서 묵었던 기록이다.

"장천사를 지나서 반구대를 보고 서원을 배알한 뒤 돌아와 장천사에서 묵었으니 70리를 다녔다…. 장천사는 비록 누추하지만 앞으로 큰 내川를 바라보고 있어서 아주 좋았다. 저녁에 내의 남쪽에서 산보할 때 황백색의 큰 호랑이가 중턱에 앉아 있는 것을 보았는데, 여러 번 몸을 변화시키면서 우리를 깜짝 놀라게 했다."

1962년 태화동 반탕골에서 발견된 태화사지 십이지 승탑(보물 제441호)에도 호랑이가 그려져 있고 남목에 있었던 방어진 목장에는 호랑이를 잡는 군사인 '착호갑사捉虎甲士'가 배치되었다. 지금도 동구 마골산 기슭에 호랑이 사냥꾼 산행장山行將 전후장全厚章의 묘비가 남아 있다. 방어진목장은 다른 목장에 비해 호랑이 피해가 더 심해 특별히 산행장을 많이 배치했을 것이다. 호랑이 사냥으로 포상을 받고 벼슬

이 올라간 사람도 있었는데 다섯 마리 이상을 잡아 포상을 받았던 산행장이 10명이었고 7명이 방어진목장 소속이었다고 한다.

호랑이는 사람들에게 두려움의 대상이기도 했지만 한편으로 신앙의 대상으로 변하기도 했다. 울산의 지명이나 전설, 설화에 호랑이가 자주 등장한다. 북구 호계虎溪를 비롯해 호동, 범바우, 범골, 범굴, 호봉虎峰, 호식바위 등이 있다. 사람과 교감하고 효자를 지켜준 울산의 호랑이 이야기도 전한다.

울주군 상북면 향산리 능산마을에 호랑이를 잊지 않겠다는 무덤과 비석이 있다. 운전면허시험장 도로 건너 낮은 산록에 조성된 작은 무덤과 '靈虎永世不忘碑', '靈虎之塚'이란 비석과 면석인데 신령스런 호랑이를 영원히 잊지 않겠다는 다짐과 사람과의 소중한 인연을 흔적으로 남겼다.

조선 태종 때 신령新寧 감무監務를 지낸 유혜지柳惠至의 부인 동래 정씨와 호랑이의 감동적인 교감 얘기다. 부인은 호랑이 생명을 구해줬고 호랑이는 부인의 삼년시묘를 곁에서 같이하다 따라 죽었다. 유사한 사연은 강원도 의호총義虎塚이나 서울 북한산 효자길에도 남아 있지만 실명과 실증 기록 그리고 무덤 등 흔적이 남은 건 매우 이례적이다.

애절한 사랑과 정절을 지킨 조선 여인의 한과 자신의 목숨을 살려준 청상의 여인에게 평생 보은하며 산 호랑이라면 분명 사람보다 나은 것이 아니겠는가.

정씨 부인은 26세에 병이 든 남편이 죽자 양지바른 곳에 묘를 쓰고 3년의 시묘侍墓살이를 했는데 주변의 건달들의 노림이 있었다. 이때 호랑이가 정씨 부인을 구했다. 이전에 마을 장정들이 놓은 함정에 빠졌던 자신을 구해준 정씨에게 보은한 것이다. 호랑이는 그 후에도 정씨 부인을 따르며 위기 때마다 지켜주고 늘 동반했다. 시묘가 끝난 뒤 남편의 무덤이 절로 열리자 부인이 묻혔는데 호랑이도 슬퍼하다가 사흘 뒤 따라 죽었다. 가히 永世不忘의 靈虎이며 그를 묻었으니 靈虎之塚이 아니겠는가.

효자를 지켜주고 이적을 일으킨 울산의 호랑이도 있다. 상체헌 박민효(朴敏孝, 1672~1747년)는 영조 때 권상일 부사가 울산읍지《학성지鶴城誌》를 편찬할 때, 이현담李玄聃 · 원담元聃 형제 등과 함께 자료 수집과 정리를 맡았던 분이다. 그의 문집《상체헌집》에 박민효가 여묘살이할 때 호랑이와 도적이 그의 효성에 감동 받아 서로 지켜주었다는 내용이 있다.

그가 모친상을 당해 척과에서 시묘할 때 여막廬幕에 도적이 들어 식량과 상복을 빼앗아 가면서 상주를 해치려 하자 도적 두목이 "효자를 해치지 말라."고 했다. 이에 상주가 "범이 가까운 곳에 있으니 피하라."고 하니 그들은 조용히 물러났다고 한다.

이 일이 있은 뒤 말랐던 우물에 물이 솟았다. 하늘은 산군山君으로 하여금 효자를 지키면서 물길을 돌게 했다. 그곳은 워낙 산이 깊고 나무가 우거진 밀림이라 실제 표범들이 많은 사람을 해쳤다. 또 한

발이 심해 도적들이 많았는데, 매양 그곳을 지나가면서 "이곳은 효자가 시묘하는 곳으로, 맹수도 이 효자를 지켜주는 바라. 이 같은 효자에 어찌 하늘이 감동치 아니 하겠는가."라고 했다고 한다. (이수봉, 《울산의 옛 이야기》 중)

《울산읍지》(1902년)에 나오는 호랑이도 보은을 위해 이적을 보였다. 호랑이가 샘물을 찾아주고, 큰 쥐가 곡식을 날라주는가 하면, 산불이 묘소로 번져오다가 저절로 꺼졌다고 한다. 샘물을 찾아준 호랑이가 사냥꾼의 함정에 빠졌는데, 꿈에 나타나 살려 달라고 호소해 사냥꾼들에게 부탁해서 구해줬기 때문에 보은했다는 내용이다.

일본 구마모토에도 울산 호랑이에 대한 흔적이 남아 있다. 특히 가토 기요마사의 호랑이 사냥 얘기들이 많은데 정유재란 때 도요토미가 "조선에서 보낸 범 고기와 범 가죽 잘 받았다. 고기는 약으로 쓰니 효험이 대단하며 가죽도 잘 사용하고 있다."는 기록도 전한다. 가토가 범을 맨손으로 잡았다는 무용담을 바탕으로 범 사냥 그림을 엽서로 만들어 팔고 범을 잡을 때 사용했다는 창槍을 문화재로 지정, 기념품으로 팔기도 한다. 아이의 첫돌에 가토처럼 힘센 장군이 되라고 범 잡는 창을 만들어 돌잡이로 주는가 하면, 유명 과자인 센베(전병) 포장지에 가토의 사진과 가토의 창을 디자인해 스토리텔링으로 활용하기도 한다.

2022년은 임인년壬寅年 호랑이 해다. 임은 북쪽을 뜻하고 재물인 물을 상징하며 오행에서 검은색이니 60년 만에 돌아오는 '검은 호랑이 띠 해'다.

코로나로 만남이 두절된 지금, 잊힌 연말연시 '세화' 풍속을 되살렸으면 한다. 세화는 묵은해를 보내고 새해에 모두 평안하고 풍요롭기를 비는 마음을 담아 문에 붙이고, 서로 선물했던 그림이다. 세화는 사악한 기운을 막고 액을 제거하는 벽사의 의미가 크고 잡귀들이 드나드는 것을 막을 수 있다는 믿음으로 만들었다. 그러니 호랑이가 세화의 주인공으로 안성맞춤이다.

7천 년 전 반구대 암각화에서 시작된 울산과 호랑이의 인연이 더욱 새롭게 다가오는 연말이다.

남자의 물건, 은장도

남자는 누구나 자기만의 물건이 하나씩 있다. 나에겐 오래된 칼 한 자루가 '남자의 물건'이다. 38년 전 결혼 선물로 받은 것이다. 칼 선물이라서 의아했지만 언젠가부터 내 마음을 끊고 자를 때 요긴한 물건이 됐다. 중요한 결단을 할 때나 심란할 때 꺼내서 보듬고 만지면 자경自警의 표상이 되니 이만한 '남자의 물건'이 또 어디 있을까.

칼집에 새겨진 태극과 용 문양, '君子'라는 두 글자는 오랜 세월에도 조금도 변하지 않았다. 한 뼘도 채 되지 않는 작은 칼은 호신용도 아니고 생명을 살리는 메스도 아니다. 구국의 검은 언감생심이고 쉐프의 식도로는 턱없이 모자란다.

1985년 가을, 우리 시대 마지막 남은 전통 장도장인 허균 장인匠人을 만났다. 전통 장인의 현주소와 전승의 어려움을 알아보던 차 취재원으로 찾아낸 분이다. 장인을 찾아가는 길은 그리 멀지 않았다. 구한말까지 병영兵營이었던 울산광역시 중구 남외동 병영성 아래. 두 평 남짓 작은 공방의 내부는 세월의 흔적이 고스란히 담긴 연장으로 가득했다. 여기저기 손때 묻은 망치와 칼날을 담금질하는 작업대와 불구녁, 은판銀板과 사포질의 흔적들 사이에 묵묵히 은장도를 만들고 있는 허균 장인이 있었다. 세상이 알아주지 않아도 담담하게 자신의 길을 가는 사람, 전형적인 장인의 모습이었다. 힘든 노동의 자취는 두 손에 고스란히 남아 있었고 지나간 세월은 성성한 머리칼과 깊은 주름에 그대로 새겨져 있었다. 장인은 늙었지만 신념에 차 있었고 두 눈은 힘이 잔뜩 들어 형형하기만 했다.

"울산의 은장도 역사는 조선말부터 시작됐다. 울산 병영성이 군사기지였으니 성 밖이나 안에서 군사용 칼이나 창을 만들었는데 대원군이 병영을 폐지하는 바람에 장인들은 은장도를 만들며 생업을 유지했지."

장인은 옛 영화와 함께 잠시 추억에 젖으며 쓸쓸한 웃음을 보였다.

"일제강점기 초기까지만 해도 병영에는 칼방이 72개소, 장인이 350여명이 있었다. 흔한 패도(佩刀, 노리개로 차는 장도)는 '칼쇠'로 불리는 강철을 불에 달궈 때리는 일부터 시작하는데 수백 번을 불에 달구고 때리고 하는 공정을 되풀이해야 강한 칼이 만들어진다. 쇠나 인생이나 때릴수록 더 단단해지지 않겠소."

好商賈尙武藝! 근대 울산의 정체성을 표현한 말이다. 하지만 무예를 숭상하는 울산 기질은 사실 병영 사람들의 것이다. 병영의 오랜 정신이자 지금도 남아 있는 기질로 유명하다. '병영'이란 지명도 병마절도사가 있던 영문에서 비롯된 것이다. 군사령부가 있었던 군사 도시란 말이다. 병영은 울산과는 또 다른 이름이다.

병영이 무(尙武)의 고장이 된 역사는 오래됐다. 달천 광산은 삼한시대부터 철의 산지로 한반도에서 최고로 유명했고 신라시대 왜구의 출몰이 잦아지면서 수도의 접경인 울산이 국방의 최전선이 될 수밖에 없었다. 그때부터 울산은 무武를 숭상하지 않으면 안 되는 처지가 되었다. 조선시대엔 경상좌도병마절도사영을 울산 병영에 설치해 458년간 존속하다 1894년에 폐지되었다. 병영이 오랫동안 존속되다 보니 창이나 칼, 화살촉 같은 무기 제조를 위해 금속 장인들이 많이 거주했다. 병영이 폐지된 후, 지명은 그대로 남았지만 다양한 금속 단조 기술의 전통은 용도를 바꿀 수밖에 없었다. 담뱃대, 은장도, 가구 장석 등 생활 용구 공방으로 대체됐다. 호구지책 때문이었다. 그중에서 은장도는 1970년대까지 가장 각광을 받았다. 병영 은장도의 역사는 무려 119년이 된다.

은장도 제작에는 여러 가지 재료가 사용된다. 칼집과 칼자루는 대추나무, 먹감나무 또는 소뼈가 주로 사용되고 칼날刀身은 강철로 만든다. 장식은 은입사, 오동입사를 한다. 장도粧刀는 작은 칼을 넣는 칼집이다. 은 덩어리를 불에 달구어 얇게 편 다음 눌러 붙인뒤 겉에다 문양과 좋은 글을 새기는데 나무로 만든 장도는 목장도이고, 은으로 만들면 은장도가 된다.

허균 장인은 오동상감 기법을 우리나라에서 처음 개발했다고 자랑했다. 오동상감烏銅象嵌은 구리와 금을 합금한 재료를 성인의 오줌을 이용해 변색이 되면 검은빛이 나는 오동판으로 만들고 이 오동판에 문양을 세밀하게 조각해 은을 상감하는 기법을 말한다. 손이 닿는 부분인 두겁의 오동상감 색이 어떻게 변하는지를 보고 소장자의 건강을 확인하기도 했다는데 허장인은 건강이 좋으면 검정색이 유지되고 그렇지 못하면 붉은색을 띤다 설명했다.

결혼을 앞둔 어느 날, 장인이 공방으로 오라고 했다. 다시 만난 장인은 1주일이나 걸려 만들었다며 은장도 한 자루를 내밀었다. 결혼 선물이었다. 그 뒤 아내는 칼은 선물하는 게 아니라며 마음에 걸린다고 했지만 나는 액땜 차원에서 천 원 정도의 소액을 줬다고 항변했다. 아내가 외면하거나 말거나 나는 때때로 장인의 숨결을 느끼며 다기 찬장에 고이 간직했다. 세파에 휘청이고 모진 비난이나 모함의 덫에 걸릴 때 은장도를 만지며 칼이 전하는 말을 들었다. 끊어야 할 건 단칼에 끊고 가슴에 품은 칼은 빨리 버려라, 칼의 가치는 칼집에 있을 때 더욱 빛난다, 결단코 칼집에서 칼을 꺼내는 일은 없어야 한다는 말들이었다. 파도만 보지 말고 바람의 존재와 힘을 파악하라고 가르쳤다. 험한 세상 헤치며 궂은일 겪을 때면 탐진치貪瞋痴를 베어 내도록 했고 앙갚음이나 복수란 말의 싹은 아예 잘라내 주었다. 날이 남을 향하지 않도록 했고 자신을 향하도록 말해 주었다.

은장도를 꺼내 보듬으며 장인을 떠올린다. 장인의 손때가 묻어나고 숨결이 느껴진다. 빛나는 눈빛도 보인다. 때론 비굴하고 치열했던 지나온 삶에 함께했던 남자의 물건. '군자'란 새김 글은 자경문自警文이 되고 칼날은 여전히 차갑기만 하니 가히 남자의 물건답다.

미역귀가 전하는 말

환갑이라고 달라질 것은 없다. 그냥 나를 한번쯤 돌아보기 좋은 나이라고 생각하면 그만이다. 몸은 예전보다 조금 느려졌고 가끔 귀가 조금 덜 들릴 때가 있을 뿐이다. 가끔은 청춘의 깃발이 나부끼는 것을 보면서 부러운 시선을 보내기도 한다. 예순한 번째 맞은 귀가 빠진 날 오후에 홀로 바다낚시를 떠났다.

무룡산 너머 천년바위가 있는 판지 마을에 자리를 잡고 낚시를 드리웠지만 어신은 두어 시간이 지나도 감감무소식이다. 그러고 보니 바다가 너무 잔잔하니 오히려 물살이 한 마리 보이지 않는다. 발아래 해면과 바위는 온통 미역밭으로 뒤덮여 새까맣다. 수많은 여인들이 바다에 누워 긴 머리카락을 찰랑찰랑 헹구고 있는 모양새다. 한 자尺 길이에 무성한 잎을 단 미끈한 다른 미역은 리듬체조 선수의 유연한 몸짓처럼 물결에 따라 이리저리 흐느적거리고 뿌리는 바위에 달라붙어 영구적인 앵커가 되었다. 자세히 들여다 보니 줄기 아래 뿌리에 닿은 부분이 부푼 듯 풍성한 모양새를 드러낸다. 어릴 때 기다리, 꿀띠이라고 부르던 미역귀다. 미역귀는 영판 꽃을 닮았다. 바위에 붙어 피니 돌의 꽃이고 파도에 흔들리며 피니 바다의 꽃이다. 별달리 볼 것도 없는 색깔과 형태지만 장미 꽃잎처럼 한 장 한 장 줄기를 둘러싸며 차곡차곡 붙었다. 사실 줄기에 달린 씨앗 주머니지만 여러 개의 귀들이 낟가리 형태로 쌓여 한 송이를 이루고 있다. 미역귀는 비록 보잘것없이 밋밋하지만 본연의 임무에는 충실한 편이다. 줄기가 파도에 휘둘릴세라 균형을 잡아 주니 저울추가 부럽지 않고 가녀린 몸체가 바위에서 떨어지지 않도록 붙잡아 주는 힘은 배를 정박시키는 큰 닻처럼 강력하다. 미역은 미역귀 덕분에 살아남는지도 모른다.

판지板只는 울산의 동북쪽 해안가에 있는 마을이다. 마을의 절반이 바다 쪽으로 너럭바위가 걸쳐 있어 '널빤지마을'이란 이름이 여축없이 들어맞는다. 수많은 바위 중에서 가장 유명한 것은 곽암藿巖이나 윤웅바위라고 하는 천년바위다. 이 바위가 기르는 돌미역은 천년 세월 동안 유명세를 타고 있다. 임금님 수라에 진상되었고 전답 대신 아이들을 키웠고 해빈海濱 사람들이 보릿고개를 모르고 지나도록 많은 소득을 안겼다. 처음 알려진 것은 고려를 일으킨 울산 박씨 시조인 박윤웅에게 태조 왕건이 선물로 하사한 때였다. 조선 영조 때 소유권 분쟁이 일었을 때는 박문수 어사가 박윤웅 후손의 손을 들어 줬다.

어릴 적, 어머니의 봄은 언제나 보릿고개와 함께했다. 꽃샘추위가 채 가시지 않은 4월이면 어머니는 날마다 들로 산으로 쑥을 뜯으러 다녔다. 어린 자식들은 송기나 삐밥으로 허기를 채우며 해가 지기만을 기다렸다. 해질녘에 돌아온 어머니는 쑥을 씻어 솥에 찐 다음 돌절구에 넣어 찧었다. 쑥인절미나 쑥버무리, 쑥털털이는 그렇게 어머니의 땀과 정성으로 만들어졌다. 해안 마을 온 주민이 동원되는 영슈이 내리면, 어머니는 함지박에 쑥떡을 담아 머리에 이고 쑥떡 보자기를 손에 든채 시오리 돌 자갈길을 걸어 바다로 갔다. 곽암藿巖이 있는 판지에 도착할 즈음이면 이미 아낙들이 바위에 달라붙어 미역을 자르고 있었다. 숨비소리를 내며 물질을 하던 해녀들과 뗏마로 미역을 실어 나르던 남정네들은 어머니를 보는 순간, 잠시 쉼을 갖는다. 어머니가 밤새 만든 쑥떡이 해빈 사람들의 든든한 참이 되고 간식으로 소비되는 시간이었다.

수평선 위로 달이 막 떠오를 때쯤 어머니는 품삯으로 받은 돌미역과 쑥떡과 바꾼 미역귀를 함지박 가득 담아 집으로 돌아왔다. 집에 와서도 어머니의 노동은 멈출 줄 모르고 자정을 넘기기 일쑤였다. 미역귀 하나하나를 자르고 돌을 골라낸 뒤 소쿠리에 담고 미역을 한 올 한 올 손가락 빗질을 한 뒤 빨랫줄에 널고 울타리에 걸쳐 말렸다. 어머니가 허리를 펼 때쯤 맞춤 맞게 뒷산의 소쩍새가 울어주고 보름달은 중천에서 빙그레 웃으며 초가집 죽담을 넘으려 했다.

봄햇살은 미역과 미역귀를 잘도 말린다. 사나흘 지나면 귀와 귀 사이에 곶감의 하얀 가루와 같은 감이 핀다. 어머니는 미역귀를 한 장씩 열어 흰 가루를 털고 닦는다. 본래의 색깔을 유지하고 윤기 있게 말려 제대로 된 대접을 받기 위함이다. 닷새쯤 지나면 미역귀는 만지면 부서질 정도로 바삭 마르고 그때 미역과 미역귀를 장독마다 따로 따로 갈무리한다. 가늘고 짧은 쫄가디는 된장에 깊숙이 박아 넣는다. 감꽃이 떨어지는 5월에 장아찌로 먹기 위해서다.

미역장아찌는 쫄깃하고 매끄러운 식감이 특징이다. 모내기철 참에 반찬으로도 쓰고 참기름을 발라 아이들 도시락에 넣어주면 최고의 밥도둑이 된다. 말린 미역귀는 짭조름한 맛에 아이들 간식이 되거나 고추장이나 된장에 찍어 먹고 무쳐 먹고 튀각으로 만들어 먹는다.

낚싯대를 거두고 바위 틈새에 붙은 미역 한 올을 뜯는다. 딸려 온 미역귀를 생으로 맛보니 오돌도돌한 식감이 좋다. 입 속의 미역은 어머니의 4월의 쑥떡과 천년바위를 내게 데려다주고 미역귀는 여러 장의 귀를 열어 내 귀를 움직이게 한다. 그동안 모아 두었던 파도와 태풍의 아우성을 되감기처럼 전하고 갈매기들의 하소연과 놀래기의 고자질도 풀어 전하고 밀물의 굽이에 맞춰 용궁의 휘파람을 들려준다. 여태 듣기만 하고 한마디 말을 하지 않다가 하나씩 들려주는 미역귀.

한 갑자를 돌아 다시 출발선에서 선 내가 이순耳順의 '귀 빠진 날'에 참뜻을 헤아려 다짐한다. 내 귀가 더 순해지고 순해지기를, 내 귀가 더 넓어져 더 많이 들을 수 있기를.

바다의 용사! 천여 명 해녀들이 장관을 이룬 울산만

김장문화에 이어 '제주 해녀문화'도 유네스코 무형문화유산에 등재될 모양이다. 해녀는 전 세계에 우리나라와 일본(海女=아마)에만 분포돼 있다. 울산에도 조선시대부터 해녀들이 있었다. '출향 해녀'로 1970년대까지 전복, 성게, 앙장구 알(雲丹)을 일본에 수출해 외화획득을 담당했던 '바다의 용사'였다.

바다의 勇士! 千餘海女群 來征 一日一萬圓을 收入 壯觀일운 蔚山灣 …

바다의 용사 '보재기海女'군의 제철은 왓다. 해저수산물 풍부하기로도 동해안에서 첫 손으로 치는 울산만 일대의 서생 당포 장생포 방어진 정자 등 각 어항을 중심으로 제주도 본바탕의 해녀군은 제철허가기인 5월 1일을 기하고 천여명이 대거 래울하야. 그네들의 씩씩한 바

다의 용사들… 1일 평균 수입이 1만원을 돌파… 세금만도 6천원 이상

— (동아일보 1940.5.10)

제주 해녀들의 울산 정착은 《조선왕조실록》의 '두모악(頭毛岳, 豆毛岳, 頭毛惡) 등에서 단초를 찾을 수 있다. 두모악은 제주 사람(海女, 海夫)을 가리키는 말이다.

《조선왕조실록》 선조 30년(1597) 기사에 "적에 가담했다가 도망 나온 두모악豆毛岳 등에게 물어보니, 청정이 서생포에 있을 적에 적에게 붙은 해척海尺 하감동河甘同…."

현종 13년(1672) 울산호적대장 부내면府內面에 "두모오 190여 호戶가 집단 거주", 영조 25년(1749) 《학성지》 고적조에 "전복을 따 왕실에 진상하기 위해 제주 해민海民 약간 호戶를 울산에 옮겨 왔다. 그 자손들이 성황당城隍堂에 살게 됐는데… 성품이 강직하고 남을 속이는 일이 없었지만 붉은 색의 머리카락이 싫어 그들을 두모오頭毛惡라 불렀다"

두모악이 17~18세기 반구동 내황에 특수신분층으로 집단거주했다는 기록이다. 19세기 말에는 부산·울산, 경북, 강원도, 청진까지 북상했고 남해안·서해안 및 울릉도·흑산도는 물론 일본, 블라디보스톡, 요동반도의 다롄, 산둥성의 칭다오에도 진출했다.(朝鮮水産新聞 1928.6.5 朝鮮の 海女が 三重, 和歌山へ出稼)

해녀는 지금도 동구와 북구 해안에 수백여 명이 남아 물질을 하고 있다. 유네스코 등재와 함께 지역의 역사 문화자원으로 본격적인 보호, 전승, 계발, 조명되기를 기대한다. (2013.12)

千里蒼空에 飛翔하고 京城-蔚山間 崔鶴松 同乘記

"밤 깊은 마포종점~."으로 시작되는 은방울자매의 〈마포종점〉 노래 속의 여의도 비행장은 "불빛만 쓸쓸한" 모습이다. 1960년대 초반 마포종점에서 바라본 한강을 낀 마포와 여의도, 당인리의 야경이었으니 그럴 만하다. 이 여의도비행장은 간이 착륙장이었다가 1929년에 확장 개장했다.

울산비행장은 이보다 앞선 1928년 12월 2일 삼산벌에 개장했다. 평양에서 온 정찰기 3대가 축하비행을 하는 가운데 5만 명이 운집했으니 당시로선 어마어마한 인파였다. 조선 전체에 비행기는 4대뿐이었던 시기다.

일본항공수송주식회사는 정기운항에 앞서 그 해 9월 2일 오후 1시 기자들을 초청해 경성-울산 간 시승회를 가졌다.

'乘機前에 焦燥心思 生死同盟의 구든 握手'를 하며 비행기에 오른 이들은 중외일보 최학송崔鶴松 기자 등 5명.

시승 후 '천리창공에 비상하고'란 시승기를 5회 연재한 최 기자는 "마음이 초조하고 서로간에 말없이 굳은 악수로 행운을 빌며" 잔뜩 겁을 먹고 있었다. 그러나 여의도비행장 활주로에 "침착히 놓여있는 비행기를 보고 내 가슴은 한층 울렁거렸다."며 진정했고, 1시간 45분 만에 목적지인 울산에 도착해서는 "천리 먼 길을 구름과 벗하며 산을 내려다 본 그 맛이 통쾌했다."고 기분을 냈다.

— (중외일보 1929.9.4)

그 후 9월 10일에 동경~대판大阪~복강福岡~울산~경성~평양~대련大連간 국제항공노선도 개설됐다. 당시의 비행요금은 울산 출발 경성까지 22원, 평양 35원, 대련 26원, 복강 18원, 대판 53원, 동경 83원이었다.

여객기 운항 전에는 항공우편이 시작됐고 비행장 개장 이후엔 울산의 신문지국들이 유람비행이나 비행 시승대회를 열기도 했다. 지금과는 사뭇 다른 풍경이다. 1930년대 유람비행이나 비행 시승대회는 1인당 10분 비행에 5원이었다. 당시 울산 목도간 자동차 요금이 1원한 것에 비하면 그리 비싼 것도 아니었다.

그래서 그런지 1935년 4월부터 새벽 3시에 떠나 저녁에 도착하는 당일치기 비행도 도입되고(조선일보 1935.3.15) 울산 · 신의주 등 비행장이 있는 곳에서 전보나 전화로 주문하면 곧 출동하는 '에어 택시'사업까지 벌였다니 근대 풍경치고는 상상이 어려울 정도이다.

베를린에서 금메달을 걸고 일본을 거쳐 서울로 가던 손기정도 울산비행장에 내려 잠시 휴식을 취했다. 당시 언양 초등생들도 비행기 시승을 했다. 물론 울산은 일제의 대륙진출을 위한 병참기지였고 1924년 5월에 개통한 삼호다리나 삼산 비행장을 건설한 것은 최적의 물자수송을 위한 기착지로 활용하기 위함이었다. (2014.1)

일제의 대울산 건설계획

지금의 울산공단은 1962년 1월 27일 혁명정부의 '울산공업센터 지정 · 공포'와 같은 해 2월 3일 '울산공업센터 기공식'에서 출발했다.

그러면 당시 정부는 특정공업지구로 왜 울산을 선택했을까? 근대 신문의 '대울산 건설계획'등을 통해 단초를 찾을 수 있다.

기사의 제목은 "躍進蔚山邑人口 一年內三千名增加", "待望의 蔚山灣埋築과 都市計劃實施促進 邑會에서 決議", "土地景氣에 副産物인 惡質 뿌로카에 鐵槌", "高潮되는 蔚山土地景氣 山一坪에 三圓突破 桑田碧海의 感이 不無", "大蔚山港 開發問題로 關係地主들이 猛活動", "大蔚山の建設 港灣修築と都市計劃" 등이다.

일제는 1930년대부터 대륙진출을 위한 정책 수립과 전쟁수행을 위한 물자동원, 생산 확충을 서둘렀다. 이를 위해 산업은 군수공업 중심으로 재편했다. 한반도는 대륙진출의 교두보였고 일본과 가장 가깝고 항만 조건 등이 우수한 울산이 중요공업도시로 선택된다. 조선공업화정책은 그래서 나온 것이고 1937년 울산과 일본 유야(油谷)만을 잇는 연락선 계획이 수립 시행됐다.

이 계획의 중심에 이케다 사다오(池田佐忠)가 있었다. 한삼건 교수에 따르면 그는 일본 구마모토현(天草郡) 출신의 개발업자로 조선의 개항과 국토개발에 일생을 바치겠다는 뜻을 품고 1916년 조선에 와 산림사업과 개척사업등, 부산 남항 축항공사에 참가했고 울산 축항계획과 50만 신흥 공업도시계획을 수립 시행한 장본인이다.

이케다는 '울산공업지구 건설을 위한 사견'이란 신문 기고문을 통해, "울산이 대동아 건설상 가장 중요한 대륙병참기지. 울산개발로 신흥도시를 창설, 대륙수송로 기지를 만들고 생산공업지대를 육성. 울산은 일본과 최단거리에 있고 기후 용수 지리 항만 등 우수한 조건을 갖춘 읍으로 제2의 부산 또는 부산을 능가하는 반도 최고의 공단으로 만들어 하기(萩)나 유야지방과 연락해야 한다."고 주장했다. (부산일보, 1940.8.16)

이런 분위기를 반영한 탓인지 당시 울산은 토지경기 급등과 '뿌로커'가 등장할 정도로 개발 몸살을 앓고 있었다.

이케다는 울산에 적합한 공업으로 자동차와 조선, 비료, 화력발전 등 15개 분야를 선정했다고 하는데 지금의 울산공단 주력산업과 거의 일치한다.

이처럼 근대신문을 보면 오늘의 울산공단은 일제 때 예견된 것이었고 울산특정공업지구의 바탕에 일제의 '울산 공업도시계획'이 자리하고 있었다는 것을 짐작할 수 있다. (2014.1)

근대 울산의 노블리스 오블리제

울산의 '아너 소사이어티(Honor Society)' 회원 수는 전국에서 최고 수준에 이른다.

근대신문에 소개된 울산 부자들의 노블리스 오블리제는 특히 김홍조와 이종만, 김좌성이 돋보인다.

추전 김홍조는 학성공원과 작괘천 일원을 지역사회에 기부하는 등 적지 않은 흔적을 남긴 분이고 이종만은 조선의 금광왕으로 울산의 교육과 구제사업에 많은 기여를 했다.

김좌성은 근대 신문에 '울산의 갑부, 경남 최고의 교육가, 울산의 자선 사업가' 등으로 가끔 소개되었을 뿐 널리 알려져 있지 않다.

김좌성은 울산의 재력가로 청년운동 지원과 학자금 지원, 태화루 중수, 도서관 설치에도 앞장 서 기부한 '근대울산의 걸출한 인물'이었다.

현재의 중구 복산동 제일아파트 자리에 있었던 울산공설운동장 건설에 2천원을 희사(1938년)했고 1909년 추전과 함께 울산민의회蔚山民議會 조직에 나섰고 1922년 추전 사후 경남도 평의원을 계승했다.

또 1921년 울산청년회관 건립 때 1천 수백원을 기부한 그는 그 후 교육, 토목, 산업, 종교 등 울산의 온갖 공사를 위해 십수 년 동안 약 3만 원의 거액을 기부했다.

1937년 7월 25일자 동아일보 '울산지방 소개판'에는 "김옹의 평생 소원이 자선과 교육이며 그는 분명 울산의 은인으로 불린다."며 "늘 사회사업에 솔선수범… 공과 같은 인물이 울산에 있는 것이 울산으로서 얼마나 다행한 일인가?"라고 칭송했다.

그는 근대울산의 상업과 실업분야에서도 울산의 선구자였다. 三山自動車(株)와 蔚山商事 慶南銀行 朝鮮製菓 朝鮮海藻 등의 기업에 추전과, 차용규, 김재문, 오의상, 이종산 등과 함께 대주주 또는 발기인, 이사 등 임원으로 참여했다.

그는 가난한 사람을 위해 논 백여 마지기를 팔기도 했고 지역에 돈이 필요할 때마다 수백 원에서 수천 원의 기부금을 쾌척했으면서도 전면에 나서지 않았다. 근대신문의 기사만 봐도 김좌성은 근대 울산의 교육과 청년운동, 자선을 위해 온몸을 불살랐던 분이라 할 수 있다. (2014.1)

울산, '정어리' 황금시대

'노다지(no touch)'라는 신조어를 남길 정도로 1930년대 근대조선은 황금광의 시대였다. 울산의 이종만을 황금광으로 만들며 모든 사람이 금광을 쫓던 시기, 울산과 방어진 등 동해안은 '정어리 황금시대'가 열렸다. 소설가 김기진도 이 시기 정어리에 투기했다가 망하기도 했다.

1930년대 동해는 물보다 고기가 더 많았다. 정어리와 함께 주로 고등어, 삼치, 청어, 멸치, 칼치 떼가 엄청나게 몰렸다. 방어진은 단번에 세계 3대 정어리 항으로 성장했고 어민들은 대어군大魚群을 보고도 배가 모자라 다 잡지 못할 정도였다. 이를 바탕으로 방어진은 울산읍보다 먼저 근대화의 대열에 뛰어들었다. 전기가 들어오고 읍사무소와 극장, 우체국, 세관, 은행은 물론 수산회사와 조선소, 통조림 공장과 정어리 기름공장, 사이다 공장이 번성하고 목욕탕, 요리

집, 기생집까지 번영을 누렸다. 어선은 무려 500척, 운반선만 150척이 넘었다.

근대신문은 당시 상황을 이렇게 전했다.

> '魚群大襲來 一日 二十萬尾漁獲 三十**년 이래의 처음,** 魚群大擧襲來**나** 漁船 **없어** 袖手傍觀 蔚山港**에** 喜悲雙奏曲**, 고등어** 漁獲高五十萬圓突破 蔚山灣一帶大活氣…'

이 때 조선총독부는 우리나라 바다에 과학적 어군탐사를 시작했다. 1937년 7월 1일부터 10월 말까지였다. 함경도 일대 동해에 '魚群探見飛行'을 본격 실시했는데 이는 당시 '어업의 과학화'인데다 "해류를 따라 몰려다니는 정어리 떼를 비행기가 해상 50~100m의 저공비행을 하다가 발견 즉시 각 어선에 무전 연락해 어선들이 어군에 접근하도록 하는 수산의 새로운 시험으로 상업상 경제상 큰 의의가 있었다." (동아일보, 1937.6.15)

이처럼 비행기를 이용한 어군탐지를 시행한 것은 1930년대 내내 동해바다에 정어리 등의 大魚群이 형성됐기 때문이다. 이보다 앞선 1929년에 '방어진-포항간 어군탐견비행'이 조선 최초로 시행됐다.

> **방어진 포항간 어군탐견 비행, 내 십삼일부터 실시**
>
> — (중외일보, 1929.10.9)

成效した魚群探見飛行 方魚津一帯に鯖の大群 加藤技師のはなし

— (朝鮮民報. 1929.11.3)

이후 魚群探見飛行**은** 軍機法實施**로** 中止**됐다가 1937년 청진, 함흥, 신포 등 함경도에 도입하게 된다.**

— (동아일보,1937.12.25)

근대국가의 부富와 문명의 바탕에 풍부한 수산물이 있었다는 해석이 있다. 이를테면 근대국가의 문명 발달은 청어(네덜란드), 대구(미국), 참치(이집트)등이 지속적이고 집중 생산되면서 인구가 늘고 부가 쌓였기 때문에 가능했다는 것이다. 이와 관련해 '주식회사'와 '은행' 탄생이 네덜란드의 청어 잡이에서 비롯됐고 미국의 '대구와 고래잡이'는 하버드 등 대학설립으로 이어졌으며 석유가 대중화되기 전까지 '밤을 밝히는 기름'으로 고래 기름이 사용되는 등 미국 산업자본의 기틀이 되기도 했다.

근대 울산 바다에도 엄청난 고기떼가 몰려왔다. 러일전쟁 후 일본인들이 방어진에 몰려든 이유도 청어와 고래잡이 때문이었다. 오카야마, 후쿠이, 시마네현 어부들이 방어진 앞바다에서 고등어나 정어리, 삼치, 고래를 많이 잡아 부를 쌓았다. 특히 정어리는 당시 방어진을 세계 3대 어장으로 만들었으며 이 때 어군탐지를 위해 조선 최초로 비행기를 동원했던 것이다. (2014.1)

여름명물 '호계 참외'

울산의 명물은 많다. 《세종실록지리지》 등에 따르면 울산의 산물 중에 왕실 진상품도 적지 않았다. 그 가운데 《신증동국여지승람》 토산조에 언양을 소개한 기록은 특이해 주목할 만하다.

이름하며 '(언양) 적전참외(籍田苽)'다.

> 언양의 참외는 북쪽 성 밑에서 난다. 그 종자가 서울의 적전(임금이 손수 경작하는 밭)에서 나왔으므로 적전참외라 한다. 해마다 겨울에 심었다가 4월 그믐 전에 임금께 진상하는데 심고 기르기가 매우 어려워 성종 初에 없애 버렸다.

어느 분의 글처럼 참외란 '참-외롭다는 말'과 통한다. 영어 표기도

me-lone, 혼자라는 뜻이다. 참외는 마디 하나에 하나씩 꽃 피고 열매 맺으니 동서양의 작명이 모두 절묘하다.

조선시대 때 시작된 울산과 참외의 인연은 1930년대 명물이 됐다.

'蔚山名物眞瓜 大量으로 運搬하는 光景', '銷夏風物, 有名한 蔚山 참외' '蔚山 名物 참외', '名物蔚山 참외 各市場에 「데뷰」', '내 地方의 여름 名物; 虎溪 참외 年産額 十萬圓을 超過 香'….

특히 1928년 7월에 발간된 《별건곤》에 "서울 뚝섬과 시흥 과천 등 경기도와 성환 참외가 유명하지만 울산 참외는 예부터 전해오는 명물이다."(청오의 '참외 로맨스')라고 소개했다.

우리나라 참외는 삼국시대에 중국에서 들어와 토착화 됐다. 고려시대에는 대단한 인기였다. 고려 청자의 외형이 거의 참외 모양인 것을 봐도 알 수 있다.

근대신문에 비친 울산 명물은 참외가 으뜸이었다. 그 중에 호계 참외가 대표였다.

'내 지방의 여름 명물: 호계 참외 연산액 10만 원을 초과, 香味色 3가지 갖춰'

춘도 동백이나 장생포 고래가 유명하다지만 참외는 오래 전부터 울산명물이다. 삼산평야 태화강 주변 학성산 동해남부선 일대 모두 참외밭이고 6월부터 석달간 어채시장과 병영엔 참외. 밭 한 마지기 에 30원 이상 4~50원의 수입…울산 배보다 생산액 크다. 형태 · 촉미 · 감미가 으뜸…"

— (동아일보 1938.8.3)

기사에는 조선 토종 참외가 사라져 안타깝고 재배 농민을 제보하라는 내용도 있다. 75년 전 울산 최고의 명물 참외지만 이미 개구리 참외나 조선 참외 등 토종 대신 수입, 개량종이 대세였다는 것은 아픈 부분이다. (2013.12)

사라진 근대건축물, 울산읍사무소

개항 이후 일제강점기를 거쳐 한국전쟁 전후까지 만들어진 건조물, 시설물, 산업물, 역사유적, 각종 예술품 등을 근대문화유산이라고 한다. 오래된 전통적인 문화유산은 아니지만 현재의 생활현장에 남아있으면서 활용하고 있는 것으로 시간이 흐를수록 가치가 큰 문화재이다.

울산에 국가등록문화재로 지정된 근대문화유산은 구 상북면사무소와 언양성당 본관 및 사제관, 구 삼호교, 남창역사, 울기등대 구 등탑, 외솔 최현배 선생 의복이다. 그 자체로 '울산에 남아 있는 근대역사'라 할 수 있다.

울산의 근대문화유산을 생각할 때마다 정말 아쉬운 것은 울산 최초의 읍사무소이자 시청사, 중구청사로 사용하였던 건축물을 우리

손으로 철거해 버린 것이다. 근대역사를 기억할 수 있는 장소가 사라진 것이다. 1995년 주차장 부족을 이유로 당시 시장의 결정에 따라 없앤 것이다.

현재의 중앙동 주민센터에 있었던 울산읍사무소는 1933년 1월 24일(학산동123번지) 신축됐다. 그 후 1962년 6월 1일 울주군 울산읍이 울산시로 승격되면서 시 청사로 사용하다가 시청사가 남구의 현 위치로 옮긴 1970년 1월 1일부터 중앙출장소, 1985년 7월 1일부터 중구청사, 1990년 10월 중구청사가 옮겨간 뒤 옥교동사무소로 사용하다가 철거됐다.

이 건물은 준공 후 14개월 5일만에 큰 상처를 입었다. 1934년 3월 29일 아침 8시경 발생한 화재로 2층건물이 전소된 것이다.

이층에서 발화되어 울산읍사무소 연소, 열풍에 화세 益맹렬/ 학생까지 동원 십일시경 진화….　— (조선중앙일보 1934.3.31)

다시 건축한 것이 1934년 12월이다. 새로 지은 읍사무소 건축양식은 1920~30년대 파리에서 유행한 아르데코스타일이었다.

이제 울산도 과거와 현대가 공존하는 공간, 전통과 현재가 조화를 이루는 도시, 100년의 역사를 아우를 수 있어야 한다. 최초의 울산읍사무소 철거를 역사의 교훈으로 간직하고픈 이유도 여기에 있다. (2013.12)

일제가 사랑한 학성공원

1980년대까지 울산 도심에서 가장 가까운 벚꽃 명소는 학성공원이었다. 수많은 상춘객들이 몰렸고 백일장이 단골로 열렸다. 중구 학성동 100번지 일원이다. 지금은 울산광역시 문화재자료 제7호 울산왜성蔚山倭城으로 불린다. 옛 기록에는 신학성神鶴城, 도산島山, 증성甑城이라고도 했다.

학성공원이 처음 문을 연 것은 1928년 4월 15일이다. 83년 전이다. '울산면영 울산공원'으로 불렀다. 7,000여 평의 땅에 1927년 5,700원을 들여 공사를 시작했고 이듬해 개장했다. 이후 오랜 세월 울산 유일의 공원으로 시민들의 사랑을 받았다. 울산박물관으로 옮긴 태화사지십이지상부도(보물 441호)가 이곳에 있었고, 요산대樂汕臺와 봄편지 노래비, 박상진 의사 추모비가 있다. 벚꽃이 흐드러진

정상 부근은 태화강과 동천강을 아우르는 이수삼산二水三山 조망의 최적지다.

학성공원의 벚꽃은 역사적 악연惡緣을 간직하고 있다. 임란 당시 왜군이 성을 쌓아 울산왜성이라 했는데 병영성과 울산읍성을 허물어 성벽자재로 사용했다. 1597년 12월 23일부터 이듬해 1월4일에 걸친 13일간의 울산성 전투는 7년 전쟁의 마지막 승부처였고 왜군 철수의 중요한 전환점이 된 격전이었다. 특히 전투에 참가한 나베시마 나오시게(鍋島直茂)의 '蔚山城戰鬪圖(울산성전투도)'와 종군 승려 게이넨(慶念)의 '朝鮮日日記(조선일일기)'에는 당시의 처절함이 잘 묘사되어 있다.

당시 왜장은 가토 기요마사였다. 성은 태화강변을 따라 내륙진입과 유사시 해안을 따라 후퇴하기 좋은 요충지였지만 식량과 식수 확보가 어려운 데다 음력 12월 추위까지 겹쳤다. 왜군은 말을 잡아 고기와 피로 버텼고 굶주림과 질병으로 고통받았다. 가까스로 일본으로 돌아간 가토는 당시 울산왜성에서의 뼈아픈 경험을 잊지 않고 자신의 영지인 구마모토성에 우물을 파고 유실수를 많이 심었다.

두 차례 왜란은 울산에 깊은 상처를 남겼다. 왜군 패잔병들이 울산바다를 떠돌며 '갈가마구' 노래를 불렀고 〈쾌지나칭칭나네〉(가등청정 떠나가네란 뜻)란 민요도 낳았다. 항왜 후손들의 거주마을(蔚山漫草, 개벽 38호)이 1923년까지 있었고 이 장군이란 동네 사람이 왜군 수천을 베어 다리 밑에 묻었는데 이 다리를 꾸렁다리(尸臭橋, 시체 썩는 냄새가 진동했다)라 불렀다고도 한다. 임진왜란 · 정유재란의 아픈 상처가 배어있는 역사의 현장인 학성공원엔 유독 벚꽃이 흐드러지게 핀다.

왜성은 지금 구입 논란이 벌어지고 있는 '도산전투도'의 현장이다.

역사는 반복되는가? 일제 강점기에도 이 성의 복원을 둘러싸고 지금과 같은 논쟁이 있었다.

왜성의 역사적 문화적 가치와 과다한 복원비용, 민족자존심 등을 이유로 관변단체인 '울산성지보존회'와 애국단체인 '울산민우회'가 대립했다.

동아일보(1928.3.31)는 '巨額의 面費들여 日將遺蹟을 保存 결정한 것을 蔚山民友會가 反對決議'했다고 보도했다.

> 蔚山城址保存會에 對하야 過般蔚山民友會臨時總會의 반대決議. 이 성은 임란 때 가등청정이 축조한 '蔚山籠城(일명 甑城)'인데 수만 원을 들여 보존한다는 것은 지방실정과 해당 성지의 실황을 보아 過大한 일. 더구나 교화적 방면으로 고금의 수범이 되거나 역사적으로 문화의 가치가 있으면 모르되 (임란 적장의 흔적을) 永代不忘하는 것은 시대착오의 한심한 일….

울산민우회는 1927년 1월 울산에서 결성된 애국단체로 민족단결 촉구 등 사회운동을 펼쳤다. 울산왜성 복원에 결사반대한데다 공원 개원식에도 일체 불참을 결의해 민족 자존심을 지켰다.

일제는 울산성지보존회를 앞세워 울산왜성을 복원할 계획이었다.(매일신보 1927.6.8 蔚山城跡에 公園을 新設, 蔚山城跡保存會) 그러자 울산민우회가 군민의 어려움을 망각한 예산 낭비라며 여론을 확인하는 절차가 필요하다고 요구한 것이다. 군수와 면장은 근대국민을 위한 '공원'의 필요성을 주장했다.

하지만 사실 공원은 일제 식민지 이데올로기 창출과 연결할 수 있다. 내선일체를 위해 근대국민화의 기치를 내걸고 공원화사업을 동원한 것이다. 이를 위해 일제는 조선에 있는 왜성보존정책을 펴고 '蔚山城址保存會' 등을 조직해 전위대로 활용했다.

울산성지회 회장은 일본인이 아닌 울산 거부이자 유지였던 김홍조였다. 울산왜성을 정비하고 왜성 내 환경 정비 등의 활동은 일제 당국의 입김을 반영한 것이다.

당시 일제는 학성공원을 전적지로 인식했다. 군부가 왜성조사를 실시했고, '유울항로기공식'을 학성공원에서 개최하기도 했다. 일제는 학성공원을 조성해 대륙병참기지의 기초로 삼으면서 일본제국주의의 정신적 결집을 고무하는 공간으로 활용했다고 봐야 한다.

울산민우회의 반대에도 불구하고 일제는 1928년 4월 15일 김홍조의 사유지를 기부받아 울산 최초로 학성공원을 준공했다. (매일신보 1928.4.11 蔚山鶴城公園 開園式擧行 一年 만에 竣工) (2013.12)

‘세계 유례없는 조선의 원형감옥’ 울산에서 발견

조선시대 감옥은 어떻게 생겼을까? 당시의 지도를 참고할 수도 있지만 구체적인 유적이 발굴된다면 더욱 확실할 것이다.

‘세계에 류 업난 됴선의 원형감옥… 三백년젼 리됴시대의 유적’ (신한민보 1926년 11월 25일)

울산과 경주 등에서 조선시대의 원형감옥이 발견됐다는 기사다. 지금은 흔적이 남아 있지 않지만 발견 당시 동양은 물론 유럽에서도 보기 어려운 유적이라는 표현을 썼다.

또 다른 신문은 ‘세계에도 없는 조선의 원형감옥 三백 년 전 이조시대의 유적’ (동아일보 1926년 11월 25일)이라고 보도했다.

신한민보의 기사는 이렇다. “300년 전 조선시대의 원형감옥이 경주, 울산, 공주, 안주 등에 남아 있는 것을 총독부 법무국 과장이 확인해 사진까지 찍었다. 원형 훼손이 심해 모형으로 축소해 박물관에 전시할 것이다."

원형감옥(Panopticon)은 18세기 말, 벤담이 이상적인 교도소로 고안한 건축물이다. 중앙에 감시하는 방이 있고 그 주위에 개별 감방들이 있는 원형 건물이다. 전체를 효율적으로 감시할 수 있는 건축물로 몇 사람의 감시인이 감옥 전체를 쉽게 감시할 수 있도록 설계된 것이다. 각 방에 있는 죄수들은 간수 또는 감시자의 관찰에 노출되지만, 감시하는 사람들을 볼 수가 없다.

최근 스노든 사건이나 미국의 다른 나라 정상 도청 사건 등은 '디지털 원형감옥'을 연상케 한다. 우리의 일거수 일투족이 모두 디지털에 포착돼 노출되고 있다.

곳곳에 설치된 CCTV도 이 시대의 원형감옥일 수 있다. 사방을 둘러보는 디지털 눈에 의해 모든 사람의 행동이 찍힌다.

없으면 안 되는 스마트폰은 '21세기 빅브라더'에 다름 아니다. 개인정보는 마구 돌아다니고 누가 어디서 어떻게 행동하는지 공개되고 있다. (2013.11)

금광왕 이종만

1930년대의 조선은 '노다지'란 신조어가 생길 정도로 골드러시의 땅이었다. 금광 하나로 하루에도 열댓명의 백만장자들이 탄생했다.

하지만 최고의 주인공은 울산 용잠 출신의 이종만이었다. 그는 33년간 27번 실패 끝에 결국 '조선의 금광왕'이 됐다. 근대신문에 실린 100여건의 기사를 보면 그는 진정 아름다운 부자였음을 알 수 있다.

用財의 好模範 李鍾萬氏의 壯擧, 大同農村社 (동아일보 1937.6.18)

作人七割, 地主 三割制 : 李鍾萬氏의 壯快한 美擧 (동아일보 1937.9.17)

당시 신문은 그를 '조선이 낳은 금광왕'이라 칭송했다. 고향과 교육사업, 농촌사회등 공익을 위해선 통 큰 씀씀이를 보였다. 또 '일하는 사람이 잘사는 사회' '함께 잘사는 농촌', '소작인 7할 대 지주 3할'을 주창하며 실천했다. 당시로선 놀랄 만한 이상이었다.

> 實現될 農民의 樂園, 農村事業에 巨彈 大同農村社(동아일보 1937.6.17) "大同農村社 事業具體案 發表, 李鍾萬씨가…" "世界的 異彩! 自營鑛과 自營農 創定, 金鑛王 李鍾萬" "小作制度의 巨彈! 作人七割 地主는 三割制 農村事業家 李鍾萬氏" "作人七割, 地主 三割制 : 李鍾萬氏의 壯快한 美擧"….

"가족은 1~2만 원이면 족하니 나머지 재산은 죽기 전 꼭 사회에 환원하겠다."는 약속을 하고 그대로 지킨 그를 두고 동아일보는 사설(1937.9.17)을 통해 찬사를 보냈다.

"이런 갸륵한 篤志家의 土地가 不幸히 一百五拾七萬坪에 不過하야 要惠作人(혜택을 볼 사람)이 겨우 一百五拾三戶에 그치는 것은 매우 섭섭한 일이라…." 큰 부자를 보고 더 많은 돈을 벌지 못해 안타깝다고 한 이유는 무엇이었을까.

특히 최근 대기업의 각종 탈세와 부패 기사를 보면 이종만의 꿈이 새삼 부러워진다. 존경할 만한 부자가 없는 이 시대, 일하는 사람이 잘사는 사회를 꿈꾸며 한 평생을 공익에 헌신한 이종만을 떠올리는 건 당연한지도 모른다. (2013.11)

[내가 살던 고향은]

황홀한 동해 일출에 잠 깨는 바닷가 마을

— 북구 신현동 신전(상)

'떠나라! 그리고 고향의 아가씨들이 가장 예쁘며 고향산천의 풍치가 가장 아름다우며 그대의 집 안방이 가장 따뜻하다는 것을 배우게 되면 그때 돌아오라!'(코엘류)

그렇다. 중학교 졸업과 함께 집을 떠나 서울과 대구 울산 등지에서 살아온 지 어언 35년. 지천명에 들어서자 코엘류의 말이 내 가슴에도 현실감 있게 와닿는다.

경남 울주군 강동면 신현리 신전(新田 · 새 동네라는 뜻) 134번지. 행정구역 개편 전의 옛 주민등록에 표기된 고향마을의 주소다. 지금은 울산시 북구 신현동으로 바뀌었다. 나의 고향은 무룡산 동쪽 아래 조그만 양지마을이다. 지금은 내가 아는 사람보다 모르는 사람들이 더 많은 곳이다. 내 고향은 그 자리 그대로 있는데 때 묻지 않았던 소년은 간 곳 없고 낯선 중년이 외로이 서성이고 있다.

고향은 아직도 애틋하고 소중한 것들이 곳곳에 묻어 있다. 코끝에 스며드는 달콤한 산바람, 아직도 기분 좋은 풀내음들, 거칠거나 잔잔한 정자 바닷가 해조음, 산 그리매 길게 드리운 앞산 만디이 도래솔과 장독대 뒤편 댓잎 소리들…. 그러나 함께 놀던 동무는 보이지 않고 만나는 이들도 모두 낯설기만 하다. 집 떠난 35년의 세월이 고향을 변하게 했고 또 내가 그렇게 변했다.

정자 바닷가는 우리의 여름 놀이터였다. 비 온 뒤 산안개에 휩싸인 무룡산은 몽환의 그림이었다. 황토전고개와 금천 방바우 불상, 대안 골짜기의 신흥사, 박제상 발선처와 판지 미역 바위, 제전 딱바우 낚시터는 늘 가 보고 싶은 그리운 곳이다.

지금은 개발에 따른 돈 잔치와 새로운 휴양지 건설에 부풀어 있는 희망의 땅. 내 고향 강동은 그런 곳이다.

나는 아직도 밥상 앞에서 음식 투정이나 반찬 투정하는 사람을 미워한다. 그리고 밥상에 무언가를 남기는 것도 못마땅하다. 투박한 자연 속에서 자라고 너무 못 먹고 자라서인지 모르지만 웬만한 고생은 그냥 참아야 하는 것이라 생각한다. 어릴 때부터 10리 밖 학교를 뛰고 걸어 다녀서 그런지 두 다리도 아직 싱싱하다.

고향을 생각하면 늘 어머니가 눈에 맺힌다. 자주 집을 비우던 아버지 대신 가장 역할을 하며 평생 농삿일에 지쳐 있었던 어머니의 고단한 삶을 생각하면 가장의 역할과 책임이 얼마나 큰 것인지 새삼 이를 악물기도 한다. 지금도 사진을 보면 어머니는 키가 크고 미인형 얼굴을 하고 계신다. 집안 혼사 때나 큰 일 때 어른들로부터 예쁜 새댁이라는 칭찬을 받았다며 부끄러워하신 적도 있다.

어머니는 한때 내가 잘살아야 하는 이유이기도 했다. 9남매를 무심과 방임으로 키운 것도 특이한 양육법이지만 중간인 나에게 동생들에게 모범이 되라고 격려하며 아무리 없어도 자식 위해 못할 게 뭐 있냐며 한숨 쉬던 모습을 잊지 못하기 때문이었다.

당신이 문맹이라 아들이 늘 전교 1등을 하는지, 고등학생이나 대학생이 되는지도 몰랐고 군대에 갔는지 방송국에 들어갔는지도 모르고 계시다가 이웃의 소문을 듣고서야 "누가 그러더라."며 기쁜 표정을 짓기도 했다. 밤낮 일만 하고도 못사는 이유를 몰랐던 어머니는 삼형제가 대학을 다녔던 1970 · 80년대 등록금이며 하숙비 대기가 얼마나 버거웠을까?

그래서 돌아가시기 직전까지 병영이나 남목장에서 채소를 팔았는지도 모른다. 내 삶에서 근면이나 정직이 있다면 그것은 오로지 어머니 삶의 영향 때문이라 믿는다. 넷째 아들인 내가 아르바이트하며 장학금 받는 대학생이라고 자랑스러워 했고, 다섯째가 공군사관학교 생도가 되자 비행기를 몰 것이라며 가슴 벅차하셨다. 여섯째는 고려대 차석 입학했다고 앞으로 큰 인물 될 거라며 으슥해하며 어깨 펴고 다니시던 게 엊그제 같기만 하다.

고향의 하루는 언제나 황홀한 동해 일출로 시작되었다. 정자나 신명, 판지나 복성, 제전과 우가포, 당사 바다에는 부지런한 어부들이 그물을 걷어 아침 해를 배경으로 집으로 돌아오고 달골이나 장등, 대안이나 주렴, 복골과 구남 골짝 어느 집이나 감나무 살구꽃, 애추와 앵두를 심어 꽃을 피웠다. 저녁이면 집집마다 하얀 연기를 피어 올리며 담장 너머 들려오는 웃음소리가 끊이지 않은 땅이었다.

대방내(川) 둑을 따라 정자까지 10리 길을 걸어가면 달맞이꽃은 왜 그리 슬프게 피었는지? 여름철 아이스께끼 장수들이 경주 양남에서 돌아오는 해거름이면 쉬어가라며 저녁을 먹여 아흔아홉 굽이(무룡산 가운데 고개)를 넘겨 보내고 동지섣달 전라도 충청도에서 온 인삼장수, 방물장수나 구리무 아지매들을 2박 3일씩 재우며 세상 이야기를 귀동냥했다. 정월 대보름 당수나무 할배 제사에 정성 다하고 이월 아침에 까마귀밥과 소지 올리는 걸 잊지 않은 사람들, 거지들 동냥이나 동짓날 부처님 시주를 한 해도 빠뜨리지 않았던 순박한 사람들이 모여 살았던 곳.

미역과 진저리, 모자반과 톳, 홍합과 낙지, 전복, 물메기는 참 많이도 먹었다. 개구리 뒷다리, 무룡산 무, 정자 막걸리와 털게, 장어, 삐삐, 송기와 소먹이며 불던 풀피리, 버드나무 홀때기와 애장터와 창꽃 무리들….

늘 보았던 무룡산 노을 풍경과 비 온 뒤 휘감긴 산안개는 글이나 그림으로 남겨두지 못한 게 너무 후회스럽다.

지난해 선달, 40대를 마감하는 중학교 동기들이 송년회를 가졌다. 앞으로의 삶의 방향을 재면서 회한의 시간이 더 많아질 친구들…. 늘 그렇듯이 저녁과 소주 자리만큼은 꼭 정자 바닷가 친구 횟집에서 했다. 외손자를 봤다는 여자 동기도 있고 지난가을 사위를 본 친구, 올봄 며느리를 보는 친구들도 있었다. 서울과 부산에 사는 친구도 많고 도시생활이 싫어 고향에 들어와 사는 친구도 있었다. 씨름이나 달리기 선수, 또 고전 읽기로 경남도 대표를 했던 이야기며, 울산공업축제 때 백일장과 웅변대회 나갔던 기억들, 음악 선생님이 나무판자로 오르간을 만들어 수업하던 슬픈 추억이며 진학 잡지 퀴즈 응모로 오카리나를 타 연주하던 일, 주전에서 양남까지 밤새 돌며 친구 집 술독을 비우던 명절날을 기억했다. 《삼국지》, 《초한지》, 《난중일기》를 읽으며 꿈을 키우던 추억과 보리베기 노력봉사하던 일, S누나 소식이 궁금하다는 친구도 더러 있었다.

무룡산 터널만 지나면 닿는 곳. 어릴 적 떠나고만 싶었던 좁고 비루했던 땅, 어머니도 첫사랑 소녀도 없는 고향 땅. 그래도 더 머물고 싶지만 나는 도시를 버리지 못하고 집으로 돌아온다. (2009.3)

[내가 살던 고향은]

유구한 역사 · 해안 절경 '자연사 박물관'

— 북구 신현동 신전(하)

낚시꾼은 물가에 앉아야 마음의 평안을 얻는다. 기자는 현장에 있어야 마음이 놓인다. 내게 고향도 그런 곳이라 하고 싶다. 강동 해안이 아니면 어떤 생선회도 별로이고 고향 마을 집집마다, 만나는 사람마다 사연이 떠오르고 나만의 이야기를 할 수 있으니 더욱 그러하다.

무엇보다 무룡산 고개만 넘으면 일망무제로 펼쳐진 탁 트인 바다는 계절마다 맛이 다르고 색깔이 다르고 눈대중 경치마저 다르니 지구상 어디에 이런 곳이 있으랴!

무룡산에서 동해를 바라보며 소쿠리를 펼친 형상이라는 강동. 골마다 마을마다 갖가지 사연과 역사를 가진 순한 사람들이 모여 살고 있는 곳. 울산의 가장 아름다운 해안선을 가진 곳이자 가장 가치 있는 해양관광지로, 가장 유망한 미래 산업을 꽃피울 자원을 가진 보배로운 땅이다. 강동이란 지명은 동천강 내지는 태화강 동편에 있는 땅이란 뜻으로 작명했을 것으로 추측된다.

사람이나 지역에 대한 평가는 시대에 따라 변하기 마련이다. 사농공상이라는 직업에 귀천을 두고 문文을 중시하던 유교 신분사회에서는 오로지 양반 숫자나 과거 합격자수를 가지고 지역을 평가하고 등수를 매겼을 것이다. 당연히 울산을 에워싼 바다와 산들 그리고 울산을 지켜왔거나 그를 위해 희생된 사람들의 가치는 잊혀 왔거나 낮게 평가돼 왔다.

울산시 북구 강동동은 그런 면에서 재평가되어야 한다. 강동은 무룡산을 경계 삼아 농소와 동서를 나누고 금천 도랑을 경계로 구암성골 주전과 이웃하고 염포산 너머로 양정. 염포동을 이웃하고 있다. 북쪽으로는 신명마을 지경地境이란 이름 그대로 경북과 경계를 이룬다.

강동은 울산에서 가장 오랜 '땅의 역사'를 간직한 곳이다. 반구대 암각화나 천전리 공룡 발자국 못지않게 울산의 선사시대를 떠올릴 수 있는 흔적이 강동에 있다. 무룡산 동편 구남에서 들어가는 쟁명골 곳곳에 각종 조개와 삼엽충 화석들이 부지기수였다. 신생대 화석의 집산지였다. 울산 땅이 중생대 백악기 때부터 형성돼 구남 일원의 신생대 지층까지 아우르고 있다는 증거다. 울산에 자연사 박물관이나 관련 전시관이 들어선다면 전국 대학에 흩어져 있을 무룡산 화석들이 반드시 포함되어야 하고 그 화석에 대한 평가 또한 새롭게 해야 할 것이다.

박제상이 왜국을 향해 배를 출발했던發船處 곳도 강동 유포 해안이었고 주상절리 바위도 강동 해안에만 있다. 대안大安이나 달골月谷 장등長嶝 골짝마다 확인되는 쇠부리터와 유포석보, 우가산 봉수대, 신흥사의 역사를 보면 강동이 결코 단순한 '갯가'가 아닌 역사가 풍부한 땅이었음을 알 수 있다.

농소, 염포 일대와 강동이 속한 북구는 신라 때 굴아화현 · 율포현 지역이었다. 그 가운데 강동이 속한 율포현은 신라 제35대 경덕왕 때(서기 757년) 동진현으로 고쳤다가 고려 태조 때 하곡 · 우풍과 합쳐 흥려부(일명 흥례부)로 승격됐다고 전해진다. 그 후 조선시대부터 울주에 속했다. 1995년 울산시 · 군 통합으로 울산군이 울주구로 명칭이 바뀌었다가 1997년 7월 15일 광역시 출범 때 중구의 진장 · 효문 · 송정 · 양정과 농소읍, 강동면을 합쳐 북구를 만들어 오늘에 이른다.

1980년대까지만 해도 강동면에는 강동초등학교(정자리 소재)를 비롯해 신명, 동해(당사리)등 3곳과 무룡분교(달곡 장등 가운데)까지 초등학교가 번성하였고 강동중학교에는 이들 초등학교 출신 외에도 대안과 양남 경계선인 어전, 신대에 사는 아이들도 더러 같이 다녔던 기억이 난다. 그 많던 어린이들이 강동개발과 함께 되돌아왔으면 한다.

울산에서 동구 남목 고개를 넘으면 바로 보이는 주전바다, 사실 강동 해안이 시작되는 곳이다. 거북 돌, 몽돌 동해안은 강동만의 자랑이고 노을과 푸른 바다를 배경으로 감포까지 가는 가을날 해안 드라이브 길은 얼마나 좋은가?

농소와 경계 짓는 무룡산은 동해와 함께 강동의 또 다른 상징이다. 하지만 '7선녀와 용의 전설' 하는 것은 작위적이고 허구이다. 그런 이야기는 정말 식상하고 아무런 근거도 없다. 상상력 부족에서 비롯된 1970년대 새마을운동 식의 '이바구'일 뿐이다. 차라리 기록에 의한 '무리룡산'에서 음이 변한 것이라는 설명이 더 설득력 있어 보인다.

화암 해변의 몽돌은 우리가 오래 보존해야 할 울산의 천연자원이다. 파도에 쓸려 나가 변형되는 해안선을 보호하는 방안을 모색해야 하고 맨발 걷기나 인공 수영장 정도는 만들어져야 할 텐데 앞으로 산하개발에 기대를 걸어야겠다.

구남 못 위 산록에 있었던 일명 옷물이라는 샘물은 신비한 물이었다. 벌에 쏘일 일이 많았던 어린 시절 주전자에 퍼 담아서 벌 쏘인 자리에 바르기만 해도 저절로 나았고 등에 난 땀띠도 즉효, 옻이 올라도 즉효였는데 85년 도로포장이 되면서 사라져 아쉽다.

2002년부터 시작된 정자 대게잡이는 또 다른 명물이지만 아직은 더 많은 요리와 맛있는 조리법이 있어야 할 것이다. 대게 어장 역시 더 보호하고 잘 길러야 명성이 오래갈 것인데 현실적으로 안타까운 부분이다.

정자나 당사 우가포 산하까지 해안마을마다 고루 생산되는 돌미역은 판지의 미역바위가 아니라도 전국 최고의 자연산 미역인데 포장술이나 크기를 조절해 가격을 다양화 해야 대중적인 소비가 가능할 것인데 초보적인 포장에다 크기는 옛날식 그대로라 개선이 시급하다.

강동 해안 일대 전체가 멸치젓갈로 유명하지만 외솔선생은 한 수필에서 강동 해안의 유포 유지렁 맛을 잊을 수 없다고 한 적이 있다.

> **… 유포의 유지렁은 전라 순창의 고초장으로 짝할 만하여, 조선간장(지렁)의 최상급 대표적인 것이요, 그 진득진득하고 구수한 울산 전복곰, 그 시원하고 향긋한 합도蛤島의 깜박조개국, 조선천하 어데서 이같은 맛을 얻어 볼 수 있으랴.**
>
> **— 외솔 선생의 유고 〈내 고향 자랑〉 중에서**

최근 국도 31호선이 확장 개통되면서 자동차 전용도로 논란이 있었다. 무룡산터널과 함께 강동을 지나칠 수도 있고 감포까지 바로 달릴 수도 있는 도로이다. 속도는 사람을 머물지 못하게 하지 않는가? 일제시대 만든 신작로를 걷어내고 새로운 국도로 확포장한 게 1985년. 21세기에 걸맞은 효율의 도로, 속도감 있는 길로 대체되었다.

길과 관련해 생각하자면 강동은 이제 변해야 한다. 사람은 자기가 달리는 속도와 반비례해 경치를 보는데 빨리 달리며 앞만 보고 달릴 사람은 새 도로를 선택하고 불과 몇 리 고개를 99고개라며 꾸불꾸불 넘었던 옛사람처럼 사방 다 둘러보고 싶다면 옛 길을 그냥 가면 된다. 강동의 산과 들, 바다를 천천히 마음껏 감상하도록 하고 갯내음 나는 강동 바람도 들이키게 해줘야 한다.

해안 마을에는 '박문수 어사 밥상'이나 미역 전복 등으로 구성한 강동 해산물만의 '수라상'을 팔면 어떨까?

이제 강동은 산하 개발을 계기로 미래로 나아가야 한다. 좀더 나은 해양관광지로, 자연이 살아 있는 에코 관광지로 그러면서 신선한 자연 식재료를 마음껏 누릴 수 있는 맛의 관광지로 거듭 태어나야 한다. 그래야만 오래 지속 가능한 아름다운 해안 명소 강동이 될 것이다. 이렇게 되면 울산의 미래는 강동의 미래에 달려있지 않을까?

(2009.3)

김잠출 수필집

10과 1/19

인쇄 2024년 5월 2일
발행 2024년 5월 6일

지은이 김잠출
발행인 서정환
펴낸곳 수필과비평사
주 소 서울시 종로구 삼일대로 32길 36(운현신화타워 빌딩) 305호
전 화 (063) 275-4000
팩 스 (063) 274-3131
이메일 essay321@hanmail.net
출판등록 제300-2013-133호
인쇄 · 제본 신아출판사

ISBN 979-11-5933-508-2 (03810)
값 15,000원

Printed in KOREA